# 吴大澂书札

吴大澂 著
陆德富 张晓川 整理

上海古籍出版社

# 前言

2016年9月，《吴大澂书信四种》在凤凰出版社印行。此书收录整理了比较集中的书信集四种，分别是《吴愙斋大澂尺牍》《吴愙斋赤牍》《吴大澂手札》《近代史所藏吴大澂信札》。当时也有相当数量散见的吴信，因考虑到出版方面的一些问题，便没有纳入该书一并整理面世。时光飞逝，七年匆匆而过，一方面《吴大澂书信四种》为吴大澂及相关研究的推进还是起到了一定的作用，另一方面，在这段时间里，又陆续发现不少未经整理的吴大澂信札。故而，将吴氏这些书信整理出版，显然是有必要的。

此次整理的书信，有些存放相对比较集中，如国家图书馆、上海图书馆、吉林省图书馆所藏的吴大澂信札；有些则是零散的，如各类图书中收录的、各大拍卖会上出现的，以及一些私人收藏的吴大澂信札。因为其与前述四种不同的特性，所以本书按照收信人进行分类，主要有吴母韩太夫人、兄吴大根以及潘祖荫、王懿荣、盛宣怀等人。同一收信人之下又尽量考订系年，按照时间顺序加以编排，名曰《吴大澂书札》。为了方便阅读，原信中的古字、异体字等，基本上都改为通行字。

这些信札的时间跨度较长，早起同治七年中进士前，晚至光绪二十一年从湖南巡抚任上开缺后，基本涵盖了吴大澂一生的主要阶段。信札的内容涉及丁戊奇荒、吉林边务、中法战争、河工、甲午战争等晚清史上的重大事件，既可以与其他记载相参证，又可以对已有认识作补充。尤其是对于吴大澂而言，这些信札更是认识他一生行历与内心世界的直接史料，具有较高的价值。

遗憾的是，有些散见的吴大澂的信札，由于种种原因此次未能收录，书中有些收信人的姓名暂时还不能确指，只能留待将来。另外，这些年已经整理发表的吴大澂书信本书也不再重复收录。

范晓文老师欣然为小书题签，吴祉安同学和谢亚衡先生提供不少吴大澂的未刊信札，惟尘、常满两位法师提供很大的生活便利，在此深表谢意。

# 目录

# 致长顺(二通)

## 一

鹤帅仁兄将军阁下：

顷奉初五日惠书，并接公牍，藉悉一一。尧翁来电，已率全队驰赴辽阳，想见其公忠勇决之怀，实深钦佩。顷奉电旨，知节钺又将移驻辽城，朝廷廑念根本重地，倚重雄师保障一方，洵属辽民之福，惟海城北路调去二十余营，未免空虚。探知尧翁拔队后，城贼突出一股，抢踞大小费屯，与敝军所扎之大堡屯相逼甚近，现饬各营严阵以待，倘能将大小费屯之踞寇击退回城，庶可移师东扎，兼顾北路，但恐兵单力薄，敝军亦难密布耳。手复，敬请捷安。愚弟吴大澂顿首。二月初六日申刻。①

## 二

鹤帅仁兄将军阁下：

前在田庄台泐复寸缄，计早达览。辽阳根本重地，得雄师为之保障，必能力遏凶锋，莫名欣慰。海城自节钺东行后，贼由耿庄至古城

① 上海泓盛拍卖有限公司 2017 秋季拍卖会中国书画专场“慧闻室、怀玉堂、陈子清旧藏吴大澂尺牍——翰墨尺素及玺印专场”158 号。

子直扑牛庄，绕出我军后路，午庄得信，连夜拔队赶回，健斋亦于初八早回援牛庄。不意倭贼大股麇至，将牛庄四面围住。魏、李两军血战半日，营哨官伤亡过多，实系众寡不敌，纷纷败退，牛庄于是日失守，皆由弟调度无方，书生不知兵事，材轻任重，贻误戎机，辜负圣明，罪无可逭。现与祝帅合力经营，分途扼守，堵其西窜之路，所有北路广宁、闾阳驿及义州一带，亦俱派兵驻守，惟与辽沈相隔太远，电线不通，遥企柳营，极深驰系。手泐布候，敬请捷安。弟大澂顿首。二月十八日。

辽阳战守情形，乞随时示及为盼。[①]

① 上海泓盛拍卖有限公司2017秋季拍卖会中国书画专场“慧闻室、怀玉堂、陈子清旧藏吴大澂尺牍——翰墨尺素及玺印专场”159号。

# 致陈皋(一通)

祜曾世大兄大人阁下：

今春在之罘泐布一缄，奉唁孝思，并寄挽联一副，谅早登览。敬想庐居读礼，履候清绥，定如臆颂。弟与令祖大人金石神交，性情契洽，不图老成凋谢，一面缘悭，以后古文字考订之学，无可就正。展读遗书，时深挂榻抚琴之感。尊斋藏印编次未成，为令祖生平憾事。前接舍亲汪柳门学使来书，述及吾兄善承先志，有绳武之思，并因敝处曾寄三百金，拟俟印谱编齐，惠寄数部，且感且佩。第思印本有八千余方，卷帙繁多，检点亦非易易，特属尹伯圜兄躬诣清斋，与吾兄相助为理，易于集事。如令祖在日有手编目录，即可按照原目分别先后时代、官私各印，尤为精密。伯圜博雅好古，心细不浮，又能手拓吉金文字，可与陈粟园并驾齐驱。尊藏毛公鼎为海内至宝，弟处尚无精拓本，曾得一旧本，为墨所污，缺失二十余字。拟属伯圜手拓两分带下，为他日编刻彝器款识之助，想必慨然允许也。附呈拙刻《说文古籀补》一部、石印《孝经》四本、《邠风》篆屏六幅、拙篆楹联二副、折扇一握、龙虎二字，均交伯圜兄带上，即乞哂存。古玺拓纸条本有朱墨二拓者，求惠一分为感。手泐，敬颂秋祉不宣。愚弟吴大澂顿首。八月廿一日。

令叔前均祈道候。大号未知，乞开示。[1]

---

① 国家图书馆所藏，善本书号：17733。

# 致陈介祺(二通)

## 一

簠斋老前辈大人阁下:

令侄开运兄到武,奉到手示,知前寄数缄均已鉴及。承寄古陶拓四百十二纸,泥封拓五百九纸,中多异品,地名、官名有无可考证者,俟编目录考一一就正。泥封汇为一集,可补《古官印考》所不及,实古今金石家所罕见,至宝至宝,感甚感甚。齐刀化范拓,乞于加印后专足寄示,寄费由此付给。大澂不收古泉,而于刀币、古圜泉好之甚笃,为其文字皆足取证三代古文。秦燔所余,只字皆当宝贵也。伯寅师曾寄陶拓仅数十纸,拓手极劣,几乎不能辨别,亦无新异者。秦贾人携来一镫、一矛、二敦,镫出延安,敦出南阳,皆新坑未剔,色泽烂然,拓奉。七月初旬在大梁购得一鼎,首一字人名甚奇,疑即[illegible]之异体。又友人处藏钟,与仆儿钟相类,遣仆往拓数纸,不精,附呈鉴定。“隹戊十有九年”,文法罕见,[illegible]疑即“诸”字,[illegible]为水旁[illegible],或即“汎”字,求教之。又得汉瓦器数种,惜皆无字,有鼎,有奁,有钟,有类羽觞,有极大者其形如[illegible],可异也。审定[illegible]当系人名,是“部”是“牧”,不可定。[illegible]字甚异,细谛铜质并无缺画,必非“之”字,求教之。[illegible],与伯寅师藏爵同文,“聿”当是书册之意,“贝”即锡贝。又见且乙敦拓本,有“告田”二字,与尊藏一觯同。此关中故家物,器尚未得,拓墨不工，藉呈考正，俟购到再行精拓寄上。近得瓦器数种，皆无字，摹刻古陶文及秦始皇诏于上，拓呈一笑。拟每器刻数字，编列次第，约有四十余器。后之视今，或亦以有文为贵，不致弃之如瓦砾矣。关中出一器，友人拓以见示，据云字内有青绿，断非伪刻，已为购得，尚未寄来，疑为盛矢之器，[illegible]或即备字。手复，敬请著安不具。晚大澂顿首。十月廿五日。

子振兄灵榇东归，大澂以百金为赙。其平日所制衣服，非乡里所宜用，敝署友人商议，不如去衣易银之实在，各如其值分买之，易得七十余金。子振兄尚有存银三十余两在枕席之下，启被时始见之，一并交开运兄作为路费。约计除去车价，尚可余百六七十金。前承代给十金，并交开运兄带上奉缴，并以附闻。大澂再启。[1]

## 二

簠斋老前辈大人阁下：

前月奉调来津，十九移驻新城，部署营伍，碌碌鲜暇，尚未泐函敬问起居。顷由毕芬寄到手简，承示种种，且感且佩。惠寄墨拓，一一领到，敬谢敬谢。拙著《说文古籀补》为邮递所失，兹特补寄一册，交毕芬带呈台教。余再详复，不尽欲白。手复，敬请颐安。晚吴大澂顿首。冬月十三日。

信封：陈大人台启。冬月十三日书，十二月十二日毕足至。[2]

① 国家图书馆所藏，善本书号：04803。

② 嘉德四季第43期拍卖会“中国古代书画”1951号。注：信封日期为陈介祺所书。

## 致陈金钟(一通)

呟音大兄大人阁下：

久耳芳名，未通尺素。曹君支衡回湘，述及阁下垂念鄙人，拳拳致意，且感且惭。暹罗国政得大力主持保护，不独暹民被泽，实为中国外藩之屏翰。薄海内外有志之士，闻之莫不钦服。嘉谋硕画，为亚细亚第一伟人。王勃所谓"海内存知己，天涯若比邻"，不图万里神交，心藏心写，能毋令人感佩耶。大澂谬膺疆寄，承乏三湘，力行仁政，以培补地方元气，未及两年，士民幸尚信服，虽设求贤之馆，未收得人之效，更有一事无法补救，寸心耿耿，为阁下陈之。湖南茶利为商民衣食之源，自前年旸雨失调，红茶受病，成色偶有参差，英商抑价，故意为难，茶帮亦不齐心，纷纷减价求售，致亏银一百余万两。去春茶商情急，有献设局督销之议，鄙人以为茶与盐不同，盐为华民日用所需，可以官为定价，茶为洋商运销之货，岂能官为主政？且盐可按引轮销，秋纲之盐迟至春销，与成本无碍，茶则不能挨次出售，本年之茶迟至次年，洋人所不买，若不减价，茶本全空。官不能督洋商之销不销，即不能保华商之亏不亏。又因去年正月大澂出省赴辰沅阅操，未遑兼顾，不能为之设法主持，于是英商抑勒茶价，视为成例，以致上年湘商又亏本银一百余万两，倾家荡产者有之，投河自尽者有之。似此情形，年复一年，茶市之败坏决裂，可立而待。湘中本无富商，岂能吃此巨亏？大澂不能为茶商塞此漏卮，即不能保商，不能保民。两年之中，茶厘亦短十数万金，公私交困，一筹莫展，大澂安得辞其咎哉。再四思维，有一维持之法。现拟奏派道员于汉口设立湘茶督销局，访一茶帮中熟悉行市之人，邀令入局公估。凡茶箱到汉，除掺和陈茶成色太低者不估外，其余按箱估计，各给公估单交商人密存。如英商来汉，开盘论价浮于公估之数，官不与闻，即稍有折耗，华商情愿售于洋人者，亦听其便。万一英商仍有勒掯之意，议价多不到本者，官为收买，分运香港及新加坡一带各口岸，照本出销。汉局先给茶本四成，其余六成俟销售完竣，除去运费、局费，总共核计，盈余则按本公分，亏耗则按成公摊。想外洋茶市长落亦有定价，随时电报可通。洋商运茶回国，既有余利可图，华商运茶出洋，不致有亏成本。但此事系属创办，不能不格外郑重。华商向来懒于远图，运货出洋，恐无把握，非得官为倡导，不能开此风气。因思阁下关心时局，熟悉商情，世居新加坡，为华洋各商所仰望，倘承鼎力助我一臂，将来敝处派员运茶到新，即由尊处派人照料，代为存栈，代为出售。素闻勇于任事，举重若轻，在阁下不甚为难，而湘商托庇宇下，有所恃而无恐，受福实非浅鲜。况鄙人之命意不与洋商争利，专为华商保本，即使茶价长落，非商人所能逆料，稍有亏折，亦尚无妨。究竟自运自销，英商不能阻我出洋之路，不致受其挟制，湘中茶市或有转机，皆大君子之力也。香港有无可靠之人，无论洋商、华商，有与阁下交好者，并恳代为切托，乞于便中示知。大约此间于三月初旬，札委候补道庄赓良前赴汉口设局。敝处筹款一百万两，已形竭蹶，事关商民利病，不敢不勉力图之，张香帅亦以为然。阁下接到此信，乞先电复数字，电至湖广督署转寄。手泐，敬请台安不具。愚弟吴大澂顿首。二月廿四日。

电信或寄上海电报局，或电闽督谭文帅，均可转电。

再，新加坡、香港各电局均用洋码，恐湖广督署难以翻译，或乞电至上海道署徐子静兄译出华文，转电鄂垣。弟与子静为至交，亦经函托照料矣。并以附闻。弟大澂又顿首。[①]

① 国家图书馆所藏，善本书号：04803。

# 致德平阿(七通)

## 一

远翁仁兄大人阁下：

昨承枉顾，失迓为歉。所示谢恩折稿周密妥当，立言得体，不胜钦佩之至。原稿奉缴，乞察入。手复，敬请勋安，惟希雅照不一。愚弟吴大澂顿首。十三日。①

## 二

远堂仁兄大人阁下：

送上朝珠一挂，友人自吴中带来者，索价三千五百金，如有需用之处，乞还一价，与之商酌可也。手泐，敬请勋安。弟名心泐。②

## 三

远庵仁兄大人麾下：

初九日布复一缄，计已达览。连奉惠函，详示种种，均已诵悉。

---

① 中贸圣佳国际拍卖有限公司 2010 年夏季艺术品拍卖会"中国古代书法专场"2016 号。

② 同上。

双城子等处有呼伦贝尔之蒙古人，既为俄人笼络，恐一时难得招回。若派人深入，尤虑漏泄机宜，转滋口舌，只得暂缓商办。廓米萨尔遣人送文至瑚布图河台卡，并无紧要事件，诚如尊论，不如仍照旧章赴珲办理，最为妥协。刻下尧山奉命新授珲春副都统，将来洋务径由尧山处商办，彼亦无可措词矣。英喜带来马队二十名，今日已到，挑选均极精壮，可喜之至。前拟暂留双如山所带马队，鼎翁必欲调回，不肯久假，弟亦不便固执己见，拟属如山兄另挑亲兵一营，驻塔操演，其原带之练军，由省派员接统。鼎翁之意，亦以为然矣。手泐布复，敬请勋安不具。如弟吴大澂顿首。五月十三日。

桂翁连日销算甚忙，营制一切尚未交来，拟于六月十三日启程入都，诸事均可从容也。[①]

## 四

远庵仁兄大人如手：

昨接尧山来信，拟调双玉一营前赴珲春帮筑城垣，原信抄奉台览。弟亦明知尊处营房亦未竣工，彼此均属为难，如何函复尧山之处，弟亦毫无成见，尚祈吾兄斟酌示复为幸。富贵所带安字营马队，拟于七月间调扎塔城。弟现在布置机器局，头绪纷繁，亦须七月方可出省也。手泐，敬请勋安。如弟吴大澂顿首。六月望日。[②]

---

① 西泠印社拍卖有限公司 2020 年秋季拍卖会“中国书画古代作品暨明清信札手迹专场”0791 号。

② 同上。

## 五

远庵仁兄大人阁下：

日前泐复寸缄，计已达览。桂亭兄本定廿一日启程入都，因连日阴雨，道路难行，改至廿四日，未识天气能否畅晴耳。尊处应领两七月之饷及找补六月尾款，统俟派员到省，即行照拨可也。马队托伦布、惠科、成贵三名，因家有喜事，乞假回塔。乘便泐布数行，敬请勋安，统祈爱照不宣。如弟吴大澂顿首。六月廿日。[①]

## 六

远庵仁兄大人阁下：

前委春协领回塔招垦，该员面禀三岔口一带有民户数百家，应否招致垦荒，弟即告以此等原有之户，应先查明户口若干，原种地亩若干，报明存案，不得以旧户作为新招。弟恐该员有就题敷衍、希图省事之意，剀切谕令，事事须求实在，勿说假话，再三告诫而去。不意该员到彼未及两月，遽报招致三百数十家，并未分别旧户、新户。且俄界所住之民，只能听其陆续来归，徐图安插，岂可彰明较著，强令界外之民迁移界内。如此不谙事体，尤恐俄官藉为口舌，滋生事端。昨已会同鼎帅严札申饬，尚望函致该员谨慎办理，切勿多事，是为至要。塔城地旷民稀，招垦本非易事，即该员无法招徕，弟亦不加深责，何必急急求功，转蹈捏词粉饰之咎也。图晤不远，容俟到塔时面陈一切。手此布臆，敬请勋安，惟祈爱照不宣。如弟吴大澂顿首。八月初十日。[②]

---

① 西泠印社拍卖有限公司2020年秋季拍卖会“中国书画古代作品暨明清信札手迹专场”0791号。

② 同上。

## 七

远庵仁兄大人麾下：

别后忽忽一月有余，风雪驰驱，劳人草草，以致笺候久疏。日前接诵初五日惠缄，二站一带应建大小木桥三十六处，经麾下亲临履勘，至为周密。小桥木植就近操办，尚不费事，大桥所用之料，相隔八十余里，运费较多，拟请择要兴工，派弁先行购运，当属支应局预备银五百两，俟尊处有便差来省，即行拨交带呈，或塔城各铺有可汇兑之处，由省划还，尤为简捷。至俊卿、如山所禀情形，亦大同小异，张广才岭一带工程尤大，需费更繁，已分饬粮饷处、支应局另行拨款矣。弟自初二日旋省后，会商奏稿，清理文书，半月以来，倍行历碌。知关注念，谨以附陈。手复，敬请勋安，祗贺年禧不具。如弟吴大澂顿首。立春日。[①]

---

① 西泠印社拍卖有限公司2020年秋季拍卖会“中国书画古代作品暨明清信札手迹专场”0791号。

# 致丁寿昌(三十二通)[①]

## 一

乐山仁兄大人如手：

十九、二十两日布书详述临清设局分运情形，并请续拨粮石添运东阳一节，计均鉴及。顷在冠县道中接奉十一日二鼓、十三日清晨两次手书，并敝寓寄书王念劬、潘伟如各函均已领到，费神感感。昨早弟舟过南馆陶镇，乡民谓县城为北馆陶，探明路径，距苏曹镇一百六十五里。惟近处雇车殊非易易，因思南馆陶设局转运较临清少一日之程，每石省钱五六百文，节省经费不少。若由临清、馆陶两处帮雇车辆，并由元城、大名两县在龙王庙一带雇车送至馆陶镇，去龙王庙陆路七十里，酌给放空一日喂养，亦尚合算，乡民不致吃亏。自南馆陶至苏曹，四日来回，易于周转。合一州三县并力雇车，或不费力。昨已函致戴厚余，属其相机办理，与临清州洪兰楫用舟妥商一切，必极周密也。惟前信到津计在二十五、六间，未知尊处尚有可拨之粮否？津河如尚未冻，当可赶运临清。陆路运粮易于壅滞，其势不能不分，将来获鹿、什贴两处必有存粮不及运转。部款二十万当可早发。各属冬赈需粮、需银均属缓不济急，无怪沅帅之日夕焦灼也。弟两复

① 吴大澂写给丁寿昌的这三十二通书信，均见于西泠印社 2022 年秋季拍卖会“古籍善本·金石碑帖专场”0041 号。

沅帅书，告以临清设局分拨东阳小麦六千石，所运道口之四千石仍由清化径运平阳。如可用小船运至新乡登陆，较为近便，惟换车、换驮诸费周折，何时到晋尚无把握。总之，此间多运数百里，山西少运数百里，无非为晋民打算。天寒道远，心急如焚，所幸卫河尚未浅冻，明日可抵龙王庙矣。手泐布复，敬请勋安，不尽百一。如弟吴大澂顿首。十月廿四日申刻。

顷又接初八日灯下惠缄，承示卫辉至潞安一路里数，谨悉。刻下潞郡赈粮可由东阳分拨，弟当径赴清化，专顾平阳一属，兼及泽州之西路也。江鄂漕粮以小麦抵数，望前运出三万石，亦云神速之至。封河以前，想必有续到轮船，可无迟误，闻之欣慰。将来粮价必大吃亏，未知云甫如何核算？如可以捐款抵销，尚有着落也。弟所运粮月内可抵道口，不致阻冻，陆路车运，迟早必达，惟隆冬风雪之中与饥民相对，此等况味可想而知。兄与召翁围炉夜话时，得毋念及鄙人乎？东漕八万石，运费殊不易筹，惟台从在津尚多要事，不独赈务一端，恐不能拨冗前往，想文帅亦必专派大员经理，仍以津局为后路，呼应较灵耳。灯下手复，再请台安。弟大澂又顿首。

伟如方伯借款助赈，令人敬佩。汇到库平银二千两，请召翁归入高粱价内。此等巨款，将来仍须请伯相咨明沅帅也。以后如有他款，无论多寡，均恳召翁代收可耳。弟又启。

召翁处不另致函，乞道相念之忱。昨、今两日稍有浅处，舟行不能迅速，清早笔墨已冻，不能作书，恐十日后水泽腹坚矣。廿四日灯下。

## 二

乐山仁兄大人如手：

前月十九、二十在临清舟次迭布两缄，未知何日达览，廿六日在龙王庙续寄一函，想邀青及。厚余至馆陶，尚无信来。尊处能否续拨数千石运至东阳？久未奉示，均极系念。弟所督运高粱四千石，于廿九日行抵楚旺，初三日晚泊濬县。次早晤香畹观察、辛芝同年面商运事，因该处正在斛兑赈粮，各州县纷纷赴领，舟车均极拥挤，仍于是日开至道口。初五日招雇车辆，与车行议定，每石制钱一千一百文，运至清化镇交卸。先行雇定五十辆，以后陆续招来，不致缺乏。弟以盐栈装盐价钱比较尚不甚大，盐包每包五百余斤，脚价制钱二千，系两日之程，不及二百里，大车可装四包，每车可得制钱八千。现运清化计程四站，每车装粮十三石，发价十四千三百文，来往一次约需十日，酌中定价，亦不为苛，较保定运至获鹿，每石多费一百余文，此道口运至清化之车价情形也。自道口至新乡县属之杨树湾，水道尚可通行，距清化镇一百六十五里，车费较省，惟须雇用煤船，少装水脚，中途不致浅阻。若全数运赴新乡，此间船只半为各州县运粮，一时断难齐集。昨晚夏炳如、汪次南到此，恐车户不及周转，有稽时日，拟将糙米分运新乡，再由该处雇车，费少运速，较为合算。今日有煤船揽运二千石，每石议定制钱一百四十文，该船户不敢多运，先以二千石试运一次。如果沿途并无阻滞，海帆续到之粮亦可径运新乡，多省数百千即可为饥民多购粮食，即招商局所借白籼千石，亦可运至平阳，无须变价矣。总之，分运则雇车较易，不但为节省经费起见。已将孙少愚邀来，属与汪次南同往新乡，明日过秤后即行换船，计程不过三四日，此道口分运新乡之大略情形也。弟现住道口镇山西会馆，先将各船所载之粮逐一过秤，其有偷漏搀土之弊，不能不加惩创，今日已枷号船户二名，皆有搀和灰土情迹，殊可痛恨。糙籼四千石内有一船搁漏，沉湿六十七包，天寒潮冻，即摊晒亦恐难干，在船日久，稍有潮湿之处，均所不免。麻袋有破损渗漏，已向香畹兄处借用一千，因豫省领粮多不用袋，若带回津局又费周折，香畹兄颇觉踌躇也。清化镇委员张刺史彬昨有专丁来此探寻，弟已详致一书，属其早雇驮脚，计十二日头批可抵清化镇。如车户接续装运，不致缺少，月内必可全数抵晋。赈粮一日不达晋阳，弟心一日不安也。余容续布，敬请勋安。如弟吴大澂顿首。冬月初六日。

召翁处均此道念，不另致函。

正封函间接到戴厚余十月廿四日来信，知已开至馆陶，或在龙王庙登陆，均尚未定。弟前已函恳黄植庭前辈札饬元城、大名二县帮雇车辆，必可得力，不致为难。顷至河干，知昨夜长水五六寸，想修武一带必已开坝，粮船分运新乡，断无浅滞之虑。询之土人，此河向来不冻，并以附闻。弟大澂又启。初七日巳刻。

## 三

乐山仁兄大人阁下：

前复寸缄，计已达览。弟一病二十余日，百事俱废，各处信件多未即复。伤寒之症其实并不难治，无如荒郡无良医，服药多不中肯，弟于医道茫然不解，至今尚未霍然。弟拟不服药为中策，静养十余日，或者病魔自然退去耶？所设馍厂四处，惟拦车一处查至四十余村，共计大小不及四千口，远近十余里间民无菜色，死者绝少。最妙之法，离厂较远之地，司事往查户口，即带蒸馍、干面数挑，随查随给，酌给十日、八日之粮。贫民不出门而粮自送来，无不欣然皆大欢喜，而司事编册写筹亦较从容。本村三日一放，远者或五日或十日，省得往来跋涉之劳。厂中尚不拥挤，此外如冶底一厂只有二千余口，阳城之东冶、石苑二厂去腊亦开放，人数均不多，凤台现在陆续添设六七处，救活饥民不少。惟阳城卢小鹿办事迟缓，弟屡催其添设数处，早设一厂，早活饥民一日之命，如阳城能设十厂，实与饥黎大有裨益也。

弟若不病，早为添设数厂矣。赵印潭在拦车查户甚忙，必躬必亲，他人无此精细也。手此，即请勋安。如弟大澂顿首。正月十六日。

前汇一万一千金想已汇至汴梁，李海帆尚无信来。提借湖北二万金杳无消息，未知伟如能力任其事否？大约不能置之不理也。弟到泽后往来各乡，用度甚繁，近又兼之医药之费，所带数百金罄尽无余。中堂所给夫马费，其势不能不领，兹特具领一纸，望交陈序宾、李云门两兄。所领之款，费神汇至太原省城，弟于二月中旬必至太原也。琐事奉渎，乞谅之。召翁处乞为道念。议处当不甚重，至为悬念也。弟大澂又顿首。

## 四

乐山仁兄大人如手：

十七日泐布一缄，计已达览。廿二日接奉十三日手书，详示种种，谨悉。所汇汴梁一万一千金，李海帆来信，已于初七日接到汇信，十四、五即可取银，拟即在曲兴集购粮，尚为合算，运至清化不过四五日。弟已遣人前往接运，计月内必可运到。各馍厂尚有半月之粮，计已接济得上矣。鄂中借款杳无消息，他省办事人不能如吾辈之性急。去腊弟于十日之中开设五厂，而阳城卢令议再添设，至元宵尚无就绪，弟作书申饬之，谓奄奄垂毙之民岂能如此久待，何以半月之中毫无布置，该令得信，始行着急，赶设五厂，现在尚拟添设数处。弟又增设一厂，皆赵印潭为之经理，合之凤、阳两县所设，共有十八厂，约收四万余人，尚可陆续补收。弟拟将续购之粮分拨各厂，预备二、三、四、五四月之需，亦可交卸矣。东漕八万石，除运获鹿三万石外，其余五万石悉运道口。由道口入晋之路有三：一由清化运至周村，转运翼城，可由翼城车运平阳、蒲、绛各属。此道尚可通行，张牧畏难，以为驮脚稀少，恐要废弃。一由道口运入黄河，上溯至垣曲，有数十里山路，须用高脚，过此以往直抵绛州，亦系车路矣。此道只恐垣曲高脚无多，不能迅速。一用车运，径达河南，由洛阳以至茅津渡，再渡河而北，可至河东各属。此道虽系车运，路远费重，须过张茅硖石，极不易行。以上三道，无一不难，若废翼城一路，专恃垣曲、茅津渡两路，诚恐运期迟缓，一月之中所运无几。总之，河东一带饥民命运最苦，去冬颗粒未至蒲绛，今春辗转迟延，四、五月间能否运至蒲州，尚无把握也。凤、阳两县盼望东漕到此，计亦不过分拨万数千石，敷衍三、四两月，以后为日甚长，毫无法想。因思镇江绅士严作霖等所捐小麦一万石，预备运费四千金交招商局运至天津。弟拟咨呈中堂，请将此项小麦运至道口，交山西转运局接收，计所费运脚津钱一万串，不及四千金，想津局尚可匀拨，道口以上即由山西自备运费。弟拟为凤、阳两县截留此万石，多备一月赈粮，将来押运仍可委汪次南、夏炳如、孙少愚诸君以资熟手，尊意以为然否？江鄂六万，想必全运获鹿。苏漕一路，沅帅甚悔之，亦不必勉强矣。鼎丞在德州换钱极为费力，津地钱价亦必大落。贱恙已可，惟耳鸣未愈，此多服柴河之故，汗出太多。手复，敬请勋安。如弟大澂顿首。正月廿六日。

承示吕庭芷前辈询及弟之行期，大约回籍省亲一两月，当在夏末秋初矣。闻庭翁已改捐道台，想必不确，或有此意而尚未上兑。弟总觉得外官不易做，时局如此，无事不棘手者。如兄之才，胜弟十倍，方足以了事，否则徒形竭蹶耳。此信到津，计已接篆，并贺荣喜。弟大澂又顿首。

## 五

乐山仁兄大人阁下：

正月廿七日曾布一缄，计已鉴及。顷由沅帅处递到惠鉴，并蒙代汇日昇昌银票五百两，谨已领到，费神感感。藉稔勋躬偶尔违和，想系公事过于繁琐，久未节劳所致，尚望加意调摄，为国葆躬，是所至祷。晋省赈事无一不难。海帆领到汇款，已在曲兴集购得高粱二千三百石，于前月廿七、八雇船装运，至今未抵赵庄。闻黄河水浅，重载难行，或须用小船转驳，此又意中所不及料之事，而各厂望粮甚亟，日内已为设法腾借，只此数日之迟速，又不免小费周折也。弟定于明日进省，月杪仍回凤台布置一切，旅费尚有三四十金，日昇昌汇款到省后再行往取，知念附及。鄂省仍无消息，亦未见复。手复，敬请勋安，惟祈爰照，不尽依驰。如弟吴大澂顿首。二月初九日灯下。

外附汪、戴、孙各函，乞饬送交。

复。江广漕米已起运一万九千四百石，分送保定泊头、郑家口，陆续车运获鹿。其余须到安徽之三河。芜湖米办尚无消息。奉省之高粱三万石现雇到夹板一只，与十五日往营口装运，月杪可以抵津。每次只装六千石。淮商捐麦一万石亦未曾到。伯相廿三日起节于津。（按：此段文字为丁寿昌所写）

## 六

乐山仁兄大人如手：

廿六日在测石镇泐复寸缄，想鉴及矣。弟因病后身弱，懒于酬应，一路均未拜客，惟于获鹿一见朱逸甫及张云林而已。明日至保垣，如召翁尚未到任，弟即驱车而过，不复盘桓。兹有沅帅见惠《通志堂经解》一部，计两箱，辞之不获，带之费事，因遣马夫送至津门，寄存尊处，以便他日携带回南耳。弟因跋涉二十余日，颇形劳顿，拟先入都憩息三两日即行赴津，知念附及。江广漕粮，获鹿仅收一千五百石，执事代购之籼米杂粮已收至万四千石，德州所运东漕共收过万二千石。将来驴骡驼只日少一日，转运恐不能速也。手泐，敬请勋安。如弟吴大澂顿首。三月二日望都途次。

## 七

乐山仁兄大人如手：

别后匆匆半月，风尘奔走，迄未停辙，正拟作函略布近状，适奉十一日手书。承示郑家口车辆甚多，据汪次南云，为粮行等把持，总以赔垫为词，弟至故城后，当至郑家口体察情形，再行复闻。前在交河，距泊头不过六十里，每日所见晋粮路过交邑甚属寥寥。弟所宿东关店门外为粮车必由之路，两日中仅见三十余辆。且于交、献各乡间与父老谭及车脚多有运布至关东者，问其何以不运官粮，皆云运粮往往吃亏，大约获鹿局内因粮斤短少扣骡扣车，闻有双套去而单套归者，乡人畏累，弃骡而逃，后来者裹足不前，或由于此。昨夜得雨甚透，今日自辰至申雨未停止，四乡霑足，大可补种秋禾。如此重云密布，约计直、晋数千里必可一律渥沛甘霖，惟转运车辆不免有行道迟迟之叹。各局收粮多半露囤，亦必受潮，想执事睹此倾盆，一喜一惧，为农民庆，又为各局虑也。弟自廿九至任邱，初二抵河郡，旋又周历献县、交河、阜城各灾区访察情形，各县办赈皆患在迟缓，交河幸有盛军六千石，献县幸有杏荪给钱五千余串，阜城幸有秋亭所放之钱，已发一百四十余村，贫民得早受惠。若待各州县从容布置，饿毙者必多矣。现在交河踵盛军之后接续放粮，献县近已开放，阜城已到万一千石，尚未放动，弟已急切催之。手复，敬请勋安，不尽欲陈。如弟吴大澂顿首。四月望日阜城南关。

明日如晴霁，当赴景州，十七、八可抵故城。

## 八

乐山仁兄大人如手：

昨奉惠函，聆悉一是。夏子松先生来信，知京中集捐五千金，由赵云楣水部、郭小琴携带赴津，望属其多换现钱，径运泊头。弟在交河相待面商一切，恐此间各处均须换钱，一时换不出耳。山西赵印潭来信，凤台盼粮甚急。淮捐小麦已运若干至道口，便中示及为感。弟请中堂续拨借款四万两，交河一万，献县一万，景州、东光各一万，作为籽种之资，实见民情困迫，非此不足以救急，并不敢格外多请，尚望晋谒时代陈下悃，非不知公款艰难，实出万不得已。自问寸心，已觉迟缓，恐误播种之期，对不起河属灾黎也。手泐布恳，敬请勋安。如弟吴大澂顿首。四月廿七日东光泐。

赵、郭二君到津，尚祈照拂一切，此项捐款拟即散给交河一县。

## 九

乐山仁兄大人阁下：

四月杪泐布一缄，并致杏荪一函，计邀鉴及。杏荪所允晋捐千金曾否交至尊处，道口运粮有无妥便，淮捐小麦已蒙拨运否？均极系念。弟虽僻处河间，不能忘情于晋省之饥民。幸赵印潭非常出力，寸心藉以少慰。前在清化收养幼孩五百余名，已恳朗帅拨粮接济，当可允许。筱坞侍郎体素强健，未知何病，殊为可骇。东光籽种之资，中堂加拨一万，略可敷衍，交河、献县未奉复示，想必厌其再三之渎。然弟自睹穷黎，实有不得已之苦衷，并非以公款为私惠，力行其善事也。泊头粮店公然私卖官粮，大约系剥船偷漏，以米色验之，疑是晋粮。兹有致云甫兄书，乞阅后封固饬送，能索其回信寄下尤感。手泐，敬请勋安，不尽百一。如弟吴大澂顿首。五月初八日交河县泐。

再恳者，弟自三月入都时敝寓仅存数十金，托同乡中代为照料，忽忽又经两月矣，拟托阜康汇寄百金暂为接济，敬求惠借行平化宝银一百两，饬送针市街阜康福票庄代寄京寓，恃爱渎恳，当蒙俯允，俟回津时即行奉缴也。手泐布恳，再请台安。弟大澂顿首。

印潭信奉览，可见其实心为善，不遗余力也。吴桥吴春生一味说诳，专做面子，竟置民瘼于不问，若非弟亲自查验，不知其事事虚饰也。知人之难如此。（丁寿昌注：已复。）

## 十

乐山仁兄大人如手：

昨日泐布一函，并有致云甫信及奉恳代寄阜康一款，想蒙鉴及。顷接芍亭兄信，知有丹翁、沅帅请奖之奏，均蒙恩准。鄙意转运事宜一时尚未得了，如至秋后赈粮尚多拥滞，不免受人指摘，弟则尤不敢邀奖。京员奏调办赈不止一人，独被殊荣，断乎不可，即请收回成命，由中堂代奏，并将兄与召翁一并叙入，不敢独居谦让之名，想尊意必以为然也。弟并未携带折件，拟恳贵署友人代缮，或向中堂幕府乞取一折一封，即为呈送，不可封口。手泐，敬请勋安不具。如弟吴大澂顿首。五月初九日交河泐。

折稿或请戴冠翁一缮，未知可否？

## 十一

乐山仁兄大人如手：

初八日泐布一缄，今早在交河续寄一函，又有中堂处公文信件，想可先此达览。顷至东光，由炮船吴哨官交到惠书，并唐俊侯军门捐助千金，已如数领到，当即拨至交河以补不足。周薪翁世兄亦在交河查户，朴实耐劳，殊堪器重也。交、东两县散给籽种，均须亲自督率，明日赴乡查户。匆匆手复，敬请勋安不具。如弟吴大澂顿首。五月初十日亥刻。

## 十二

乐山仁兄大人如手：

十三日肃贺寸缄，计邀鉴及。望日接诵十一日惠鉴，谨聆一是。昨日汪维城解到日本钱款，今日由泊头解来夏子松侍郎寄款，并湖北李军门助银六百两，系派此间绅士前往领回。吴桥赈款约可凑集五万余串，不甚短缺。查宁津、故城两县实与吴桥情形大略相同，若不稍筹接济，饥民未免向隅。惟宁津尚无着落，故城虽有借拨五千，亦甚不敷，弟已函恳健帅及南中绅富代为设法，必不致空函见复。现仍力求伯相再借五六千金，无论何款，以济宁津之急。此款由弟劝募归还，当蒙俯允，乞于谒见时代为一提。如蒙拨借，费神代换现钱，派员解至连镇，稍迟数日，亦属无妨。此间换钱，即一二千金须迟至十日八日方可措齐，殊属缓不济急也。手此奉恳，敬请勋安。如弟吴大澂顿首。六月十七日。

汪维城同来司事，当令至宁津查户。

## 十三

乐山仁兄大人阁下：

十七日泐复寸缄，计已达览。宁津借拨六千，知蒙代为换钱，即日解到，感感。此间各州县城关、乡镇每逢集期，卖衣鬻物者不计其数，棉衣一件不过京钱二三百文，尚无人买，或终日售得一二百钱，仅供赶集一日之用，集散则空手而归，全家依然枵腹，情殊可悯。弟拟于市集广收旧衣，稍宽其值以备今冬捐备棉衣之用。昨派司事赶集，携带十金，收得棉衣一百二十五件，棉被五条，此等贫民非有急用，断不肯以衣服贱鬻于市。现拟另募数百金，分赴各州县收买，如吴桥所收，将来即在吴桥施放，此时暂为救急，实属无形之调济，似亦一举而两得也。闻山东人贩去不少，时值隆冬，贫户必有无衣之叹，似可早为筹画，尊意以为然否？手泐，敬请勋安。弟大澂顿首。六月廿五日吴桥泐。廿七日即赴宁津。

## 十四

乐山仁兄大人如手：

廿五日泐布寸缄，计已达览。兹恳者，前接潘伟如中丞信，有陆秋丞之世兄介眉观察捐助直赈银二千两，至今尚未寄到，弟已函恳伟兄即交阜康汇津。又有李兰荪先生垫寄京捐银二千两，属弟再垫一千，随后收捐寄还。此二款确有着落，现在宁津需用，诚恐缓不济急，可否费神与访梅兄一商，先向阜康挪借三竿，遇便寄至泊头，或寄连镇，由弟处随时取用。鄂中汇款到津，即属阜康划去。其京捐一竿，七月内亦必寄到，不致迟误，未知访梅兄能为设法否？前借筹赈局六千，另由南省募捐归款，专候健帅回信，如可多筹数千，则宁津一县亦可从宽普给也。手泐布恳，敬请勋安，伏乞鉴察。如弟吴大澂顿首。六月廿七日吴桥泐。

弟明日赴宁津，当留戴星斋在彼分任其劳，知念附及。

## 十五

乐山仁兄大人如手：

顷接廿二日未刻手书，敬悉种种。钱款已于昨日解到连镇，顷已发车往运，各账清单领到，费神之至。伯相借拨海防经费八万四千两，内有奉旨分拨南洋经费二万两，鄂中捐款五千，均有着落。此外有汉口茶捐一万，江西茶捐亦可得一万，丝捐合银一万四千两，杏荪自行筹捐归款一万，只有一万五千两及此次筹赈局所借六千尚待另筹归补。浙省丝包既未加捐，可请伯相函致筱沅方伯再于海塘经费内提助二万元，此项并无应用之工，系浙中闲款，不妨多助赈需，亦系每包捐洋两元，每年所收不下十万元，若仅以二万搪塞，未免不近人情，想筱沅方伯必肯为力也。前恳转商暂借三竿，此款已经归入吴桥动用。刻下宁津、故城尚需四五竿，英国捐款似可挹注。南省捐项除还六千金外，如有赢余，亟须接济故城。伯相仅借四千，秋亭不敢再请，然四千断不敷用。约略计之，海防经费所亏万五千金不致无着，目前暂请免扣。只此两县未竣，所用无几，此外不复推广。如伯相询及，即祈代陈为感。秋亭今日适来宁津，璞臣银信已面交矣。外致阜康一信、陆振之一信，敬乞饬送，感甚感甚。手复，敬请勋安，惟祈爱照不具。如弟吴大澂顿首。七月初二日。

借用麻包，遇便带津奉缴。

## 十六

乐山仁兄大人阁下：

初十日在宁津泐布寸缄，十三日在连镇泐复一函，交邓委员带呈，想均达览。昨接十六日手书并夏子翁信，谨已领到。捐款银二百五十两暂存尊处，无须寄来，以后如有零星捐项，不必专人押解，遇有泊头便差，带交英堂、子寿两兄转交最为妥捷。南省或有巨款，即可留津归补借项。弟现在交河督同绅士分赴各乡极苦村庄施送丹药，散放救饥饼，收买棉衣，于贫民不无小补，俟新谷登场，再行停止，寸心方无遗憾。近多患痢，须用姜、桂等药，神曲、午时茶均极相宜，惟各丸有用凉药者多不合用，大抵瘟病皆系寒症，宜服温通之剂，与寻常中暑不同，误服之反受其害。弟亦抱河鱼之疾，各种丹丸亲自试验，今日差愈，知念附及。手复，敬请勋安。如弟吴大澂顿首。七月廿一日巳刻。

## 十七

乐山仁兄大人阁下：

廿一日泐复寸缄，计已达览。今日大雨竟日，因思晋粮转运更不得了，如此泥途，空车尚不能行，即勉强装运，亦必阻滞中途。此时粮车几成绝迹，不知何日可通，莫妙于就地变价，因将粮价、运费并解晋垣，则一石可变两石，合运费计之。奏明办理出此变通之计大为合算，赈事亦可速了，惜无人建此议耳。兹有寄芍翁及夏子翁各函求为加封排递，想可速达。手泐，敬请勋安不具。如弟吴大澂顿首。七月廿三日交河泐。

## 十八

乐山仁兄大人阁下：

廿六日在交河西乡接奉廿一日手书，藉聆一是。运粮既无良策，不得不思变计。弟上伯相一书，特创变价之议，未免骇人听闻，然细思之，实有至理，只须奏请廷旨，准其变通办理，便有法想。其成色较好者或由招商局留备下届江广之漕，其在保定者或留为冬间煮粥之用，总以山西新粮价值为准，以一石抵一石，不致亏本，或以运费合而计之，以两石抵一石，尤为活动。总之，转运实无妙计，不转运则自有良图。此议一定，我公必有卓见，无俟鄙人代为筹画也。弟至交河极苦村庄散给救饥饼，体察情形，贫民皆有生机，不致受饿。新收稷子每斗京钱二百文、卫斛十三升，每升不及十文，际此农忙之日，只嫌人少，不患无事。新稷已熟未收者，佥云雇不到人。若至高粱、谷子同时并收，乡间忙不可言。间有病人不能尽力田亩，开井一举此时断难责效，须九月以后方可踊跃从事也。赈款所余，均拟留制寒衣。健帅自捐千金，香涛太史集捐二千金，均在璞臣处，现可不必寄来。弟初十前必可回津，俟各账结清，即可脱身矣。承示吴坪轩督催苏曹转运两万石迅速竣事，殊堪钦佩。至沿途逗留及车户逃失之粮，将来结算想亦不少，道口、河洛一带运道阻滞情形当亦略同，若不从权办理，于公款大不合算，不仅泊头、保定各处也。手复，敬请勋安。如弟吴大澂顿首。八月朔日自交河西乡回城。

## 十九

乐山仁兄大人如手：

昨接月朔手示，藉悉一切。晋粮变价亦非易易，莫善于留在直省，为他日备荒之计，但以运费购粮已属有盈无绌，此举总须恩出自上，非臣下所敢请也。闽省有七万金汇至津门，各处河工似可动用。运河迭开二口，南皮之三里挺，弟于昨早往勘，水势甚涌，已不能堵塞。今日闻景州又有决口，尚未探确，应请伯相迅派妥员，早来赶筑。弟等又须筹办抚恤，不能遽了，大约回津须过中秋矣。上海万元已与秋亭妥商，留在津门建立善堂，以全节为主，与捐主本意亦合。他善举并可附入，亦经久之计也。如解至泊头，仍令折回，暂存华裕亦可。手复，敬请勋安，惟祈爱照不一。如弟吴大澂顿首。八月初七日泊头泐。

## 二十

乐山仁兄大人如手：

昨闻贵体违和，适弟亦患河鱼之疾，尚未痊可，是以不获奉访。晋省解银委员明日启程，弟处附解二千金，应否送至尊处一并委解？乞示及之。手泐，敬请勋安不具。如弟吴大澂顿首。八月廿二日。

## 二一

乐山仁兄大人如手：

承惠佳茗、南腿，谨领，谢谢。赐借毛诗一部，至为心感。兄弟至好，不敢作寻常客套语，惟有寸衷铭佩而已。手泐布谢，敬请勋安不具。如弟吴大澂顿首。八月廿七日。

夏子松侍郎续寄之四百金，顷遣仆人走领，因须划付李秋亭附便带至东安也。

## 二二

乐山仁兄大人知己：

别后登车，中途遇雨，绕堤而行，纡远不能迅达，直至初二晚始入都门。小儿已于廿九日病故，德薄门衰，无以仰邀神佑，此皆弟办赈不善，必有无心失误，天示薄惩，不丧其身而厄其子，受虚名必婴实祸，此中自有感召之机，惟有引咎自责，不敢委之气数也。吾兄爱如手足，亦必代为扼腕，拟俟望后赴津，再聆教诲。手泐，敬请勋安不具。如弟吴大澂顿首。九月初五日。

## 二三

乐山仁兄大人如手：

望日接诵初八日手书，诸承垂念，心感莫名。积谷之费又得各海船按粮抽厘，周年可集万金，此等巨款殊非易易，荩筹周至，可敬可佩。弟本拟望后即可赴津，奈因小女久病成痨，亟宜医治，近服大补之剂，尚无转机，亦不致沉重，日内如无变态，二十后当可出都。伯相片稿已见阁抄，引见一节似可从缓，鄙意不欲躁进，虚名盛而实济少，必为造物所忌，惟有杜门思过，稍自敛藏而已。伯相厚意，永矢勿谖，他日力图报称，迟早有数，不在一时，未知尊意以为然否？郭小琴兄定于二十左右先赴津门，出月初即可购办新谷，尚不过迟。杏荪到津，当可述悉近状，不尽缕缕。手复，敬请勋安。如弟吴大澂顿首。九月十七日。

崑翁精力甚强，一月后当可销假，似不必亟亟求退。

## 二四

乐山仁兄大人如手：

连日碌碌，尚未诣答为歉。送上长椿寺粥厂、资善堂暖厂两募启，均系同乡季士周驾部经理其事，属为转呈，敬祈酌量捐助为荷。

又同乡刘咏诗孝廉系同年刘叔涛之大世兄。属荐书启、蒋通判属求差委现在保垣候补。名条二纸附存夹袋中以备采择，余容面晤不罄。德宝账单附上。手泐，敬请勋安。如弟吴大澂顿首。冬月廿一日。

慈幼堂捐册已领到。

## 二五

乐山仁兄大人如手：

昨日简亵之至，又匆匆未获畅谭，歉甚歉甚。兹奉手书，并募启二扣领到，德宝一券当即转付，余容面罄。手复，敬请勋安。如弟吴大澂顿首。廿二日。

## 二六

乐山仁兄大人阁下：

承惠百朋，辱在至好，不敢固辞，敬领谢谢。慈幼堂、长椿寺、资善堂三处善捐共一百一十金，当即分交。手泐布谢，敬请勋安不具。如弟吴大澂顿首。廿三日。

## 二七

乐山仁兄大人阁下：

今日弟奉旨"以道员发往山西，交曾差遣委用。钦此"，拟于十二点钟进内谢恩，谨以奉闻。送上慈幼堂捐册，系弟所经理，乞酌量捐助为荷。手泐，敬请台安。如弟吴大澂顿首。十八日。

## 二八

乐山仁兄大人阁下：

接奉惠缄，承示直省被水州县文大、仁安一带尤为严重，经杨殿臣、严佑之以晋赈余银六万五千两移赈仁安等邑，款项不敷，尚须广为劝输，以资接济，具征饥溺为怀，仁心仁政，亿万饥黎蒙福无量。南中劝助赈捐，以谢绥之最为出力，弟与绥之夙关戚谊，当属其力为推广，设法筹捐，必可稍资补助。弟倡捐五百金，北岸四厅共捐五百金，敝幕友人亦集捐二百余金。此外如可广劝，集有成数，当于二月内派员解至尊处。杯水车薪，不足以仰副雅命耳。手泐布复，敬请勋安，惟祈爱照不具。如弟吴大澂顿首。新正十六日。

正封发间，接奉公函，交到捐簿五册，当即函致三府，分劝各属同寅，无论多寡，总可集腋成裘。先此布闻，再颂春祺。弟大澂顿首。

长笏翁已奉内召，大约俟成竹翁到任再行交卸，不复派人署理也。

## 二九

乐山仁兄大人如手：

去冬趋送行旌，未获晤教。两月以来，车尘碌碌，酬应纷如，履新大喜，尚未肃缄奉贺，歉仄良深。敬维勋躬曼福，荩画宣劳，允符臆颂。弟自腊月十八日奉命简放河北道缺，次日谢恩，蒙谕即赴本任，毋庸前往山西，因在吏部呈明，将前领执照就近缴销，改换凭文。时值封印，即须俟开篆后方可领凭，拟于二月初二日出都。李太师母寿辰，礼应拜祝。昨闻伯相有月底回津之信，如果确实，弟拟先赴津门一行，务祈示及为感。（按，此处有丁寿昌所写：祝寿后订二月十七日赴津，务望早来。）弟初膺外任，一切均未谙练，尚求从直教训。俟赴保时面聆箴言，当蒙不弃也。敝眷拟即同行，计程不远，限内必可到省，知念附及。潘伯寅师奉致一函，先行寄上，乞察入。尚有赠书各种，容再面交，因日内无妥便耳。寄署任郭菉泉同年一信，敬祈加封排递武陟为感。手泐，敬请勋安，并贺春禧不具。如弟吴大澂顿首。正月十九日。

善捐收照三纸附览，致子梅信乞饬送。

## 三十

乐山仁兄大人如手：

久未通函，时深驰系。近接津门来信，欣稔荣摄藩条，新猷丕布，帝心简在，指日真除，定符下颂。弟到任两月有余，河防、民事头绪纷如，近日稍形清简，而词讼较繁，只以府县不能早讯早结，纷纷上控，其势不得不管。吾辈勤事而事愈多，从前河朔公事甚少，终年无堂讯之案也。各属差徭颇为民累，武陟一县苛派尤多，每年每亩派至三百余文，遂至民不聊生，日困一日。现在改章，令绅士经理，每亩派钱五十文，绰乎有余。他县有类此者，亦拟次第裁减。数十年积弊，一旦革之，民情欣喜。彰、卫二属得雨甚迟，麦收歉薄，弟择其上年被灾较重者，仿照去秋直隶办法，禀请中丞一概征七缓三，以苏积困，幸方伯亦以为然，不致掣肘也。手泐布臆，敬请勋安不具。如弟吴大澂顿首。四月廿七日。

再家叔中彦素蒙培植，逾格垂青，极深铭感。去年奖案，请于州县班内酌委署缺一次，业蒙伯相批准。近闻沧州有更动之信，想由尊处详请委署，是否合例，因在部章，同通不准署州县，河工不准署地方，未敢悬拟。惟家叔于民事尚肯尽心，在津数年，稍有阅历，倘蒙提挈，不致有辜期望也。手此布恳，再颂勋祺。弟又启。

## 三一

乐山仁兄大人阁下：

簿书鞅掌，久未通函，每忆兰交，辄深饥渴。敬维勋躬时泰，政祉日新，定如臆颂。弟数月以来专理词讼，每月亲讯之案多至数百起，渐理渐少，近则三、八收呈，一期不过四五十起耳。彰、卫二属相距较远，民间疾苦未及周知，查阅案卷有冬巡之例，前任吴述翁曾举一次，有案可援。弟则轻车简从，只带二三仆人，一车四马，沿途住店，自备火食，丝毫不扰地方。每至一县，查验仓谷及征收红簿，调阅词讼案卷，察其勤惰。昨在临漳查知押犯有七十余名之多，大半皆系小窃，此等所犯并无重罪而羁累日久，隆冬冻饿，必多毙命，释之则虑其再犯，为地方之患，究竟如何正办，尚乞老兄明以教我，鄙意总以分别责释为是。至窃案之多，实由捕役纵容，正本清源，先应严办蠹役。濬、滑、内黄与开州毗连，往往一役挂名两署，豫省犯案则逃至直境，直省犯案则潜回豫境，关提则案多延搁，指控则互相庇护，此其通病也。豫中州县视词讼为无关紧要，懒于听断，省中虽有励勤局，月报四柱，册内寥寥数起，殊属具文。其实积压稽延，书差任意勒索，小民之因讼受累者不知凡几。弟日以此事与僚属互相讲求，近日于听讼略有长进，不知爱我者何以策励之？今日由临漳至武安，道出邯郸。手泐布臆，敬请勋安。如弟吴大澂顿首。冬月廿五日邯郸途次。

去冬承假毛诗一部，久无妥便奉寄，昨托票庄汇至天津阜康，恳其转寄保阳，未知有便否？杏荪摄津篆，想明春即须交卸。晓沧家叔时盼署缺，藉以练习民事，有可嘘拂栽培之处，尚祈留意为感。再请台安。弟又启。

筱沅世叔久未通函，晤时乞道相念之忱。

令弟一麾出守，明春计可来豫，承借之款，当俟令弟到省后就近送交亦可。令侄分发两河，想未到工，如分北岸，藉可借重一切，欣盼莫名。惟此间候补清苦异常，除防汛例差外，平日竟无出息，南岸情形亦大略相等。分道人员多在近处州县及各属盐店内以馆谷为糊口之计，其清况亦可想见矣。手泐，再颂春祺。弟再启。

## 三二

十二日两奉惠缄，详示种切，敬佩莫名。畿南苦涝，筹画赈抚，并补筑各处口门，经营备至，泽普灾黎，何止为万家生佛，惜不得共事一方，时叨教益耳。河朔各属窃案之多，惟临漳、安阳二县已饬严比勒缉。已获之犯在押日久，未敢轻释，诚如来示，严饬各牧令优给衣食，俾免冻馁致毙。春融以后，择其情节较轻者分别责释，较为允当。尊论具征卓识，感佩奚如。弟于初七日回署，适值雨雪载途，各属均报三四寸至五六寸不等，来岁麦收可占丰稔，气象大好，堪慰廑怀。手复，再请勋安。如弟大澂顿首。腊月十八日。

# 致董文涣(一通)

属题《校均图》，愧不成句，尚求教正之。敝居春草间房即胜国遗老金孝章先生故宅，庭有方竹一丛，相传为先生手植。寒家旧藏《墨梅册》及《春草间房图》毁于兵火，老屋无恙，前年在里中购得墨梅一册，敢乞赐题为幸。敬上研樵老前辈大人左右。晚大澂拜。三月十四日。[①]

① 董寿平、李豫主编：《清季洪洞董氏日记六种》第一册图版，北京图书馆出版社，1997年。

## 致方鼎录(一通)

元仲仁兄大人如手:

别后接奉卫辉所发手书,未知行旌何日抵津,迟迟未复。兹于封邱途次奉到十月朔日惠缄,承荐家人侯成甫到武陟,适弟已出署,函谕仆人暂为留住,归时再为转荐,不令失所也。计此时台旆早抵都门,荣简之期当不远,春明朋从之乐,较胜于俗吏风尘,寒夜围炉,灯红酒绿,令人回首长安,不能无怀旧之思。老兄扬历三秦,久不尝此况味,当亦以鄙言为然耶。此间自霜清以后,河防事简而词讼甚繁,仍有日不暇给之势,彰卫之属相距略远,民间疾苦尚未周知,因查吴述翁到任时有援例冬巡之举,遂率由章,轻车简从,周历各县,借以察访民情。仆从寥寥,只带三人,张祥每出必随,爱其勤朴耐劳,不负主人之奖励也。连日山路崎岖,未得少憩,如读昌黎"山石荦确"之吟。僻野农民以花椒、柿饼为生涯,种麦之地甚少。白头父老生平未见长官,道旁观者如堵,大似汉二千石按巡所部光景,在豫中以为创格矣。途次手复,敬贺年禧,顺请台安,不尽万一。如弟吴大澂顿首。冬月廿八日涉县行馆泐。

吉田托致一书寄到时弟适在省,为仆人置之杂信中,几付字簏,近始检出,已隔两月矣。并以附呈,乞察入。弟于九月中曾致吉老一函,近则音问又疏,簿书鞅掌,时觉竭蹶,不遑酬应,笔墨辄多搁置，总由肆应才短之故，知己何以教之。再请简安。弟大澂又启。[1]

① 中贸圣佳国际拍卖有限公司2010年夏季艺术品拍卖会“中国古代书法专场”2016号。

# 致傅以礼(一通)

节子仁兄大人阁下：

念劬交到手书，猥以六十初度，蒙赐联轴，古雅可喜，谨谢谨谢。湘中吏治，未易振作，弟不以责人而先以自责，疆吏所司何事，转移风气，岂得委之气数耶。与念劬晤谈数日，皆迂阔语，别无政绩可言，但得一书生可为名将，此亦求贤馆之小效也。手复鸣谢，敬请台安，藉璧谦版。弟大澂顿首。五月十七日。

益吾祭酒今著《汉书补注》，已刻《天文志》一卷，真大勇也。[①]

---

① 周骏富辑：《昭代名人尺牍续集小传(二)》，明文书局，1985年，第817—820页。

# 致高崇基(十通)[①]

## 一

昨与香帅商酌南雄一缺,无惬心贵当之人。论才具则萧令为宜,如肯振作精神,于地方必可有益。该令好应酬,用度不能节省,是其短处。此次却无说项之人,鄙意与香帅不谋而合也。乐昌拟委陈绍棠署理,尊意中尚有人否?香帅信附览。手泐,敬颂紫峰仁兄大人台安。弟大澂顿首。

## 二

香帅今日亲往西北两江查勘基围,贱恙未愈,不获趋送河干。送上调帘各缺拟委各员一单,望与香帅商之。东莞拟委刘秉奎,未识尊意以为然否?手泐,敬请紫峰仁兄大人台安。弟大澂顿首。十八日。

## 三

进京解饷一差,意中并无可派之人,仍由执事酌量选派可也。紫

① 吴大澂写给高崇基的这十通书信,均见于孔网拍卖2021年春季拍卖会“名人墨迹·西文经典”2053号。

峰仁兄大人。弟大澂顿首。二十日。

外件附缴。

## 四

芦苞厂中索费一节,系敝处委员于闰四月十一日亲过该厂纳厘时事。所见司事年不过三十左右,不知其姓。惟该司事巡丁得银十五两后,略启一二舱板,即不问其多寡轻重。此中流弊甚大,即启奸商以多报少之风。总之,来往船只并不甚多,自应逐舱开看,点明件数,或抽查一二件过秤,方是认真办法。各厂委员无一不深居简出,一切查舱填数,均责成一二司事巡丁查看,均极草率,惟至太平关见过委员一人亲自查舱者,大率皆坐一懒字病耳。如尊处派人密查,只须趁一商船沿途察看,纤悉毕知矣。手泐,敬颂勋祺。紫峰仁兄大人。弟大澂顿首。六月初三日。

## 五

顷接尊处请假公文,茫然不知所以。特传吴丞景萱来署,询知香帅接晤时偶有辨论,似非于公事大有关系,不必以去就相争。且弟到官未久,情形多不熟悉,正需倚公为左右手。鄙见所不及,赖公匡救之。无论何事,皆可熟商,决无一成不易之见。香帅为弟所悦服,维持调护友朋之责,明日当往归劝,愿公勿以此介意。原文奉缴,乞即收回,望鉴愚忱,勿罪为幸。紫峰仁兄大人。弟大澂顿首。四月十三日。

香帅处一禀,弟属巡捕官暂缓呈阅。四月十三日。

## 六

香帅来信并清单一纸送上，乞阅后掷还。惟潘椒堂山长来云“潘监院绝不管事，梁监院较胜于潘，今撤梁而留潘，似未公允”，究竟孰优孰绌，无从考核也。敬请紫峰大兄大人台安。弟大澂顿首。十二日。

## 七

香帅见示一单并原函送阅，揭阳即定周为桢，崖州即定侯甲瀛，请由尊处牌示可也。手泐，敬请紫峰仁兄大人台安。弟大澂顿首。十六日。

## 八

厘金太平关京饷五万，即饬商号改汇天津，其旗营加饷五万，仍饬解员刘倅到京交纳可也。复请紫峰仁兄大人台安。弟大澂顿首。

## 九

顺德魏令调取引见一节，已与香帅商之，可即饬令交卸，领咨起程。惟接署之员，香帅意中并无其人，如候补中有劳绩最著或曾经署事赔累之员，乞酌拟数人，请香帅定夺可也。敬请紫峰大兄大人暑安。弟大澂顿首。廿三日。

## 十

顺德一缺，委徐多鈖署理甚妥。昨日晤方军门，亦极赏识，想香帅必以为然。明日面商后，再行奉闻。张延似尚练达，可令赴临高任，尊意以为然否？手复，即请紫峰大兄大人晚安。弟大澂顿首。廿七日。

昨日中暑，遍体发热，头晕不清，拟静养三四日，当即愈矣。

# 致顾肇熙(十九通)

## 一

铜井主人如手:

初九日布复一缄,敬贺荣喜。十二日奉到手书,敬悉种种。昨接鼎帅书,知初十日奉吏部来咨,业已转行,想履新视事,百度维周,创建规模,倍形劳勚,无任企仰。兄在河朔任内,署中公事均有旧案可循,幕友得力,则寻常案牍事事皆有条理,专择紧要之件一意讲求,虽兼河务,地方仍可从容坐理。今执事当创造之始,又乏襄助之人,一政一令,均须自作主张,俨然兼藩、臬两司之责,承上启下,头绪纷如,成竹在胸,固不难徐图布置。敬就管见,条陈数事,另纸录呈,乞赐采择。运斋、守拙两函,均已领到。手复,敬请勋安。大澂顿首。六月十八日。[①]

## 二

铜井主人如手:

元宵接谷日手书,详悉种种。所论人才,皆大澂平日所敬服,惟

① 株式会社东京中央拍卖2014春季拍卖会"中国古代书画"1352号。

雪渔阅历略浅，其天资纯厚，固非常人所及矣。运斋乃练达一路，胆识未能远大，稍有时俗之见，是其短处，亦少读书之故，如与孝达合而为一，乃当世第一流人矣。良友箴规，极可感佩。徐世兄荫周好谭时务而少实力，独其责备鄙人甚严，首以多读书少亲杂务为言，令人见之时有愧色，故特引而近之，亦不以人废言之意。犹忆朗翁守江宁时，有故人杨君以不读书责之，朗翁答以首郡事繁，日不暇给，杨云见客有暇，拜客有暇，批阅公牍有暇，一日两餐从未间断，何独读书无暇耶。此书生之创论，亦正论也。峻峰都护于十六日二鼓赶回塔城，大不以秋亭为然，其接收塔城控案，行提被告，亦觉多事，大约为收税过严，时望颇减。好官不易做，令名亦不易保，但冀其始终一辙，勿为过当之事，斯可矣。正作复间，又接十二日手缄，峻翁言事皆得与闻，作为罢论者亦不复提。春龄时时有颖脱之意，毕竟不妥，前年未经芟除，此仁慈之过也。手复，敬请勋安。大澂顿首。正月十八日。①

## 三

窸斋与铜井断断致辩，乃论其理也。至小圃之直抒所见，窸斋心窃许之。无论所言之中肯不中肯，其立言之意，固自可嘉。如孝达先生留心经世之学，当世几无其偶，然其所见多有不可行者。议开黄河北岸之引河，涂中丞极以为是，意在必行。窸斋两上书痛陈利弊，以力阻之，中丞不答而引河之议遂止。去年议开松花江引河，窸斋覆疏又层层辨驳，无可回护。论公事，但求其是，虽道义至交，不敢阿私所好也。合肥专好西学，窸斋不以为然，然其中亦自有辨，如煤灯气垫、照相涂银、点石印书及一切器用，或尚新奇，或省工费，有之无所益，

① 株式会社东京中央拍卖2014春季拍卖会“中国古代书画”1352号。

无之无所损，等诸玩物可耳。即织呢织布，中国自有布，自有绸缎，无呢无洋布，与中国无损，此西学之可不讲者。若枪炮、水雷、火药制造之精，为军中必不可少。电线可引火可递信，亦于军事有裨。轮船可利转运，炮台可备守边，此西学之不可不讲者。愙斋务其所急，而不务其所不急，似不得谓之偏重也。若专斥西学，而一概以为不必讲求，斯不免于偏矣。铜井之疑未释，复书此以相质。愙斋手白。①

## 四

铜井主人如手：

月朔奉到廿六日手书，猥以进秩奉常，辱承饰注，且感且惭。此间已见邸报，即应具折谢恩，部文迟早，未可知也。珲春分界，所争之地无多，然此次乃紧要关键，明明彼曲我直，有约有图，若再退让，以后边事何所措手，已属如山及胡、袁二委员径抵黑顶子，议定乃归。会勘边界系两国交涉公事，即以兵威挟制，亦可置之不理。倘不归我汶阳之田，则图门江全失，岂可徐图哉。手复，敬请勋安。兄大澂顿首。三月四日。②

## 五

铜井主人如手：

十一日曾复寸缄，谅登记室。顷接十二日手毕，敬悉种种。希侯调补之信，此间已见邸抄。鼎帅得赋遂初，自可从容调摄，怡养天和，

---

① 株式会社东京中央拍卖 2014 春季拍卖会“中国古代书画”1352 号。

② 同上。

而吉省局面以后有无变动，固未可知。惟执事仔肩较重，不能不坚持定识，于用人行政有关国计民生之处，不务苛细而力持大体，此执事之责也。宁姓珲设官一节，恐署任不复顾问，他日如有异议，敝处绝不肯随人俯仰，惟有各抒所见，以仰候圣裁。此事与吉省大局有关，亦有气运存乎其间，然人事不尽，岂得委之气数哉。外省利弊，当轴或不尽知，若有揣摩要路之心，即不免袖手旁观之见，鄙人固能见及此，但不自知其力量何如耳。手复，敬请勋安。兄大澂顿首。三月十八日。[①]

## 六

铜井主人如手：

四月二十日曾复寸缄，廿九日接廿五日手毕，知前函尚未达到也。家书领到，彭信已转交。朝鲜经略使鱼公已抵庆源，小圃明日即行矣。运斋述合肥不赴粤而驻上海，六丈出闱，大不以为是。鄙意度法人必不与中国为难，即合肥整旅南行，彼必故作惊慌，又令公使向总署苦求罢兵，以掣疆臣之肘，俟其布置已定，而中国亦无如之何矣。如当轴窥破机关，竟合水陆各军直抵越南踞守，再与开议，或可挽回万一，否则堕其术中而不悟，亦可叹也。昨见题名录，熟人甚少，为之怅然，惟丹翁之世兄高捷，差可为可喜。胜之节前可到，朱稚云无从位置，贵本家到此，亦当酌赠川费以表微忱，此间尚拟裁汰数员以节浮费也。时局一变，遇事为难，可虑可虑。手复，敬贺节禧。大澂顿首。五月初二日。[②]

---

① 中国嘉德 2022 年春季拍卖会“中国古代书画”1138 号。

② 株式会社东京中央拍卖 2014 春季拍卖会“中国古代书画”1352 号。

## 七

铜井主人如手：

十七、廿四日先后寄缄，想登记室矣。吴副将来，述悉阶前兰蕙，秀茁新芽，汉千金瓦“宜富当贵”，请以古吉语为颂祷之词。贱妾怀孕七月，起居无恙，闻新莽布泉佩之宜男，未知确否？吾乡与馆选者四人，未得其详，芝房、抟霄均在意中。郎亭拜视学山左之命，藉补前两次之缺陷。法越战争近无消息，敝处前有一疏，请旨饬催合肥进驻广东，亦正办也。手泐，敬请勋安。大澂顿首。五月廿八日。①

## 八

铜井主人如手：

十九日接读十三日手毕，并京信已领到。小圃信亦转交矣。朝鲜商务因彼民欲以图门江归入朝境，谓之豆满江，别求它水为图门，此指鹿为马，本极无理，亦无须会勘。小圃不以严词拒之，启彼觊觎之心。其所勘帽儿山设城开市之地，亦与朝民之私心暗合，鄙意不甚为然，已由敝处先派秋亭覆勘，大约仍需在图门江北岸设局收税。此间无可委之员，拟请同蔚卿太守创其事，侯帅履新，当与商之。据小圃云，每年互易，向有百余万串，常年开市，至少亦有三十万金，不患经费之无出。此言究无把握，实不敢过事铺张也。永平府属河水涨发，侯帅或须八月初旬抵吉。越事置之不问，未免示人以弱，将来滇粤边事，能无后患？病人膏肓始服药，徒令扁鹊棘手。疆吏任事能有几人，三五年后鄙人亦不能置身事外，不得不痛切陈之也。手复，敬

① 株式会社东京中央拍卖2014春季拍卖会“中国古代书画”1352号。

请勋安。大澂顿首。七月廿二日。[①]

## 九

今日阅《申报》,法兵又为黑旗所败,四月廿六日事。其续调之兵,似有力薄不能兼顾之意。合肥尚无派队出洋消息,亦殊可怪。失此机会,华兵何日能自振作?枢府不知兵,疆吏不任事,公忠体国,有胆有识,惟六丈一人,惜乎其言之无补耳。俄人分界事,当由总署另请派员,鄙人不复与闻其议。与漫不讲理者共事,有何情理之可言哉。

秋亭坠马伤腿,极为惦念,其清理词讼,勤不言劳,民受其惠,自与俗吏不同矣。珲春新招垦户,望之如岁,至黑顶子事,势难速了,决不以此难题窘之。吾辈遇事尽心,为所当为,功效固所不计也。郑经鹭系有志之士,所述李菊圃事,殆粤人未之前闻,尊论亦明通之至。

拨旗屯垦乃鄙人之见,无论其愿来与否,覆奏折内不敢不据实上陈。若明明有地可耕而饰词以拒之,问心殊不自安,亦非迂就言官之意,欲藉此以沽名也。况办理设有不周,怨谤乃意中之事,安有名之可沽乎。崑翁咨覆抄示双城堡原案,大约每户须盘费三十金,牛具、籽种一切,每丁需四十余金,惟盖房之费可省,借用兵力亦不甚难。如不果来,亦不相强。执事以为空谈则非也。[②]

## 十

振之来信,谓子仁所用公款约在万吊以外,孝侯亦云约亏三千余

---

① 私人所藏。

② 株式会社东京中央拍卖2014春季拍卖会“中国古代书画”1352号。

吊,公所估计,可销二千余吊。惟鄙人核计其所放之荒与已收之款,每垧二百。应得公费五千二百余吊。至佃户未缴之款,或有丈量未毕之处,其势不能尽归子仁。且接手之人,有催收之责,酌分一半公费,较为平允。如果已经丈毕,亦可无须分半矣。乞执事定夺之。街基钱是否报部,抑归外销之款,委员应得公费,是否亦照一成核计,敝处无案可稽。现在所收街基钱三千四百余吊,如系外销,可否将公所房屋准其在此款内动用报销。振之谓其开局以来,公款、私项未分,不知荒局章程本无所谓公用,尽在此二百文之内。局中一切费用,不能另外开支。子仁薪水、车价,向由边务项下支给,不知英佐领等应领薪水等项能否另销,亦乞示知,当属英佐领代为造报也。本年四月以前,应由英佐领代为造册呈报,以清界限。约计子仁公私亏项在四千吊左右,如盖房之费准其在外销款内造报,所短不过二千余吊,车马草豆均可作抵。阅其遗物单内,有参枝及大东、小东两项,似亦可代为销售,作价若干,另开一单,告知其家人,似无不可,尊意以为然否?孝侯送赙仪二百金,由渤生汇交尊处代存。弟处当先为之弥补公款,俟振之核算明白,应销若干,共短若干,当即由省代缴清楚,不令接手人为难也。

附呈一单,是否如此分别核计,乞酌之,并祈谕知振之函致英佐领可也。①

## 十一

正封函间,又接腊月廿七日手书,知四轮大车十六辆,廿九日可以抵局,不致阻滞中途,至以为慰。丁友云不先来塔面商一切,遽尔在城觅购房屋,未免擅专。且敝处尚未札委,何以未来之先,迟迟我

---

① 株式会社东京中央拍卖2014春季拍卖会"中国古代书画"1352号。

行，到吉未几，迫不及待，如此办事，殊少稳练，无怪人言之啧啧也。局中委员司事衔名、年貌、籍贯清折已阅，悉当遵新章先行报部，为将来报销地步。手复，再颂升祉。大澂又顿首。初四日。[①]

## 十二

越裳消息，已见败征，坐视不援，后将及脐。滇粤边患，宜于此时欲图之，鄙人昨又疏请命将出师，时不可待，与其暗为之防范，不如明与之决裂。明知译署不以为是，堂堂中国，不可无一二勇于任事之人，若人人顾恤身家，不为久远计，则痿痺之症不可救药矣。法之虚实，不逮英俄远甚，以逸待劳，何遽不敌。谦让固美德也，岂所论于军国大事哉。大澂又启。[②]

## 十三

铜井主人如手：

五月四日接奉四月廿日手书，猥为马齿之增，辱颁锦幛，揄扬过当，惭感交并。兄于端午节后启程赴津，初度之辰，概未举动，惟学蘧大夫杜门省过而已。愙靖北来，孝达、蒉斋南去，先后抵津，冠盖云集，旧雨相逢，不减春明谭讌之乐。法将有铁舰停泊之罘，鄙意欲往一观，考其制度，亦知彼之一端。因约孝达、蒉斋同往，并邀运斋至之罘会晤。合肥久未巡海，因督兵轮十余艘同至旅顺、威海，各张旗鼓，声势颇壮。初三日与孝、蒉二公话别，舍弟亦即南旋，初五回驻新城。

---

① 株式会社东京中央拍卖2014春季拍卖会“中国古代书画”1352号。
② 同上。

手复，敬请勋安。大澂顿首。闰月初八日。[①]

## 十四

铜井主人如手：

昨晚奉到初六日手书并京信各件，均已照收。小圃计已事竣，若由会宁至敦化，途中无信可寄，递至朝鲜，恐又相左，俟其回塔面交为妥。胶州柯孝廉淹贯精悍，闻之甚为欣佩，伯都讷得此名师，当可略开风气，想系邵赞臣所延访，何省垣未闻有是举也？郎亭赴山左，必可以经说提倡人才，齐鲁诸生不乏朴学明经之彦，搜讨金石恐亦无暇。拙著《说文古籀补》业已成编，尚有四卷未刻，今冬可竣，许、郑诸儒以后，自当独占一席，郑盦师必许之也。手复，敬请勋安。大澂顿首。六月十二日。

子仁所用车价，荒局既可开支，则亏项较少。局房只能作公所，若设分防衙署，后来者必不肯将就接手，莫如暂请于衙基项下拨抵，以免将来纠缠，无法弥补。囤货须属英佐领及早变卖请缴为妥，子仁因公亏短之款，总期执事为之清理完结，存没均感。又拜。

桥道一款，即可在省换钱，作为荒务缴局之款，何如？想所缺无几也。[②]

## 十五

铜井仁弟同年大人阁下：

久未通书，殊深渴念。岁事峥嵘，近状拮据，求借白金百两，以资度岁，明年光景稍裕，首先奉缴也。手泐，叩请岁安。年如兄期吴大

---

① 西泠印社 2015 年春季拍卖会“中国书画古代作品专场”0246 号。

② 株式会社东京中央拍卖 2014 春季拍卖会“中国古代书画”1352 号。

澂顿首。冬月廿五日。[①]

**抬马沟**

冒雨挥鞭到此沟，泥深陷马仆夫愁。寻坡支帐无干土，就涧烹茶有活流。炊罢晚烟添薄暝，夜来凉气似深秋。商量先把邮亭筑，便许行人一宿投。

**三道冈**

涓涓一脉在山泉，下湿高原灌溉便。不信窪塘成废壤，但通水道即良田。涂泥可种还宜稻，旱潦无虞大有年。只为民情莫图始，艰难稼穑以身先。

**细鳞河**率傭工二十余人，筑屋五椽，垦地八垧。

山荒路僻少人行，来此诛茅为勤耕。欲就膏腴兴水利，试开沟洫教边氓。河深不见鱼游处，夜静惟闻虎啸声。禹迹当年曾未到，别留天地待年成。揭来满地尚荆棘，舆马喧阗气象新。野菜有情能饷客，海棠无主忽逢春。翠屏两面回环抱，碧涧双流左右邻。似此鸿荒未开辟，那知晋魏与嬴秦。

## 十六

窓公于十六日来皖，现住局中，朝夕相叙，拟邀〇同游庐山，往返不过十日，可添画稿数幅，亦一韵事也。窓公行箧中携有史颂敦一器，与仲饴旧藏颂敦文不同而大小正同，仲饴见之极爱，其文字完好，制作古朴，真

① 株式会社东京中央拍卖 2014 春季拍卖会“中国古代书画”1352 号。

三代彝器中上品也。又见窓公有柴窑二杯，仲帅叹赏不置。国初时已有“柴窑片瓦值千金”之说，好古瓷者独未见柴窑为憾。仲帅所藏均窑皆不惜重价购得之，而柴窑则未之得也。鄙意仲帅寿辰礼物一概不受，尊处或有公礼，配入古玩精品，必可赏收。仲帅得器，窓公得价，亦两得其宜。或留或否，便中示复。如有可留之件，其价径汇苏城南仓桥亦可。[①]

## 十七

皞民仁弟同年大人阁下：

前泐寸缄，尚未封发，适春山同年来湘，以清泉场署缺亏空四百金，正月十一限满不缴，将列弹章，而敝处俸廉所入，勉可敷衍，近以庆典报效，一律核减二成，岁事峥嵘，正形竭蹶。春山见此情形，大失所望，再四踌躇，竟有山穷水尽之势，不得已欲赴台南为乞米之计。兄知执事于同年至交情谊素厚，力能援助，断不藉词推诿。兄与吾弟相知最深，属其不必多此跋涉，但求一函关照源丰润即可代付。况春山清此交代，明年必有调济之缺。一官之进退，全家性命所关，不能不为一言介绍。手泐，敬请勋安。年如兄大澂顿首。腊月十八日。

春山云，明年秋冬必可奉归。贱况稍裕，亦可代为料理。[②]

## 十八

皞民仁弟同年大人阁下：

复谢刘岘帅一信，乞交长江轮船带去饬送。致小婿一函，望加封

---

① 株式会社东京中央拍卖2014春季拍卖会“中国古代书画”1352号。

② 国家图书馆藏，善本书号：04803。

交北洋轮船代送小站为感。连日辰出酉归，如训蒙馆也。手泐，敬请勋安。兄大澂顿首。廿三日。[①]

## 十九

皞民仁弟同年大人阁下：

前承枉驾，尚未走答为歉。兹有小女寄湖北一小包，敬乞转交长江轮船管驾带鄂饬送督署为感。手此，敬请勋安。兄吴大澂顿首。闰月十一日。[②]

① 株式会社东京中央拍卖2014春季拍卖会“中国古代书画”1352号。
② 同上。

# 致韩慧洵(四通)

## 一

古琴大兄大人阁下：

月之十二日仆人张祥由陕回豫，带到二月十二日手书，承示白河二敦已作延津剑合，可喜可贺。惟弟有吉林之役，箧中所携金石均寄回家，以后古缘只得暂为屏绝。叔龢父二敦，现无妥便可寄，存于尊处与藏于敝笥本无区别，但求转属继云精拓三四分，由马封递至吉林，已极心感，他日得能同官一方，或邻近省分水陆可通之地，再当专人走领，恐辗转相寄或有贻误。如此至宝存岂多，未可轻于付托也。本托日昇昌汇寄二百金，闻尚未交到，想此时阁下必不肯收价，作为后图可耳。弟于月朔交卸道篆，奉旨："着来京预备召见。"已报初九日起程，现由道口买舟赴津，计四月初必可入都。知念附及。手复，敬颂升祺不一。弟大澂顿首。三月十八日大名舟次。[①]

## 二

古琴大兄大人阁下：

去冬十一月十七、二十日在三姓城内连接寄缄，猥以补官仆正远

---

① 西泠印社拍卖有限公司2015秋季拍卖会"崛起之路·中国近现代对外交往手迹专场"2292号。

承吉语，感愧莫名。弟自九月初出省，周历珲春、宁古塔、三姓各边，校阅防军，至腊月言旋，往返四千余里，风雪驰驱，颇形劳顿。岁晚春初清理积牍，幕中无代司笔墨之员，公文私札皆取办于一手，俗尘积案，难得清闲，金石文字之交辄多疏阔，都门师友亦责其懒于酬答也。承拓寄师𩞁父敦二分，李藏卣尊拓六纸，感何可言。当系“聿贝”二字，乃书册锡贝之简文。徐籀庄旧拓且辛敦，潘伯寅司寇藏父辛爵，弟所得父辛敦，皆有“聿贝”二字，疑与卣尊二事为一人所作。凡土色带干绿或兼红斑者，皆豫中所出。虞司寇壶，敝处亦有拓墨，字为人名，不可识，亦不敢强解也。执事交卸署篆后，艰窘可知。弟于秦中当道熟人渐少，吉公去赴黔中，并寄书亦恐不达矣。前月由省垣移驻塔城，就近整理防军，兼筹屯垦，荒远寥廓之区，非三五年不能奏效，惟有尽力以图，逐渐布置而已，得失毁誉皆非所计也。手泐布复，敬请台安。藉璧芳版。愚弟吴大澂顿首。三月初五日。[①]

## 三

古琴大兄大人阁下：

前月接展来缄，备承拳注，知令郎继云兄有大梁之游，何以迟久不至，殊深怅惘。过此以往，恐工事将竣，无差可派矣。弟接办郑工，倏经三月，无日不在战兢惕厉之中。购料之难，最为棘手，去冬即因此迟误，刻下幸有头绪，小寒节后计可竣事。手复，敬颂台祺不一。愚弟吴大澂顿首。芳版藉璧。[②]

---

① 西泠印社拍卖有限公司 2015 秋季拍卖会“崛起之路・中国近现代对外交往手迹专场”2292 号。

② 同上。

## 四

古琴仁兄大人阁下：

甘雨畅足，秋景大好，昨偕元仲、农山在勤翁处夜话，亦极快也。奉还“严道橘园”印范，乞转缴。近又获十余方，不敢贪得矣。去年所寄拓本，有丕字者文剧佳，其器似簋，四行二十八字。未知何氏所藏。如在此间，可否代借精拓数纸，半日即缴。[illegible]彝亦真而精，其制何似？恳属令弟图其形，亦当摹入《吉金录》也。手泐，敬请台安。弟大澂顿首。八月初十日。[1]

① 中国嘉德2012秋季拍卖会“古籍善本”专场5635号。

## 致韩绥之(一通)

绥之姻大兄大人阁下：

七月十八日接诵十二日手书，承示广西水灾较他省为尤重，撤防之后振抚最关紧要，现由尊处零星劝集三万金，请严佑之兄携往散放，为官振之助，具征胞与为怀，勇于任事，曷胜钦佩。所交捐册百本，陆续发出二十余本，并属广仁堂杨殿臣兄帮同劝募，大约零捐多而大宗少，集腋成裘，尚难约定成数，官场及各营亦有他处寄来捐册与此重复者。惟念灾黎待哺嗷嗷，阁下苦心筹济，亦非易易，兹先垫缴规平银三千两，由念劬转交尊处凑款接济，余俟陆续收下再行汇去。前日傅相述及荐贤之意，期望于执事者至为远大，昨阅邸抄，知已奉旨特用，为吾道声色，为乡闾增荣，可喜可贺。手泐布复，敬请善安，不尽百一。姻愚弟吴大澂顿首。八月廿五日。

再韩迪斋表侄学习洋文，兼谙电报，得能自食其力，甚为可嘉。敝处所部各营，应否裁撤，现尚未定，营中所用电报学生，终日无事，易于荒废，不足以资练习。遇有需材之处，可与迪斋有益者，再行奉闻。商局更始，正可力加整顿，杏荪得一臂助，并力图之，公家之益也。大澂又顿首。①

---

① 西泠印社 2011 年秋季拍卖会“近现代名人手迹暨纪念辛亥革命专场”0333 号。

# 致韩太夫人(一二〇通)[1]

## 一

母亲大人膝下：

敬禀者，廿一日接奉十三日慈谕，谨聆一是。男自河间赈事告竣，十六日由泊头镇开船，十八到津，一切赈款均已造册报销，尚有山西经手事件未能完结，拟于明日先行进京。因风林发热未退，须往一看，重阳后再来津门料理各事，九月内能否回南，尚未可知，或须在十月中矣。灰鼠统子及参须膏药，届时一并带回。肃禀，叩请金安。男大澂百叩谨禀。八月廿七日。

## 二

母亲大人膝下：

敬禀者，男自河间回津，于九月初二日进京。一年在外，奔走风尘，不少休息，殊形劳顿。现在寓中静养几及一月，气体均已复元，俟交冬令，拟合膏子药一剂，略为培补。十月初旬尚须赴津，有经手未完事件，稍为料理即可回京。甘肃之行，实觉太远，当可不去。李相

---

① 吴大澂写给其母韩太夫人的这一百二十通书信，均为上海图书馆所藏，线善859766。

有请旨简放之奏，如离家较近，似亦无妨，大约年内未必有动静也。肃禀，叩请金安。男大澂百叩谨禀。九月廿七日。

## 三

母亲大人膝下：

敬禀者，昨日接奉十七日慈谕，敬稔福躬康健为慰。承示十一月十五日建醮一坛，当于是日持斋一日，虔诚赴各庙进香，计初五日男必可到京矣。膏滋药方当即合服党参、熟地，皆有现成道地药料。中年以后精力暗亏，不能不借培补之功。现与柳门同住，一切甚便。肃复，敬叩金安。男大澂百叩谨禀。十月廿九日津寓泐。初二日回京。

## 四

母亲大人膝下：

敬禀者，前在津门两肃禀函，谅登慈鉴。男于初二日由津启程，初五日到京，寓中上下均各安好。媳妇始因愤懑腹胀，服药数剂，近已平复，饮食照常。与向妹同居，颇形热闹，堪慰远念。男定于十六日引见，即发往直隶，年内亦不出京矣。明日合家持斋一日，当虔诚赴庙进香默祷，以后命运，当有转机。肃禀，叩请金安。男大澂百叩谨禀。十一月十四日。

## 五

母亲大人膝下：

敬禀者，月初肃泐寸禀，交华洋书信馆转寄，谅邀慈鉴。今日奉旨简放河南河北道，明日谢恩。豫中同一灾区，离乡较近，路途亦多平坦，明年接眷，可自通州一水直达，得免山路崎岖之险，堪以告慰远怀。先此禀报，叩请金安。男大澂百叩谨禀。十二月十八日。

## 六

母亲大人膝下：

敬禀者，男自去腊回署，公事清闲，新年酬应甚简，因河冻未开，须二月内再行进省，署中上下均安，堪慰慈怀。兹有通判汪子扬回南之便，托带汴绸四匹、点翠花六匣、茧缎一匹，伏乞察收。又媳妇寄大嫂、三弟妇茧缎各一匹、汴绸各二匹，荣林、桂枝侄搭连各一，并入包内带去。手肃寸禀，叩请金安。男大澂百叩谨禀。新正廿三日。

## 七

母亲大人膝下：

敬禀者，男自腊月十八日奉命简放河北道缺，曾肃两禀，日久未接家书，至以为念。正月中酬应之繁，几至刻无暇晷。至二月初二以后，屏绝一切，始得收拾行李，于初八日未刻出都。柳门及祝颐甥女送至长辛店，次早回京。自京至汴梁省城，计程十五站，约二十三、四即可到省。媳妇因望子情切，劝令置妾。买得密云县乡人陈氏女，年十七岁，十月十一日子时生，于正月廿八日进宅，体胖而结实，性情温厚，无北人粗戾之气，其相颇似宜男。现与媳妇一同出京，女仆仅带龚妈一人，俟到豫后再行添用。拟至卫辉府暂行住下，男先进省禀到，如中丞即饬赴任，三月初即可接篆。河北道署在武陟县，与卫辉府城相去不及二百里，就近接眷到署，省得过河跋涉也。河北一缺公事甚简，地方僻静，无往来酬酢之劳。饥馑之后，与百姓休养生息，亦以安静为主。此缺稍有出息，不致苦累母亲零用之费。按月寄四十金，当托日昇昌汇上也。肃禀，叩请金安。男大澂百叩谨禀。二月初十日北河旅店。明日宿保定省城。

**附陆夫人函**

亲姑大人膝下：

敬禀者，前奉慈谕，敬悉福躬康健，阖宅平安，莫名欣慰。媳妇自去秋八、九月后闷闷不乐，尚能宽解一切，幸不受病。十一月中得夫子简放之喜，始因山西路远，未能同往，旋又改授河北道缺，离京既近，又无山川之阻，决计同至河南。自念四十外人，生育一事，究未可知，屡劝夫子在京纳妾，为似续之计。正月望后，领看十余人，择定陈姓一女，年十七岁，系密云县人。到京未久，人尚安顿老实，颇听使唤。在家时耕地煮饭，习惯粗事，不致贪吃懒做。媳妇得一帮手，亦极可喜。兹于初八日出京，王妈已令回家，仅带龚妈一人，能做针线，人亦安静也。向妹身子甚好，以后寓中未免寂寞。新太太急欲回南，恐捐务既停，印结不敷用度。三、四月间有伴，即拟附便回苏矣。肃禀，敬叩金安万福。媳妇陆氏敛衽。陈姑娘、孙女等侍叩。二月初十日。

向妹要买苏州贾头四个，有便寄京。

## 八

母亲大人膝下：

敬禀者，十一日至保定府曾肃禀函，谅登慈鉴。男于十四日由保定启程，廿二日至卫辉府，将家眷暂住公馆。男即于廿四日渡河到省，廿七日奉中丞札知饬即到任。兹定于初三日启程，两日可抵武陟，择于初六日辰刻接印。媳妇在卫辉，亦定于初六到署。现在汴梁及河北一带望雨甚急，男随中丞步祷三日，尚未得雨。今夏麦收须得大熟，小民方有生机也。肃禀，叩请金安。男大澂百叩谨禀。二月三十日。

## 九

母亲大人膝下：

敬禀者，初四日接读慈谕，敬稔起居万福，欣洽孺私。本月十二日诵经祈福，当率家人持斋一日，虔诚默祷，神明保佑。男自到任以来，事事以体恤百姓为心。武陟一县减去差徭十分之八，四乡感激，谓数十年所未有，以后永远不受差人之累。各县如有病民之政，亦当次第改章。自己多用一分心，民间多受一分福。好在中丞极爱百姓，上下同心，正好做好官，行好事。冷铜在手，究竟易于造福，所谓"公门里好修行"也。三月十一日各属均得透雨，十七、八日雨雪数寸，今日雨势连绵，颇有"五日一风，十日一雨"景象，麦秋丰稔已有把握。须盼今年秋收大熟，民困方可稍苏，一切公事亦可顺手。男此次查看河工，往来六日，十一即可回署。伏汛、秋汛均须赴工多住几天。署中平日公牍甚少，数年来无此清闲也。许宏尚未到来。肃禀，敬叩金安。男大澂百叩谨禀。闰三月初九日荆隆工卫粮厅署。

## 十

母亲大人膝下：

敬禀者，闰三月十三日许洪到署，接读慈谕，敬悉福体康强，阖家安好，至为忻慰。寄到茶叶、萝笋、青盐、神曲、土基花布红缎元缎女兜、糖果等物，一一谨领。男自到任以来已及两月，河防安稳，沁堤亦即完工，地方公事均尚顺手。减去武陟县车马差徭十分之八，每年民间少出钱八万余串，合境皆极感戴。去年荒旱之时，贫民卖妻鬻女者不知凡几，现在纷纷涉讼，各愿收赎回家。男必速为传讯，秉公断给，令其骨肉完聚，亦一方便事也。前月有修武县民控告拐卖一案，卖至直隶邢台县，男因隔省行文诸多转折，给予一信，令其自去，居然将其妻领回，亦极快意。此等小事，若用公牍，州县视为具文，未必速办，不如写信之得力矣。署中上下均安，堪以告慰慈念。此间天气与苏地略同，食物尚便，鱼虾均有，竹笋、蚕豆亦极新鲜，山药最好，惜无便人可寄。署内房屋颇觉宽展，上房一并七间，男与媳妇各住两间，中厅两间，陈氏妾另住一间。又有耳房一大间，可堆零物。西厢房三间，龚妈、李妈、王妈同住，东厢房三间尚空。本地所出竹椅、竹凳均尚便宜，器具自行添补，亦可不缺。男之签押房在上房之东院，三间，北面有后轩，夏月甚凉。每日稿案亦不甚忙，初到任时头绪稍繁，以后渐可清简矣。前月十二日，署中上下持斋一日，并以附闻。肃禀，叩请金安万福。男大澂百叩谨禀。媳妇、孙女辈侍叩。四月十二日。

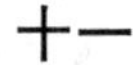
## 十一

母亲大人膝下：

敬禀者，李秋亭在山东自开阿井，制成阿胶，均系小块，又有委员送来大块阿胶四匣，一并寄呈。怀庆府山药粉二瓶，均祈收用。木匣内有人参数枝，成色尚好，亦系秋亭所送。余容续禀。手肃，叩请金安。男大澂百叩谨禀。五月十八日。振之今日已到。

## 十二

母亲大人膝下：

敬禀者，前月二十日奉到四月廿九日慈谕，敬稔福躬安健，忻洽孺私。男于五月廿一日由武陟至辉县，验收红石堰工程，往返五日。又于廿九日赴河内查验沁堤土工，初一日回署，初四启程赴各厅防汛，初六至祥河工次。此间公馆即在堤上，房屋宽展，又极高爽，避暑甚属相宜。昨日河帅临工，今日同赴各工，逐段查勘，河势均极平稳，尚无险工。明日河帅由卫粮一路前至武陟，盘查道库，男须先期赶行回署。顷于未刻行抵卫粮，天气甚热，午后即须住宿。初十计可回武，望后仍须出驻河工，忙过伏汛，事可稍闲。身子甚好，夏月不敢多吃荤菜，不致受病。媳妇、孙女辈均服水土，堪以告慰慈怀。振之带来笋脯，风味极佳，日昇昌虾子尚未寄到。前月托省城石竹斋纸铺转寄阿胶、人参、山药粉各种，未知达到否？现请振之教两孙女识字，初一开馆矣。肃禀，叩请金安。男大澂百叩谨禀。六月初八日申刻荆隆工次。

## 十三

母亲大人膝下：

敬禀者，男自七月十五日回署后即患疟疾，五六日即止。因天气忽热忽凉，署中上下人等，病者十之八九。五孙女亦患胎疟，时刻不准，身子瘦弱，现在服药调理。幕友华帽山医道颇好，无人不服其药，多有效验。二孙女疟疾尚轻，唯媳妇及三孙女身子无恙，堪以告慰慈怀。男因贫民告状甚多，不准差役需索一钱，每日在大堂亲自收呈，多至七八十起，少则四五十起，节前节后终日批呈，刻无暇晷。大半因荒年贱卖之地准其回赎，纷纷来控，更有孤儿寡妇手无一钱者，酌给二三千文，即可赎出二三亩地。此等词讼譬如做好事，数月之间断令回赎者，约有千数百起，武陟一县最多，百姓甚为感激。现闻臬司德晓峰升授浙江藩司，省中有调署臬司之信，如果进省，拟即遣仆回家迎养母亲，于十月内来汴，天气尚不甚冷，坐一太平船可以直达山东济宁州，路尚不远。大哥、大嫂及桂林官均可同来，三弟进京亦可取道汴梁，途中可不寂寞。俟定期后先行示知，男即派人带领轿夫在济宁一带迎接也。汴省一切方便，与南中无异，地气亦甚和暖，计程不及二十日，往来亦甚易耳。柳门一岁三迁官，又得试学联差，大为可喜。江西离家甚近，如姨丈病体痊愈，亦可迎养到署矣。肃禀，叩请金安。男大澂百叩谨禀。八月廿七日。

日昇昌所寄虾子，已于七月初寄到。

## 十四

母亲大人膝下：

敬禀者，男于初九日到省，初十霜降，安澜道喜。蒙河台保请赏加二品顶戴，十月初即可奉旨，现拟于十九日回署。冬季三月，公事必可清闲。兹托德晓峰方伯带去怀山药十斤、熟地十斤，祈即检收。山药出自温县，较上次所寄山药粉尤为道地，或切成薄片，蒸而食之，大有益也。手肃敬禀，叩请金安。男大澂百叩谨禀。九月十七日汴省忠升店寓次。

## 十五

母亲大人膝下：

敬禀者，日前曾肃寸禀，由马递寄呈，谅可早达。又托日昇昌汇去六百金，约须腊月二十边方到。先开一单内漏去新太太，似须酌送一二十元。昨接母舅来信，知已前赴江西，明年拟作河朔之游，倘与母亲大人同来，途中颇不寂寞。若母舅孤身远行，一路无人照料，甚不放心。男于十五日由武陟启程，出巡各属，每至一县，查验积谷仓及新设粥厂，严谕六班差役不得私押贫民，任意需索。濬县、滑县衙役向多凶恶，严办一二人，亦除莠安良之一道。沿途带一火食挑自行煮饭，不令地方供应，极为舒服，约计出月初三、四即可回署。豫中官场习气，上司过境，动辄用车二三十辆，仆从一二十人，骚扰不堪。男则仅用行李车一辆，差马四匹，各县所费不过数千文，此从来未有之事也。昨至卫辉府，今日休息一日，明日赴滑县。天气尚不甚冷，堪以告慰慈怀。肃禀，叩贺年禧。男大澂百叩谨禀。十一月十九日卫辉府城泐。

## 十六

母亲大人尊前：

敬禀者，接奉慈谕，知德晓峰带去熟地、山药均已送到。韵初之女许字王佑之，明年春间到苏办喜事，可增热闹。二孙女与廖氏联姻，已于腊月十六日受茶。潘辛叔、宋伟度作媒，男宅送首饰六色：金镯、玉镯、金扁方、玉如意、金耳环、金手记，衣料四件：宁绸披风料、红绉裙料、二蓝绉袄料、青莲绉袄料，回盘亦配礼物十色：宁绸袍料、宁绸褂料、晶珀朝珠、洋金补服、貂帽、京靴、套板苏诗、端砚、墨二盒、笔二盒，系宋伟度代办，似与苏俗不同。男遣仆二人进省，昨日已将庚帖带回矣。男自前月十四日出署，周历各属，于初七日回署，途中幸无雨雪，天气和暖。日来清理积牍，现已无事，新年不复进省拜年，大可清闲半月。身子幸尚耐劳，较胜去年，每日清晨煮食嵩山百合、小而佳。怀山药，甚为有益。署中上下均安，堪以告慰慈怀。肃禀，叩贺新禧，敬叩金安。男大澂百叩谨禀。媳妇、孙女姑娘随叩。

## 十七

母亲大人膝下：

敬禀者，十一日接奉新正十九日慈谕，谨聆一是。三弟于二月上旬乘轮北上，计此时尚未抵都。柳门两得学差，先后一辙，想亦命中注定，官运与家运不能两全其美。二月中当可抵苏矣。男于二月十一日接到中丞行知，奉旨赏给三品卿衔，前赴吉林，随同铭将军帮办一切事宜，当即具呈，请中丞代奏谢恩。窃思俄夷议约一事，不过以口舌相争，断无启衅之理，而各口边防不能不为预备。吉林为北口藩篱，颇为紧要，乃蒙省眷优隆，破格擢用，以道员职分较卑，特晋卿衔，并加帮办名目，得与统兵大臣参赞机宜。倚畀如此之重，男自当感激图报，不敢告劳。吉林离京二千二百余里，亦不甚远，惟携带家眷，恐多未便。媳妇远念母亲，亟欲回南侍奉，拟于月底月初交卸道篆，一同进省。先令许宏送眷回苏，振之亦可同行。男在省候旨，如可毋庸进京，当由水路至天津起旱，径赴吉林。口外天气，寒多暑少，三、四月间正在融和之候。彼处一切食物用物均极方便，与南中无异。地方亦尚富足，并不苦也。河北道未经开缺，或者边事办有头绪，仍令回任，亦未可知。家中廿六日修醮，当合署持斋一日，以迓神庥。陈氏妾似已怀孕，将及两月矣。肃禀，叩请金安万福。男大澂百叩谨禀。媳妇、孙女辈随叩。二月十三日。

## 十八

母亲大人膝下：

敬禀者，二月中在武陟署内曾肃寸禀，计已早邀慈鉴。中丞札委潘辛芝同年署理河北道缺，于二月廿六日到武。男即于初一日交卸道篆，午后起程进省，媳妇等由卫辉先至道口。男于初四日抵汴，适奉中丞饬知，有传知来京预备召见之旨。在省小住五日，酬应颇繁，即于初九日出省，十一行抵道口。因所雇船只尚不敷用，即在道口暂住，一面函属汲县代雇大楼子船一只，较为宽展。今日午前上船，未刻解缆，晚间可宿濬县，约计廿五、六可达天津。男拟于四月初进京，家眷由轮船南下，派许宏、吴彬两仆护送回家。因辛芝处欲接媳妇来豫，有男女两仆附便回南，由京带来之龚妈本拟随带至苏，媳妇之意，既有潘家女仆轮船上藉可照料，即令龚妈到津后就近回京。陈氏妾怀孕现已三月，不复带至吉林，到家以后，一切礼节茫然不知，其性情尚属安详，惟望母亲时时教训之。以后家用，仍托日昇昌按月寄上。另有二千金存典生息，即以息银为媳妇等月费，恐至吉林后汇银不便耳。五妹在苏办喜事，想必热闹，大约媳妇归时，五妹尚在家也。男赴吉林应办何事，须入都后方有头绪。若专为帮办边防，只须俄人议约定妥，亦未必久住关东，秋冬以后想必另有局面。余俟到津后，再行禀闻。肃禀，敬叩金安万福。男大澂百叩谨禀。三月十六日濬县舟中。

## 十九

母亲大人膝下：

敬禀者，男于初七日到京，次日召见，蒙慈安皇太后询及母亲起居，对云"本拟回籍省亲，因吉林事务紧要，未敢乞假"，太后曰"忠孝本是一样"，闻命之下，感激莫名。十六日请训后，奉旨开去河北道缺，将来到吉后，一切体制较为合式，如有三品卿缺，亦可简授也。三弟散馆，考列一等第九。男于昨日出京，今日在通州休息一日，计五月望间可抵吉林。彼处五、六月间天气甚凉，行路最属相宜，九月以后地气早寒，非重裘不可。布置数月，即可在省城久住，不复出门矣。媳妇等回苏侍奉晨昏，男亦藉可放心，陈氏妾是否怀孕，尚未可知。以后家书由上海寄至牛庄，半月可到吉林，亦甚便也。肃禀，敬叩金安。男大澂百叩谨禀。四月廿二日通州泐。

## 二十

母亲大人膝下：

敬禀者，前月廿二日在通州泐寄寸禀，计邀慈鉴。男于廿八日出山海关，一路天气晴和，早晚须穿棉马褂。关外地方之热闹胜于直隶，三里五里村落不断，十里二十里必有镇店，尖宿不拘一定，客店之大，他省所未见，一院可歇数十辆车。每店必有花墙上房，预备公馆极为宽大。米饭、猪肉价廉而好，南方人最为相宜，北人喜吃面，饭则不便也。轿夫甚快，每日早到早息，身子并不劳苦。明日可至奉天省城，离吉林只有八站耳。手肃禀函，叩请金安。男大澂百叩谨禀。五月初七日宿承德县之大石桥，距奉省三十里。

## 二一

母亲大人膝下：

敬禀者，初九日在奉天省城曾肃禀函，递至天津转寄，计已仰邀慈鉴。男于十七日未刻行抵吉林省城，一路驿站皆有公馆，专备钦使往来住宿之所，极为宽厂。吉林有官参局公所，大加修理，几于重新盖造，须十余日方可竣工，暂住城内北大街之永升店，俟月初再行迁居新馆。铭将军一见如故，人极公正爽快，至为要好。因天气稍旱，农民望泽甚殷，十八、十九两日与将军、都统同赴各庙求雨，昨夜大雨倾盆，想数百里内均可一律霑足矣。此间木料最贱，亦不甚佳，大半以木板为墙垣，满街铺板，下有水沟，如行桥上，见所未见。城墙皆用土筑，极薄极矮极破，竟如乡间小户之土墙，殊不足以壮观瞻，亦因经费无出之故。现在防务并不吃紧，添练新军亦须两三月方可成营，男在此毫无公事，藉可养息精神，七月望后拟赴宁古塔一带相度地势，招练兵勇，亦不费力也。肃禀，叩请金安。男大澂百叩谨禀。五月二十日吉林省城。

## 二二

母亲大人膝下：

敬禀者，男于五月十七日到吉，即于二十日肃寄一禀，由京转寄，计已仰邀慈鉴。男于廿八日由永升店移居官参局，房屋甚为宽敞，公事颇觉清闲，惟与将军商办边防，调度一切而已。顾缉庭同年于六月初一日到此，无日不见。奏调之戴孝侯尚未来吉，男须俟孝侯到后面商练军事宜，再行出省周历一次，八、九月间天气渐寒，亦可回省矣。此间日用所需无一不有，米面鱼肉亦皆不贵，惟菜蔬甚少，将军府内后园自种蚕豆、豇豆、芹菜、荠菜各种甚多，皆京城带来种子，每日遣送园丁分送一筐，新嫩可喜。省中豆腐亦好，较胜于河南。男近年喜食菜蔬，不能多食鱼肉也。相传俗语吉林多雨，伯都讷多风，三姓多雪，自交六月，雨水不断，农田可占丰稔。城内地势低窪，潮湿之气甚重，本地人每于坑内烧火，不以为异。男则于土坑上加一小木床，可免潮气。寓中上下均安，堪以告慰慈怀。手肃寸禀，叩请金安。男大澂百叩谨禀。六月十八日。

## 二三

母亲大人膝下：

敬禀者，六月十九日曾肃禀函，由津转寄，计已早邀慈鉴，敬想福躬康泰，定洽孺私。男自到吉林五十余日，起居饮食均极相宜。鼎臣将军格外要好，公事亦多顺手。现在奏明巡阅各边，定于初十日先赴三姓，由松花江水路前往，顺流而下，不过十日可到。江面不大，与上海之黄浦江相等，一路山少田多，小船多而大船少，风帆沙鸟，大有江南风景。春叔同去，管理一切杂务，甚为得力。船上酌带步兵二十名，仆人、厨子六七人而已。计重阳前即可回省。将来家信寄至京城，托顾康民转寄，不至迟误，吉林折弁一月必有两次也。三弟乞假南旋，想中秋前必可到家。肃禀，叩请金安。男大澂百叩谨禀。七月初九日。

## 二四

母亲大人膝下：

敬禀者，七月廿三日接奉六月十一日慈谕，敬稔福躬康健，欣洽孺私。男于十一日在吉林省城动身，十四日行抵伯都讷，廿三日至三姓，一路风帆顺利，日行二百余里。自吉林至此，水程有二千余里，陆路不过一千二百里，寄信用排单，三日可达省城，由省递至津门，七日可到。近来关外驿站较关内尤为迅速，以后寄书仍由天津转递，不致迟误也。男在三姓城内有公馆，缉庭无日不见，颇不寂寞。一切食物均极方便，松花江上鱼最便宜。有一种人名赫哲，以鱼为饭，不食五谷，专以渔猎为生计。三姓东边二百余里，即赫哲所居矣。男身子甚好，堪以告慰慈怀。媳妇到家后，心境必稍宽展。陈氏妾怀孕六七月，一切属其小心，渠尚有孩子气，用钱手松，不能如媳妇之节俭也。振之恐成怯症，颇以为念。许宏不来甚好，此间亦非久居之局面耳。手肃寸禀，叩请金安。男大澂百叩谨禀。七月廿七日三姓城内。

## 二五

母亲大人膝下：

敬禀者，七月廿七日曾肃禀函，谅邀慈鉴。八月初三日接奉五月十六日谕函，敬稔福体绥和，合家康乐，欣慰孺私。男仍住三姓城内，督率各营哨官，挑选勇丁，购备器具，木工、铁匠无一不贵。中秋节前仅能招集五百人，可扎一营。俟戴孝侯到此交代一切，零星杂务均可不管矣。三姓地方均系旗民所住，春秋两季所领口粮七折八扣，官民交困，生计萧条，大小各户，无不穷苦。其实田地甚多，并不招人开垦，殊为可惜。现与都统商酌，拟办垦荒，只要种地人多，自然出息渐广，此非难办之事，实有无穷之利。男意欲为议立章程，俾可行之久远，旗民、客民两受其益，庶公费筹出一款，兵饷即少扣一款。此事办妥，边民无不感激，亦可不虚此行矣。男身子甚好，公事亦极清闲，与缉庭朝夕晤谭，颇不寂寞，堪以告慰慈怀。肃禀，叩请金安。男大澂百叩谨禀。八月初九日。

媳妇、陈姑娘皆在楼下居住，家中甚为热闹。人多事扰，不嫌烦杂否？

## 二六

母亲大人膝下：

敬禀者，十月初二日在宁古塔斗沟子宿站曾寄禀函，由津转递，未知何时达到。男自初一日由塔启程，初九午后行抵珲春。一路尖宿地方，去冬曾给银两，属乡民添盖房屋，已盖成五处，来往行人甚为方便。珲春至海参崴五百余里，海参崴至上海常有轮船，寄信甚快。将来此路通行，商民贩货亦多便捷。兹有人赴海参崴之便，肃泐寸禀，叩请金安。男大澂百叩谨禀。十月初十日珲春行馆泐。

## 二七

母亲大人膝下：

敬禀者，前月曾肃一禀，谅邀慈鉴。男于十月廿一日出城，至南山一带招抚韩，边外往来九日，并不觉得劳苦。历任将军欲一见而不可得，此次未带一兵，招致来城，吉林百姓皆以为至诚感动，欢声载道，今日拜折，已据实奏明矣。此间天气并不甚冷，现交冬月，亦与南中仿佛，男格外小心，不敢受寒，新制舍利皮袍大可御冬矣。肃禀，叩请金安。男大澂百叩谨禀。冬月初六日。

## 二八

母亲大人膝下：

敬禀者，月之初五日曾肃禀函，未知何时达到。十八日奉到十月十五日慈谕，敬稔福躬康健，家中上下均安，至为欣慰。陈氏妾产生一女，或有先花后果之意，子息迟早，自有一定。自问生平济人利物，总以宽厚存心，当可邀彼苍之默佑也。吉林天气，今年最暖，男自省城至宁古塔，一路晴和，无风无雪，近制狐皮小袄亦尚未穿。前在三姓买一皮靴，中带皮袜，俗名唐土未。两面皆皮，寒气不能入，行路穿之，虽大寒亦不冻脚。日内拟赴珲春一行，约计腊月望间即可回省。俄人所议条约，年内必可定局，不致再有开衅之心。男之行止即在正、二月间，断不能久住吉林，堪以告慰慈怀。抚署排单一月即可到吉，亦不甚迟，明春开冻后仍由天津转递可也。肃禀，叩请金安，恭贺年禧。男大澂百叩谨禀。长至日宁古塔城泐寄。

今日家中建醮一坛，男亦在寓持斋一日，并以附闻。

## 二九

母亲大人膝下：

敬禀者，腊月廿五日接奉十一月初十日慈谕，欣悉福体绥和，上下安好，至以为慰。男于腊八日由珲春启程回省，一路风和日暖，从未遇雪，脚亦未冻，所制狐皮小袄，只穿一日。饭量大加，每顿吃白馒头七八个，白片肉能啖半斤，并不生痰，亦未伤风咳嗽，体胖而(饥)[肌]肤结实，颇似从前在甘肃光景，营中武将、本地旗员皆以为不及。如此体壮，不必服膏子药，每日清晨吃牛乳一碗、海参粥一碗，甚觉相宜。兹于二十日赶回省城，封印后公事甚闲，廿八日奏请赏假一个月，藉资休养。新年不出门，可省酬应。明年二月间拟即请假回籍，未知能邀恩准否？俄事已有端倪，元宵左右必可定局，此间亦无事可办，不如暂作息肩之计也。肃禀，叩贺新禧，并请金安。男大澂百叩谨禀。庚辰除夕。

## 三十

母亲大人膝下：

敬禀者，二月十九、廿五两寄禀函，谅邀慈鉴。男自具折销假后，于三月十八日奉到寄谕，于寻常词讼钱粮毋庸会衔，似朝廷之意在兴利除弊诸大端。拟于四、五月间将地方应办事宜次第举行，夏秋之交总可乞假南旋，想圣意亦不令久羁边土也。刻下公事仍极清闲，每日见客三两人，所阅公牍文字亦不过三两件而已，精神、饭量甚好，不免饱食终日无所用心，惟有看书写字，消此永昼。与前年在河南时大不相同，究竟有主客之分，非地方官可比。前拟四月间接眷之说，自可不必多此周折，男在此间亦不过三月之局面耳。此间天气尚不甚暖，清明以后始行开冻，日内尚有微雪，须交四月方可不冷。男在省中不复他出，可无车马之劳矣。缉庭每隔三四日必来晤谭一次。肃禀，叩请金安。男大澂百叩谨禀。三月十九日。

## 三一

母亲大人膝下：

敬禀者，初四日曾肃寸禀，由津转寄，月内当可达到。此间递津信件，至快不过八九天，亦有迟至半月始到者。有春叔在津照料一切，较为方便。将来营口设立转运局，津沪两处时有委员来往，即寄物亦易达也。今年吉林雨水较多，田禾不免受伤，须得晴天半月，收成方可有望。男俟奏调各员陆续到吉，将机器局事宜略为布置，再行前赴宁古塔，大约出省之期在中秋以后矣。陈妾到此，一切如常，奶亦不少，无事常做女工，陈妈亦服水土，寓中上下均安，堪以告慰慈怀。男托乡人在山中觅得老参数株，移种庭中，结子如红豆，鲜明可爱，不过五六年物，终日以布棚盖之，不见天日，亦不受露，与寻常草木不同也。手肃禀函，叩请金安。男大澂百叩谨禀。陈妾、孙女侍叩。闰七月初九日。

## 三二

母亲大人膝下：

敬禀者，初四、初八连寄两禀，谅可先后达到。兹觅得老山参八枝，计重二两二钱，年分虽不甚久，路道均属正当，系托山中人觅来，与此间种参迥乎不同。特交沈韵松回南之便，带至上海转寄，留作母亲自用，不必送人，每交节气服一二钱，不无小补也。男身子甚强，寓中上下均安，堪以告慰慈怀。肃禀，叩请金安。男大澂百叩谨禀。闰七月望日。

## 三三

母亲大人膝下：

敬禀者，八月初七日曾肃禀函，谅邀慈鉴。男本拟于廿七日启程出省，校阅防军，因与将军会商防饷事宜，须九月初一日出奏，男即于初二日动身，前赴宁古塔。刻下节候尚不甚冷，又值天气晴霁，风和日暖，由省至塔六百余里，计八九日可到。寓中留陆振之、刘建堂二人照料，建堂诚实可靠，系从前陕西幕友刘瑞斋之弟，当时荐与老湘营从征出关，西至新疆，保举知县同知衔，今春来吉投效，留之幕府，现在由京领饷回吉，即令在省当差，取其安静而不多事也。仆人陈喜及厨房打杂人等，均交振之管束，亦可放心。内外添拨勇丁四名，轮流打更，因有库房存银之地，不能不格外小心耳。陈妾乳汁略少，孙女兼喂稀饭，每顿一小钟，身子甚好，均堪告慰慈怀。手肃寸禀，叩请金安。男大澂百叩谨禀。陈氏妾随叩。八月三十日。

## 三四

母亲大人膝下：

敬禀者，腊月初三日曾肃寸禀，计年前当可递到。初九日奉到十一月十三日慈谕，谨聆一是。元旦接大兄书，知吾苏雨雪稀少，天气甚暖，福躬康健如常，至为欣慰。男自腊月初二旋省后，清理公牍及各处年信，碌碌二十余日，至岁暮始得稍闲。新年无事，自制书画灯二十余盏，每夕与二三同乡围炉饮酒，较去春尤为热闹。天亦和暖异常，颇似南中二月间节候，貂裘竟不能穿，亦从来未有之事。寓中上下均安，堪以告慰慈怀。前属王念劬汇银百两及陈妈所寄之六两，想均收到矣。三弟到京后，屡有信来。此间每月必有折差一两次，每季有领饷委员进京一次，寄京信甚为便捷也。手肃寸禀，恭叩新禧，敬请金安。男大澂百叩谨禀。新春人日。陈氏妾、孙女随叩。

## 三五

母亲大人膝下：

敬禀者，新正初七日曾肃寸禀，由津转寄，谅已早达慈览。男因省中无甚要务，边防、屯垦事宜均在宁古塔城，仆仆往来，殊多不便，不如常住塔城，与珲春、三姓可相联络，而省中来信三日可达，亦尚便捷。塔城亦有官参局一所，房屋尚宽，于正月二十六日由省启程，陈妾及孙女同行到塔，添用女仆徐妈，一路平安，于初五日行抵塔城，省中仅留振之一人及机器局委员数人而已。陈妈不服水土，思归甚切，已于正月十七日令其附便至营口乘轮南去。自去年到吉后，每月给银三两，年底另赏银八两，此次回苏，除盘费外，又给工钱三个月，亦不虚此行矣。陈妾经期屡转，乳亦渐少，孙女每顿吃饭半小碗，体亦甚胖，渐能学步矣。宁古塔所产参枝，皮色不甚好看而力量较大，前月寄去二种，母亲可自留用，每月服二三钱，必有效验也。手肃，敬叩金安。男大澂百叩谨禀。妾陈氏、孙女随叩。二月初九日宁古塔沏。

## 三六

母亲大人膝下：

敬禀者，初八日肃沏寸禀，未知何日寄到。十七日接奉新正八日慈谕，敬悉福躬安健，欣洽孺私。男到塔以来已经半月，天气渐暖，江冰全化，三两日内可通渡船。营盘离城六十里，无事之时到营查阅一次，往来甚便。塔城惟一都统衙门，酬应绝少，一切公事甚简，今年春夏，大可静养数月也。陈氏妾体气壮实，孙女渐能学步，粥饭调匀，不令过饱，寓中上下平安，堪以告慰慈怀。祝颐甥女与潘氏定亲，亦极相宜。柳门进京后，家眷未必全行，南中无人照料，不免心悬两地也。三弟常有信来，转瞬又届考差之期矣。手肃寸禀，叩请金安。男大澂百叩谨禀。二月二十日。陈氏妾、孙女随叩。

## 三七

母亲大人膝下：

敬禀者，二月初八、二十日曾肃两禀，谅已早登慈览。三月十一日接大兄上海来书，知家中上下均各平安，至为欣慰。二叔母筋骨不舒，步履艰难，似宜服虎骨胶以通气血。去冬男得全虎二只，现属药铺将全骨熬胶，当托振之觅便封寄一二斤，由营口转运局沈委员处转寄南中，可行方便。前寄茶叶瓶两个，未知何日收到。在吉两年，往来山路，与各处乡民颇多熟悉，代觅参枝均尚道地，价亦不昂，在城中则不易购也。自去秋至今，男择其小者自服十余枝，精神气血较在河南时尤为强固。真山货性极和平，并不助火，如母亲大人时常服之，必有功效。塔城官参局后身现在添盖上房五间，已经动工，不再建造行台，经费亦可节省。合寓均安，堪以告慰。肃禀，叩请金安。男大澂百叩谨禀。陈妾、孙女随叩。三月十五日。

## 三八

母亲大人膝下：

敬禀者，三月十五、四月初二日两肃禀函，谅均达到。男于初六日由塔启程，天气幸不甚热，十四日行抵三岔口。新招垦地之民已有数十家，土性甚厚，每晌可收七八石，十亩为一晌。每石六百斤，一石可抵漕斛四石，每晌即可收三十余石。一家种十晌八晌，不费人工而获厚利，民情甚为踊跃。现拟明日动身，约廿七、八可到塔城矣。肃禀，叩请金安。男大澂百叩谨禀。四月二十日。

## 三九

母亲大人膝下：

敬禀者，四月二十日、五月十三日两肃禀函，谅均达到。十七日奉到四月望日慈谕，谨悉一切。吾母因感风寒，稍形疲倦，服参数分，颇有效验。以后如交节气，煎服一苗，当必有功无弊。吉林所产他物无一不贵，惟山参尚不甚昂耳。廖宅喜事，非今冬即在明春，前寄去三百金，可略备针线之费。谷士家风向来俭朴，亦不必过于奢华也。

塔城官参局后新盖上房五间，定于六月初一日移居新屋。院中隙地甚宽，可种菜蔬，前门临江，挑水亦甚方便。寓中上下均各安好，堪以告慰慈怀。柳门闻已进京，三弟可望得差，能得一南省学政，则天从人愿矣。前托振之在省中寄去鹿茸、虎骨胶，由营口转寄上海，未知何时可到。天气渐热，惟祝福体保重，是所叩祷。肃禀，叩请金安。男大澂百叩谨禀。陈妾、孙女随叩。五月廿八日。

## 四十

母亲大人膝下：

敬禀者，五月二十日曾肃寸禀，谅邀慈鉴。六月初三日接大兄前月初八日来书，知依尧山都护曾送礼物四色，惟子鹿颇不易得，昨已作书谢之矣。塔城天气亢旱，农民望泽甚殷，屡经祈祷，未得透雨，麦收恐有妨碍。去年新招屯兵，专盼今秋丰稔，得有余粮，以后开垦方可踊跃也。寓中上下皆安，堪以告慰慈怀。肃禀，敬叩金安。男大澂百叩谨禀。陈妾、孙女随叩。六月初十日。

## 四一

母亲大人膝下：

敬禀者，五月十三、廿八日两肃禀函，谅邀慈鉴。六月十二日奉到五月十八日谕函，谨聆一是。陈妾因经水不调，腹有积块，延医诊视，屡服归、芎、地、芍、红花、白术等药，颇能见效。据医者云，及早调治，块尚易消。近日气体渐可复元，惟饭量不甚旺耳。现合丸药，令其每日服之，不许食生冷之物，当无他病。胎产金丹、宁坤丸当属领饷委员到京觅购，俟有怀孕消息，亦可备用也。男入夏以来眠食照常，公事亦俱顺手，堪以告慰慈怀。张安圃同年已得四川试差，三弟当有学差之望。柳门到京，未知寓居何处，尚无信来。前由营口寄去鹿茸、虎骨膏，未识收到否？肃禀，叩请金安。男大澂百叩谨禀。陈妾、孙女随叩。六月廿三日。

## 四二

母亲大人膝下：

敬禀者，六月廿三日曾寄禀函，未知何日达到。塔城自六月下旬雨水连绵十余日，农田均已霑足。近日畅晴，天气亦不甚凉，正禾稼长发之时，吉地收成最怕早寒，似此节候和暖，秋收可卜丰年。惟逃兵游勇时有劫抢之案，虽派队搜拿，所获仅一二人，不足以示惩儆也。寓中上下均各安好，堪慰慈怀。肃禀，叩请金安。男大澂百叩谨禀。妾陈氏、孙女随叩。七月望日。

## 四三

母亲大人膝下：

敬禀者，七月廿七日沈韵松来塔，带到食物及布线、头绳各种，谨已领到。男拟于九月朔日前赴三姓阅操，往返约二十余日，趁此天气尚不甚冷，先赴北路查阅一次，珲春地暖，可俟冬月再去，亦不迟也。廖宅吉期定于十二月十三日卯时，一切应备之件陆续置办，尚可从容。仲山亲家交卸后，计十月内必可回南矣。寓中上下均安，堪慰慈怀。春叔一病不起，殊出意外。肃禀，敬叩金安。男大澂百叩谨禀。妾陈氏、孙女侍叩。八月十七日。

## 四四

母亲大人膝下：

敬禀者，十七日曾肃禀函，未知何时可以达到。十九日李海帆来塔，带到慈谕，谨聆一是。京腿四肘、糟鱼一坛、萝笋两篓，均已领到。念劬来信，述及大兄患肝气，数日不出门，闻之极为悬念，未知近日已全愈否？男定于九月朔日由塔启程，前赴三姓阅操，留许鋐在寓照料一切。孙女自交秋以来每顿喂饭半碗，身子益胖。陈妾督率老妪为屯兵做棉袄裤，亦不闲也。敬叩金安。男大澂百叩谨禀。陈妾、孙女随叩。八月廿三日。

## 四五

七月十七、八月初九日慈谕，均于九月十二日递到。廖宅定亲时，冰人于家乡礼节多不记忆，并未开有礼单，只好就近与谷士函商，斟酌行之。沈韵松、李海帆两次带来之物，皆已领到。五、六月间，陈氏妾腹有积块，服药调治，即已消去，现在经停两月，饮食如常，是否喜信，尚未可知。孙女甚胖。本地所用老妈姊妹二人甚为安静，终日不作声。张妈长于工线，粗细俱能，较裁缝为胜，年过五旬，健如少年，甚难得也。

## 四六

母亲大人膝下：

敬禀者，八月十七、廿三日两肃禀函，当已先后达到。男于九月初三日由宁古塔启程，前赴三姓阅操，于廿七日回塔，沿途住宿均有新盖官房，由各营派人预备米面草料，人马平安，归途虽有风雪，亦不甚苦。男身子壮实，眠食如常，堪以告慰慈怀。月之十三日为母亲大人庆九，又为大兄五十寿辰，此间略备酒筵数席，与同寅僚属遥祝千春，不知家中如何热闹。三弟来书，拟于九月内出都，计初十边亦可到家矣。大兄赴盂河就医，此时身子当可复元。前寄参枝，如果服之有效，时交冬令，不妨多服。今年续购不少，每两只合十一二金，价甚便宜，颇有佳者。年内已无便可寄，明春开冻后当由营口转寄上海，亦尚便捷也。肃禀，叩祝慈龄，敬请金安万福。男大澂百叩谨禀。陈妾、孙女侍叩。十月初六日。

## 四七

母亲大人膝下：

敬禀者，十月初六日曾肃寸禀，由津转寄，谅已早邀慈鉴。十三日母亲大人寿辰，自将军以下送来寿幛二十四幅、寿对四联，均已拜领。是日预备酒席，都统及各军统领营官、各局委员均留吃面，颇为热闹，想家中亲友叩祝千春，捧觞称寿，亦必极一时之盛也。廖宅吉期改于十一月初十日，在浙江道署迎娶，惟大兄身子甫经复元，送亲前往，不免酬应之繁，喜事琐屑，必得有人帮同照料，略可省力也。三弟在京供职，暂可不必南归，京寓用度，男处尚可随时接济。大兄来信，亦意见相同。男自九月廿七日回驻塔城，忽忽又经一月，现拟于冬月初七日前赴珲春阅操，须俟雨雪之后道路平坦，可坐爬犁也。男眠食如常，堪慰慈怀。肃禀，叩请金安。男大澂百叩谨禀。陈妾、孙女随叩。十月廿六日。

## 四八

母亲大人膝下：

敬禀者，十月廿六日曾肃禀函，未知何日得登慈鉴。昨接天津王筱云观察书，抄寄十一月廿一日电报，知大兄由杭回苏，喜事已毕，上下安好，至以为慰。男自前月初七日由塔城启程，前赴珲春校阅各军操演，正值天气和暖，无风无雪，为冬令最难得之日。沿途尖宿添盖房屋不少，营勇所造之屋居然如公馆矣，往返一月不觉劳苦，已于初六日回至宁古塔。寓中上下均各平安，堪以告慰慈怀。男本拟于新年进省，现在省中并无要事，明春亦可不去，免得往来仆仆矣。廖宅新亲何日回门，当在正、二月间，家中又有一番热闹也。肃禀，叩请金安，并叩年禧。男大澂百叩谨禀。陈妾、孙女随叩。腊月十二日。

## 四九

母亲大人膝下：

敬禀者，元旦奉到冬月廿三日慈谕，初五日又奉腊月初六日寄书，敬审福躬安健，慰洽孺私。二孙女于归之期，大兄大嫂送至杭州，诸事顺利，大兄气体复元，至为欣慰。男新年不出门，清理往来书札，眠食胜常。陈氏妾怀孕将及三月，一切属其小心，惟饮食稍减，余皆无恙。孙女无话不说矣。肃禀，敬叩金安。男大澂百叩谨禀。陈妾、孙女随叩。新正初十日。

## 五十

母亲大人膝下：

敬禀者，新正十日肃寄禀函，未知何时达到。开冻以后轮船通行，寄信较为便捷，天津、营口皆可转寄，不致过迟也。陈妾怀孕将及四月，饭量渐增，不致如前月之时动肝火，胎气甚属安稳，饮食举动，事事属其小心，堪以告慰慈怀。男身子甚健，公事亦多顺手，二、三月间不复出门，藉可养息数月。肃禀，敬叩金安。男大澂百叩谨禀。陈妾、孙女随叩。二月初八日。

## 五一

母亲大人膝下：

敬禀者，二月初八日曾肃禀函，当邀慈鉴。男奉命擢授太常寺卿，于三月初一日接见邸报，即于初四日具折谢恩，想南中得信较早。会试分房不日即有消息，三弟谅必入闱矣。今春吉省天气较寒，清明后尚有大雪，刻下江冰尚未全化，营口轮船近日始得通行。男身子甚健，此间山药甚好，与怀庆府所产略同，每日清晨蒸而食之，大有补脾之功。寓中上下均各安好，陈氏妾怀孕将及五月，胎气甚平，饭量渐增，属其一切格外小心，堪以告慰慈怀。肃禀，叩请金安。男大澂百叩谨禀。妾陈氏、孙女随叩。三月初十日。

## 五二

母亲大人膝下：

敬禀者，三月初十日曾肃寸禀，未知何日可到。接大兄书，欣悉慈躬安健，兴致甚好，日与媳妇辈看牌，藉以消遣，想孙女归宁，又增一番热闹也。三弟未得分房，鼎乎不致回避，今年必可高捷，若得馆选，亦戚党之光。陈氏妾怀孕五月，健饭如常，七、八月间可卜抱孙之喜。男眠食胜常，夏秋可不出门矣。肃禀，叩请金安万福。男大澂百叩谨禀。妾陈氏、孙女随叩。四月初四日。

## 五三

母亲大人膝下：

敬禀者，四月初四日曾肃禀函，由津转寄，未知何日可到。十一日奉到三月初九日慈谕，谨聆一是。今年母亲古希正寿，满拟于秋间乞假南归，捧觞称祝，惟现有俄人分界事宜尚未议妥，如果五、六月中办有头绪，边防无甚要事，拟于七月内具折请假两月，由营口乘轮南下，一月即可到家，未知能否仰邀俞允耳。今春五妹未能回苏，福生应试，可望入泮，此时想有喜音。韵初一生，功名未达，后人必可继此书香，殊深盼望也。二孙女于三月初五日回家，樾衢在署用功，廖氏家规当有名门风范，家庭和睦可想而知。陈氏妾起居饮食一切如常，属其遇事小心，临产必可安稳。孙女本拟种牛痘，因三月内天气尚寒，近日始觉和暖。男在塔城设立牛痘局，委员经理，不取分文，七日一期，今年来种者颇形踊跃也。五月初七日当合寓清斋一日，以答神庥。肃禀，叩请金安。男大澂百叩谨禀。妾陈氏、孙女随叩。四月十六日。

## 五四

母亲大人膝下：

敬禀者，四月初四、十六日两肃禀函，谅邀慈鉴，敬想福体绥和，上下安好，定如远祝。宁古塔一带，三月中雨水过多，男与都统步祷三日，现已畅晴半月有余，谷麦菜苴一望青葱，大有丰年气象。粮价渐平，人心亦颇安静也。会榜题名，此间尚未见及，尤鼎孚、潘子静皆可望中，沈氏福孙甥想已入泮矣。陈妾身子甚健，堪以告慰。肃禀，敬叩金安。男大澂百叩谨禀。陈妾、孙女随叩。四月廿七日。

## 五五

母亲大人膝下：

敬禀者，六月初十日曾肃禀函，廿六日奉到慈谕并手示陈妾一纸，已传谕谆谆告戒，敬聆一切矣。《验方新编》小儿科各种治法极为详细，生产时自当照法预备，留心体察，不致疏忽也。数月以来，陈妾心气和平，肝火不动，饮食亦甚清淡，他日生儿，胎毒或可较轻。近来身子甚重，大约月杪月初必有喜信，堪以仰慰慈怀。今年吉省天气甚热，男属领饷委员在京购来丸药及各种药料甚多，营中添设官医局，兵勇几及四千人，每日施药不过二十余号，人口均极平安。雨水亦已霑足，秋收可卜丰年矣。署吉林将军玉都统，本系衰老多病，办事竭蹶，偶感暑瘟，竟于七月初四日病故。男本当进省照料一切，因玉都统病重之时，先已奏调阿勒楚喀富都统来省署事，男可免此一行也。南中三伏未知天气如何，慈躬想必安健，家中上下谅各安好。肃禀，叩请金安。男大澂百叩谨禀。陈妾、孙女随叩。七月初十日。

## 五六

母亲大人膝下：

敬禀者，昨接大兄来书，得悉福体违和，肝气大发，饮食稀少，闻之极深驰念。拟于日内具折请假两月回籍，如蒙俞允，约九月初启程，十月初十日前当可到家。陈妾将及临盆，身子甚好，弥月后亦可同归矣。伏望随时调摄，勿过焦思，是所叩祷。手肃禀函，敬请金安万福。男大澂百叩谨禀。陈妾、孙女随叩。八月初四日。

## 五七

母亲大人膝下：

敬禀者，初五日曾肃寸禀，谅邀慈鉴。半月未接家书，想福体定占勿药，肝气已平，当可进服参耆，调养复元，不胜孺系。男请假两个月之折于初八日拜发，能否仰蒙俞允，须月底方有明文也。陈妾于十九日亥刻生一女，夜饭后略觉腰酸，顷刻即产，其快异常。大小均各平安，堪以告慰垂念。肃禀，恭叩金安。男大澂百叩谨禀。八月二十日。陈妾、孙女随叩。

## 五八

母亲大人膝下：

敬禀者，男于八月廿四日由宁古塔启程进省，廿八日行至张广才岭，奉到批折一件，前次请假两个月未蒙俞允。同日接奉寄谕，饬令统率民勇三千人航海赴津，听候调遣。现已飞调马步六营，限于十月初旬赶至营口。男定于本月十二日由吉动身，约计廿五、六日可抵津门。如有调赴广东之信，当由上海请假十日，回家省亲。惟陈妾尚未满月，现留许鋐在宁古塔照料一切，大约二十左右亦可来省。如身子尚未大健，拟在省城调养半月。今年节气较迟，十月下旬轮船尚可通行也。大兄来书，知母亲大人肝气已平，现服补药，想老山参必可得力。近日又购得三十余苗，货极道地，每两不过十余金，大可备用，不必爱惜也。肃禀，叩请金安。男大澂百叩谨禀。九月初六日。

## 五九

母亲大人膝下：

敬禀者，前在吉林省城曾肃禀函，谅邀慈鉴。男于九月十二日由吉启程，二十日至奉天省城休息半日，廿五日行抵营口，俟天津拨来轮船即可渡海，约计月初可抵津门。究竟驻扎何处，尚未奉到谕旨，当与合肥相国面商布置，再行定局。如赴广东，亦须十月中旬方抵上海，母亲大人寿辰能否赶到，尚未可知也。陈妾于重阳日动身，十七日已抵吉省，有许鋐在后照料一切，堪以告慰慈怀。肃禀，敬叩金安万福。男大澂百叩谨禀。九月二十八日营口。

## 六十

母亲大人膝下：

敬禀者，男于初二日乘坐湄云轮船，由营口开行，初三夜即抵大沽口，风平浪静，初四日酉刻到津，当由招商局寄一电报，谅可速达。现在是否留住天津，尚无明文，已于初六日具折请旨，约计初九日批折即可奉到。如有朝命饬赴广东，二十前可抵上海，即拟乞假十日，回苏小住，惟母亲寿辰不及赶到耳。肃禀，叩请金安万福。男大澂百叩谨禀。十月初八日卯刻。

## 六一

母亲大人膝下：

敬禀者，男于十九日移住新城，有中堂行台，房屋甚宽，离城八十五里，至大沽口不过三十里。各营均已到齐，马队由陆路而来，尚有未到者。惟陈妾在吉林省城服药调理，休息半月，于十月初九日动身，约计初五、六必可到津。男在天津照相一纸，交何寿彭带呈慈览。肃禀，叩请金安。男大澂百叩谨禀。十一月初三日。

## 六二

母亲大人膝下：

敬禀者，初三日曾肃寸禀，寄呈照相一纸，谅登慈鉴。男移住新城，离天津城八十里，酬应较为清净，行台房屋甚宽。俟封冻以后，拟即亲历各海口相度形势，往返不过五六日。此间天气和暖，与吉林大不相同也。陈妾于十月十三日由吉动身，约计初十后必可到津。肃禀，叩请金安。男大澂百叩谨禀。冬月初八日。

## 六三

母亲大人膝下：

敬禀者，男于廿六日来津商议公事，今日即回新城。接三弟来书，骇悉五叔之变，殊出意外，未知何病。封冻以后寄信较迟，须半月始到也。陈妾于十六日到新城，明春如有调动，回家甚便，此地谅不久居。肃禀，叩请金安，伏乞慈鉴。男大澂百叩谨禀。腊月初一日。

## 六四

母亲大人膝下：

敬禀者，男自抵新城，督率各军认真操演，别无他事。两次赴津，与中堂商议一切，年内外可无调动。明日当赴北塘查阅海口形势，顺道至乐亭县一带相度扎营之地，十九日当可赶回。此间天气太暖，渡口均未封冻，亦未见雪。寓中上下均安，堪以告慰慈怀。肃禀，叩贺年禧，敬请金安。男大澂百叩谨禀。陈妾、孙女随叩。腊月十一日。

## 六五

母亲大人膝下：

敬禀者，前接四月初一日慈谕，所寄茶叶、菜花头一篓，已由晓沧叔径寄乐亭，五月十六日又接初九日谕函，谨聆一是。福生甥府试高列，闻之甚慰。男于十一日到津，适左相及香涛、幼樵先后来此，酬应碌碌，刻不得闲。明日赴大沽，当至旅顺、烟台巡阅海口，往来不过六七日耳。肃禀，敬叩金安。男大澂百叩谨禀。五月廿七日。

## 六六

母亲大人膝下：

敬禀者，月初曾肃寸禀，谅邀慈鉴。今夏天气不甚热，闻南中亦极凉爽，想福体强健，上下平安，定如远祝。男到津二十余日，因法国会议未能了结，在此静候，至今尚未定局，男明日即回新城矣。七孙女前患吐泻，服小儿平安丹次日即愈，堪以告慰慈怀。肃禀，叩请金安万福。男大澂百叩谨禀。六月廿四日。

## 六七

母亲大人膝下：

敬禀者，七月廿六日奉到慈谕，谨聆一是。法国兵船有八月内必到北洋之说，大沽昼夜严防，近日商人来往均有戒心，媳妇北来之期，只可暂缓。男因京东各口海防紧要，拟于初十日启程前往乐亭营内，督率各军严加防范。新城离海口太近，家眷在此无人照料，今日遣人至天津城内租定公馆一所，陈妾、孙女辈即可于中秋节前迁住城中，留振之在津照应一切，亦可放心。吴淞上海一带，法人决不惊扰，苏常腹地必可安然无事，惟沿江沿海各处，不免风鹤之警耳。接念劬电信，知三弟已到粤，现住督署。肃禀，叩贺秋禧，恭请金安。男大澂百叩谨禀。八月初五日。

## 六八

母亲大人膝下：

敬禀者，前接念劬八月廿二、廿八日两信，欣悉福体安和，饮食渐进，可服补剂，想马培之调理培补，自有把握。能服老山参，精神易于复元。男身任海防，事繁责重，一时未能乞假归省，此心耿耿，寝馈不安。惟祝上天默佑，福我慈躬，日增强健。俟防务稍松，奏请假旋一两月，庶母亲大人免倚闾之望，男亦得遂承欢之志，此寸衷所日夜祈祷耳。男于前月中旬暂住昌黎县之茹荷庄，借居村屋十余间，随从亲兵戈什均住帐房。近因天气渐冷，布帐不耐风霜，今日移居小黑坨，仍住张姓家，房屋较宽。十月初十日为皇太后五旬万寿，理应奏请祝嘏，未必允准。此间营内亦设电报，与天津、苏沪一线可通，如有要信，顷刻可达，甚为灵便也。肃禀，叩请金安万福。男大澂百叩谨禀。九月十七日。

## 六九

母亲大人膝下：

敬禀者，初六日曾肃一禀，谅已早邀慈鉴。接大兄来信，欣悉起居日臻强健，饮食渐增，想近日精神必可复元矣。男前具请假之折，奉旨："北洋防务紧要，吴大澂未可远离防所，所请赏假回籍之处，应毋庸议。钦此。"惟念津沽封冻时防事稍闲，未蒙俞允，只盼明年法事早结，净洗甲兵，男得卸此军符，言归故里，国家之福亦庭闱之庆也。昨闻荣林侄入泮之喜，不胜欣抃，适三弟在家，得以亲自照料，亦甚凑巧。孙辈科名以此为发祥之始，将来日新月盛，未可限量。家中又增一番热闹，想母亲大人顾而色喜，定可加餐。三弟赴粤之期，似可略缓。手肃寸禀，敬贺鸿喜，叩请金安。男大澂百叩谨禀。十月廿二日。

## 七十

母亲大人膝下：

敬禀者，男于十月二十五日接奉廷寄，因朝鲜内乱，特命前往查办案件。遂于廿九日回津，初四日启程，至山海关上船，三日可达朝鲜。并不带兵前去，酌调三四百人以壮声威，年内必可回津。肃禀，叩请金安。男大澂百叩谨禀。冬月初三日。

## 七一

母亲大人膝下：

敬禀者，男于廿四日晚上海晏轮船，廿五早开，风平浪静，廿六夜泊烟台，廿七起货，至下午四点钟始自烟台开行，今日十点钟抵大沽口外，现有小轮船两号来接，午刻即可进口，大约上灯时可到公馆矣。媳妇、孙女皆好，堪以告慰。肃禀，叩请金安。男大澂百叩谨禀。十月廿八日午初。

天气甚暖，尚未见冰，因水太浅，大船不能进口耳。

## 七二

母亲大人膝下：

敬禀者，前月廿八日在大沽泐寄禀函，谅邀慈鉴。近想福躬安泰，上下平顺，定洽颂私。津门天气极暖，屋内尚未见冰，媳妇、孙女并不怕冷，饭量甚好，喜吃面食。小招官面色发胖，每日写字，与六官、七官嬉笑一室，颇不寂寞。陈妾将及满月，身子甚健，大约临盆之期总在腊月内也。三弟回家后，即可在家过年，不必赴粤，明春当送巧官进京，正月内即须动身矣。男定于出月初四日启程，入都觐见，二十后请训出京，仍回津门度岁。潘子静已由旱道南下，想腊月望前必可到苏也。柳门到京，住北半截胡同，现有内阁学士缺可望升转。手肃，敬叩金安。男大澂百叩谨禀。媳妇、陈妾、孙女随叩。

从前寄回参枝，有石缝中压扁一苗，力量较足，立春前可服之。

## 七三

母亲大人膝下：

敬禀者，前月廿九日曾肃寸禀，谅邀慈鉴。腊月初一日奉到御赐"福"字，今日拜折谢恩，明晨当即启行入都，大约二十五、六日总可回津。寓中上下均安，陈妾亦尚健饭，堪以告慰。肃禀，叩贺岁禧，恭请金安。男大澂百叩谨禀。媳妇、陈妾、孙女随叩。腊月初三日。

## 七四

母亲大人膝下：

敬禀者，正月廿九日接奉腊月初七日慈谕，二月十七日又奉正月廿三日寄示，欣悉福躬安泰，忭慰莫名。男自前月廿七日覆命，适因日本派使来华，谕令于廿八日请训出都，不意日使定欲进京，男又于初三日赶回都门，在京仅住十余日，同乡同年酬应甚繁。兹于十七日到津，与日本使臣辨论朝鲜事宜，略费唇舌。合肥相国为全权大臣，男不过随同会议而已。法国事现将议和，海道即可通行，如三月内条约议妥，男拟于四月初请假南归也。晓沧叔家眷回苏，带去口蘑、杏仁、查糕各匣，想已寄到。兹属念劬寄上漕平银一百零，以备零用之需。手肃寸禀，叩请金安。男大澂百叩谨禀。二月廿二日。

## 七五

母亲大人膝下：

敬禀者，男于前月十六日接到总理衙门来文，奉有谕旨命大澂前赴吉林查勘东边界牌。因俄国尚未派员，或须秋凉再行会勘，四、五月内未必启程，将来有无改派，亦未可知也。现在法国议和，数日内即可定局，海防渐松，津沽各处亦俱安静，共享承平之福。寓中上下平安，陈妾月经两月未来，似有怀孕之意，堪以告慰慈怀。新居宽展，必甚吉利，想福体益臻强健，不胜祷祝。三弟常有信来。肃禀，叩请金安。男大澂百叩谨禀。陈妾、孙女随叩。四月初四日。

## 七六

母亲大人膝下：

敬禀者，五月初三日曾肃禀函，谅早寄呈慈览。男无事不常出门，惟终日写字以自消遣，对联有惬意者自留之，以备送人，当属李海帆带去单款对十副，可请留给侄孙辈藏之。火腿、茶叶等物，已由京中带来，男每晨吃虾油拌面，饮食甚好。寓中上下均安。肃禀，叩请金安。男大澂百叩谨禀。妾陈氏、孙女随叩。五月廿七日。

## 七七

母亲大人膝下：

敬禀者，前肃一禀，并交李海帆带去老山参十苗、对联十副并酱菜等物，谅已寄到。天津近日天气甚热，雨已沾足，闻南中久雨不晴，凉多热少，恐禾稼不免受伤也。前购得台湾蒲席，细软不凉，老年人睡之最为相宜。又高丽带来文席二条，朝鲜国王所送高丽参八斤，熟地黄十斤，一并交马眉叔观察带沪转寄，即祈收用。肃禀，叩请金安。男大澂百叩谨禀。妾陈氏、孙女随叩。六月七日。

## 七八

母亲大人膝下：

敬禀者，男自腊月初六日到京陛见，因柳门处房产不甚宽展，借住绳匠胡同伏魔寺，往来酬应二十日，未得少闲。廿四日请训后，即于廿六日出都，廿八日回津。新年碌碌，酒食宴会，几无虚日。陈妾于十三日卯正生一女，怀孕至十二个月，身极肥大，惜乎不举雄耳。男于十七日由津启程，前赴吉林查勘边界，约四月中即可旋津。肃禀，叩请金安万福。男大澂百叩谨禀。媳妇、陈妾、孙女随叩。正月十六日。

去冬由吉林寄来老山参四苗，路道尚属正当，特交招商局寄呈收用。此去数月，必可续得数苗也。男大澂再禀。

## 七九

母亲大人膝下：

敬禀者，十六日在津曾寄一禀，未知何日得达慈览。男于十七日由津启程，二十日至乐亭，廿一日至昌黎，皆在营中住宿，廿三日出山海关，今日已过锦州。沿途住店，不令地方官供应。天气渐暖，风日晴和，每日天明后开车，九、十点钟打尖，三点钟即宿，不觉劳苦，饭量加增，堪以告慰。肃禀，敬叩金安万福。男大澂百叩谨禀。正月廿七日双阳店旅次。

## 八十

母亲大人膝下：

八月十四日接奉六月廿四日慈谕，八月廿七日续奉七月中谕函，谨悉一切。因归期不远，陆路递信较迟，故八月初三以后久未肃禀也。分界地图十七日始行画毕，男即于十八日启程，行三十里至摩阔崴上轮船，申刻开，一路风平浪静，明早可抵烟台，廿四日必可到津。五妹处送喜分三百两，当即电属王念劬汇苏。肃禀，叩请金安。男大澂百叩谨禀。九月廿二日。

## 八一

母亲大人膝下：

敬禀者，男于廿四日行抵烟台，曾寄一禀，并属念劬汇去银三百两，日内想已寄到。此款即送五妹嫁女喜分，不必作借款也。今日又电念劬另汇银一百两，为母亲大人预备见面礼之用，未知何日汇到。男定于初一日启程，初三到京，初四覆命。兹托伯尹弟带去鹿茸一架，难得之物，可留自用。肃禀，叩请金安。男大澂百叩谨禀。九月廿八日。

## 八二

母亲大人膝下：

敬禀者，男自腊月初六日出都，十五日行抵泰安，十六日登岱顶，至碧霞宫东岳殿各处拈香。是日天气甚暖，无风无云，冬腊月中难得之日。傍晚下山后始见雪花，次日冒雪登程，路长天短，只能按站而行。今早在沂州府打尖，计廿五日可抵清江，拟雇小舟用轮船拖带，廿九日必可到家矣。肃禀，叩请金安。男大澂百叩谨禀。腊月廿一日沂州府李家庄。

## 八三

母亲大人膝下：

敬禀者，男于廿七日亥刻到沪，廿八日午后前往川沙见沈老太太，精神强健如六十余岁人，甚为难得。廿九日偕五妹、福甥同舟回沪，二月朔日上拱北轮船，午初开行，一路风平浪静，至初四日即抵香港。男换坐蓬州海兵轮船，于初六清晨到省。媳妇等仍坐拱北，至王埠换坐小船进省。上下均各平安。肃禀，叩请金安。男大澂百叩谨禀。二月初六日。

## 八四

母亲大人膝下：

敬禀者，男自二月初九日接印后，公事甚忙，每日接见属员数十人，兼之仲春祭祀最多，早起判牍为时甚短，近日已料理清楚，逐日办事皆有一定时刻，精神尚可支持。媳妇、陈妾、孙女辈均各安好。兹差沈贵赴苏投递公文，带去伽南香片一小盒、沉香一块，即祈收用。肃禀，叩请金安。男大澂谨禀。三月十七日。

此间太平关旧有丝税，自轮船通行内地，遂成断港。曾经奏明由上海道代收代解，每年户部收数有上海代解太平关税银一款，而本省不知其确数，向例差弁赴苏投递咨文，催取沪道报明代收代解之款。适沈贵有事，告假一月，即派至苏投文，所领盘费较优也。约计端阳节后必可回粤。

## 八五

母亲大人膝下：

敬禀者，前月沈贵回苏，曾肃禀函，谅邀慈鉴。男于三月廿四日赴虎门各口查阅炮台，至四月初一日回署。近日天气温和，并不躁热，尚穿单夹衣。署中上下均安，堪以告慰慈怀。前寄来糟鱼一坛、菜花头一木匣，已由学署送到矣。肃禀，叩请金安。男大澂百叩谨禀。四月十二日。

## 八六

母亲大人膝下：

敬禀者，月初秦佩鹤昆仲来粤，带到四月朔日慈谕，并笋脯、扁尖、西瓜子等物，初十日沈贵回署，询悉福躬安健，欣慰孺怀。寄到咸肉风味甚佳，每饭蒸食一盆，无异火腿。此间豆腐最好，以肉汤炖之尤妙也。粤省近日天气与苏州五月略同，尚不甚热，惟署中公事颇繁，每日竟少暇刻，拟至学署向妹处谈谈，总不得闲耳。兹托念劬寄去点铜锡二百斤，以备孙女嫁妆内定打锡器之用。另托日昇昌汇寄银二百两，为母亲大人端节零用之费，想月底总可寄到矣。多啰嘛二匹，交邹咏春太史带苏，闻须二十后动身。肃禀，敬叩金安。男大澂百叩谨禀。媳妇、陈妾、孙女随叩。闰四月十六日。

## 八七

母亲大人膝下：

敬禀者，前月中旬曾肃一禀，谅已早邀慈鉴。署中公事逐日清理，总不得闲，每日五点钟起，至夜间十点钟不能不睡。天气与苏地六月中相仿，早晚尚凉，惟出汗多则满身稗子，余无他苦，湿气亦不觉也。前购多啰麻，因邹咏春尚未动身，已交周升递折之便带至上海矣。肃禀，敬叩金安。男大澂百叩谨禀。五月十三日。

## 八八

母亲大人膝下：

敬禀者，前月程明甫来粤，带到慈谕，并虾子油一坛、风鱼一坛，谨已领到。敬维福躬安泰，动定咸宜，允符孺颂。此间自交七月，天气渐凉。田中雨水以七、八两月最为要紧，粤中俗语有“七月雨金，八月雨银”之说。近日连得甘霖，农情欢抃，大有丰年气象，公事亦多顺手，堪以告慰慈怀。前函命书弥罗宝阁对联，今日已书就，当交折差带至上海，由王念劬转寄，二十边必可寄到也。八月初旬当属媳妇带同孙女航海到申，计中秋节前必可回家。喜事一切应用物件，到苏后尚可陆续添置。卓臣侄想必于月初赶回，其实入赘不如迎娶，所省亦无几也。肃禀，叩请金安万福，伏乞慈鉴。男大澂百叩谨禀。媳妇、陈妾、孙女辈侍叩。七月初九日。

## 八九

母亲大人膝下：

敬禀者，前日曾肃一禀，计可先此达到。昨奉慈谕，谨聆一是。弥罗宝阁对联书就，篆、隶两副托念劬寄上，祈察收转交，似篆书一联较好也。刘少愉病故可怜，已属同乡出一知单，凑写帮分，男亦助二十金，大约不过三四百番之数耳。肃禀，叩请慈安万福。男大澂百叩谨禀。媳妇、陈妾、孙女辈侍叩。七月十一日。

## 九十

母亲大人膝下：

敬禀者，前月曾肃寸禀，谅已早邀慈鉴。男自七月下旬偶发脚气，半月不能出门，非有要事不见客。近日脚背红肿已消，趾缝尚出脓水，再隔三四日必可全愈。一夏所受湿热藉此发泄，可无他病也。媳妇、孙女拟乘富顺轮船到沪，定于明日午后上船，大约十一日开行，在香港尚须耽搁一日，计十六日可抵上海，若借小轮船拖带，十八日必可到家。卓臣侄计已先归矣。兹交媳妇带去银二百两，即祈收用。又首乌一个、茯苓二个，可配补药之需。香珠一串、象牙木梳一副，皆粤东出产也。芝生母舅常来见面，身子甚好，柳门月底可回省矣。肃禀，叩请金安，伏乞慈鉴。男大澂百叩谨禀。陈妾、孙女随叩。八月初九日。

## 九一

母亲大人膝下：

敬禀者，前月接大兄来信，知媳妇于廿一日到家办理一切，喜事尚有二十余日之闲，当可从容布置。卓臣侄于廿八日回门，喜气重重，倍形热闹，想重阳以后天气亦必晴爽也。今日发一电报，为母亲大人叩喜。男足疾全愈，已于十三日出门，堪以告慰。柳门回省休息两日，广府昨已开考。肃禀，叩请金安万福。男大澂百叩谨禀。九月望日。

## 九二

母亲大人膝下：

敬禀者，九月十八日接奉慈谕，谨聆一是。月之十三日为母亲大人寿辰，属员所送一概不收，同寅中有送礼物，亦可酌量受之。粤海关如有祝敬送来，照例不璧，当交票号汇苏也。六官、七官现从黄叔才识字，已认二百余字。媳妇定于何日起程来粤，当派差弁至上海照料也。肃禀，叩祝千春万福。男大澂百叩谨禀。陈妾、孙女随叩。十月初七日。

## 九三

母亲大人膝下：

敬禀者，十三日母亲寿辰，香翁及柳门均来拜寿，预备满汉席一桌。署内幕友委员，预备鱼翅席五桌。向妹及三原甥女俱来拜寿，甚为热闹。海关送来祝敬银二千两，汇交大兄，拟以一千归入义庄经费，其余一千敬祈母亲收用。肃禀，叩请金安。男大澂百叩谨禀。十月十八日。

## 九四

母亲大人膝下：

敬禀者，前月曾肃禀函，并汇漕平银一千两，未知何日寄到。昨接大兄来书，知二孙女来苏盘桓半月，现已回杭。媳妇于冬至后即可动身来粤，特派戈什二人赴沪迎接，带去食物四种，伏乞察收。又柳门所送如意、寿幛等物，一并交戈什带呈。肃禀，叩请金安。男大澂百叩谨禀。陈妾、孙女随叩。冬月初七日。

沉香如意一匣。柳门送。

寿幛一顶。柳门送。

沉香八仙一盒。

沉香饼一匣。

湎茄二枚。擦眼睛用。其性清凉，系湎甸移来种子。

化州署内橘红二百片。

新兴荔支干一箱。核小而甜，顾竹臣所送。

香肠十斤。

橙子二十斤二篓。

糟乳腐八瓶。

## 九五

母亲大人膝下：

敬禀者，初二日奉到慈谕，欣悉福躬安健，慰洽孺私。前月交日昇昌寄去年敬银两，想二十前总可汇到，各房节敬悉照上年腊月致送可也。男自交冬令，气体较强，署中上下均安，堪以告慰。敬叩金安万福。男大澂百叩谨禀。媳妇、陈妾、孙女随叩。十二月初四日。

## 九六

母亲大人膝下：

敬禀者，月之初四日媳妇旋粤，敬悉母亲大人福体甚健，至为欣慰。男因胃口不佳，颇思家乡食物，带来腌肉、糟蛋、雪里红、年糕，每顿食少许，饭量渐增。嘉兴糟蛋尤易开胃，明年拟托三孙女再觅数罐，交上海念劬处寄来，亦不甚难，想潘氏必有嘉兴人来往也。此间天气甚暖，前数日尚穿夹袍褂，近日稍凉，颇有雨意。闻吾吴久旱，亦极盼望甘霖，未知已得雨雪否？时近岁暮，腊鼓迎春，寄呈年敬二百两，祈即收用。外洋五百元，另单一纸，开呈慈鉴，或有增减之处，单内恐有遗漏之处，均祈母亲酌量分送。赵姨母处，应否送四五十元？约计尚有余款也。肃禀，叩贺年禧，敬请金安万福。男大澂百叩谨禀。媳妇、陈妾、孙女随叩。腊月十四日。

## 九七

母亲大人膝下：

敬禀者，去腊廿八日接大兄廿二日来书，欣悉福体安健，慰抃莫名。男自封印后，公事稍觉清简，新正五日不理案牍，初六以后照常办事，绝少闲暇之日。惟身子尚好，眠食无恙，堪慰慈怀。崧孙暂归扫墓，今日蔡妈亦欲回苏，并无他故，大约嫌出息少，每年七八十金不满所欲耳。敬请金安万福。男大澂百叩谨禀。媳妇、陈妾、孙女随叩。新正初四日。

## 九八

母亲大人膝下：

敬禀者，新正交崧孙内弟带去一禀，谅邀慈鉴。大兄来信云今春苏地天气较寒，想福体强健，调摄得宜，定符孺祝。粤中公事顺手，新春案牍稍简，兴之所至，或书或画，藉以消遣，亦近年所难得也。合署平安，堪以告慰。柳门定于初十日出棚考肇庆矣。肃禀，叩请金安。男大澂百叩谨禀。媳妇、陈妾、孙女随叩。二月初五日。

## 九九

母亲大人膝下：

敬禀者，前交许鋐带呈一禀，并神曲、午时茶及食物数种，谅邀慈鉴。昨日崧孙内弟来署，带到钧谕，并糟蛋、酒酿饼等物，谨已领到。家乡风味，可以开胃加餐。此间饮食一切尚不如天津之方便，可口之物甚少，古人所以动鲈鱼莼菜之思也。送夏团扇四柄、折扇一柄，当俟书画配齐，于三月下旬寄苏。皇甫太姑母之孙于四月间完姻，可送喜分百金，有便当即寄回。柳门出棚考试，须六月中旬方可旋省，此数月中考期迫促，甚为辛苦。三弟常有信来，四月十五日考差甚近，望其今夏得一试差，以酬苦志。十二年老翰林困守长安，不得京察一等，外放尚不易耳。署中上下皆安，男今春较胜，堪以告慰慈怀。手肃寸禀，叩请金安万福。男大澂百叩谨禀。媳妇、陈妾、孙女等随叩。二月廿七日。

## 一〇〇

母亲大人膝下：

敬禀者，前月下旬肃泐寸禀，谅已早邀慈鉴。男于初六日赴惠州一带查勘水灾，初八日即回省城，现在筹办赈济，倍形忙碌。送夏团扇自画四柄、自书五柄，折扇六把皆署内委员所画，均已齐备，交念劬转寄。又寄上人参六苗、鹿茸一架，系宁古塔都统寄来，即祈收用。肃禀，敬请金安。男大澂百叩谨禀。媳妇、陈妾、孙女随叩。三月望日。

## 一〇一

母亲大人膝下：

敬禀者，许鋐回粤，带到三月十七日慈谕，并咸鸭蛋、菜花头等物，均已领到。此间所买盐蛋淡而无油，远不如吾苏所咸之得法，想蛋种亦各不同。菜蔬则四时不断，多无鲜味，殊不可解，大约发泄太尽而土性不厚耳。男近来饮食皆有一定，午饭两大碗，碗极大，晚间一饭一粥，自觉体气结实。惟早晚阴晴寒暖时刻不同，忽而夏布，忽而夹衫，总须一冷便穿，一热便脱，不致受病。脚上稍有湿气，靴子不能久穿，但较去年稍轻，有此出路，可无他患也。自交四月，衙期改为十日一次，见客略少，如有要紧公事，每日早起来见，不过一点钟时候，尚不甚累。午后有暇，每临苏帖数页，似功夫稍有长进。署中上下均各安好，堪以告慰。肃禀，恭贺节喜，叩请金安。男大澂百叩谨禀。媳妇、陈妾、孙女随叩。四月廿四日。

节用二百两，昨交票号汇苏，想节前必可寄到，即祈收用。吉林寄来老山参，已属念劬径寄家中，未知分两有多少也。男大澂又禀。

## 一〇二

母亲大人膝下：

敬禀者，前交念劬寄去吉林参一匣，想已收到。男自五月中旬脚气就痊，痔疮又发，半月不能出门，总因湿热未化，纠缠不清，虽无大病，殊多不便。署中上下均各平安，堪以告慰慈廑。柳门今日五十寿辰，全家俱往学署拜寿，惟男略坐片刻即回，不能久坐耳。肃禀，叩请金安。男大澂百叩谨禀。媳妇、陈妾、孙女随叩。六月朔日。

## 一〇三

母亲大人膝下：

敬禀者，陶仲平回苏，肃泐禀函，当邀慈鉴。大兄来信，欣悉福体安健，远慰孺私。吴中酷暑，近来已得透雨否？此间自交正伏，天气幸不甚热。男于望前曾患泄泻，近已大愈。惟炎天见客稀少，三八衙参改为十日一次，公事亦不甚繁，灯下静坐，藉资休养。七月以后闱事正忙，不得闲矣。柳门考南雄州，廿四完场，起程旋省，约计初四、五可到江南。主考李芍农学士向来讲究经学金石，肖韵甥大可望中。闻卓臣与肖韵同伴，初次入场，必然兴会淋漓。三弟能得一学差，尤为生色也。黄叔才航海到沪，即赴金陵乡试，三孙女所要拓本一幅，托其带去，交念劬寄苏。肃禀，叩请金安。男大澂百叩谨禀。媳妇、陈妾、孙女随叩。六月廿六日。

## 一〇四

母亲大人膝下：

敬禀者，男于初五日行抵汴梁，初八日接印，在省休息数日，至初十日到工，住来童寨公馆，幕友家人分住数院。此系去年新盖之屋，房间虽不甚宽，却亦够住，离坝工约有八九里，往来亦尚近便。俟霜降以后开工，不时到工稽察。现在河势平稳，东西两坝已成之工不致冲塌，大约十一月内总可合龙。老于河工之人胸中自有把握，惟应办工程不能不办耳。省城本无河督衙署，只有公馆一所，现在前任河督成子中尚未动身，占住数院，出月当可搬空。男须腊月中回省，新春即可接眷来汴。此间公事，较广东简少。男现服健脾利湿之药，饭量渐增，交冬后可进补剂。幕中华帽山向来精于医理，即属诊脉，甚方便也。肃禀，叩请金安。男大澂百叩谨禀。八月廿三日。

## 一〇五

母亲大人膝下：

敬禀者，前月肃寄禀函，由驿递苏，计日当可达到矣。敬想慈躬多福，上下平安，定符远颂。男自接印以来，布置一切事宜均有头绪，二十以后即可开工，大约合龙总在腊月初旬，所请款项亦俱应手。崧孙尚未到汴，想在途中矣。男饮食如常，拟交立冬后即服补药。肃禀，叩请金安。男大澂百叩谨禀。九月十一日。

## 一〇六

母亲大人膝下：

敬禀者，一月未肃禀函，河工事繁，朝夕不得闲暇，近日布置已定，约计十二月初旬当可合龙。惟此四十日中，两坝工程须得昼夜赶办，但望天气和暖，无大风雨雪之苦，庶河兵夫役人等不致受病耳。男饮食减少，未能复元，总因脾阳不健之故。现服参、苓、首乌等药，日久当可见效也。肃禀，叩请金安。男大澂百叩谨禀。十月廿九日。

## 一〇七

母亲大人膝下：

敬禀者，前肃寸禀，由驿递苏，谅邀慈鉴。大兄来信，欣悉福躬安健，快慰孺忱。郑工口内再进一占，半月内即可合龙。河势之平顺，天气之和暖，神功保佑，诸事顺手，实意料所不及。封印以前即可旋省，一有佳音，即当电达。肃禀，叩请金安万福。男大澂百叩谨禀。冬月廿二日。

## 一〇八

母亲大人膝下：

敬禀者，廿三日曾肃一禀，由驿递去，谅邀慈鉴。郑工口门合龙之期，大约总在腊月望后，年内当可回省。兹派戈什田玉泉、张清元到苏接眷，如新年天气暖和，正月中旬动身亦不为迟。带去怀山药、熟地、首乌等物，即祈收用。肃禀，叩请金安万福。男大澂百叩谨禀。冬月三十日。

## 一〇九

母亲大人膝下：

敬禀者，前月曾肃禀函，由驿递苏，谅邀慈鉴。岁暮新春，伏维万福。男近日身子大健，饭量复元，午餐增至两大碗，夜间则一饭一粥，脾阳渐旺，精神较胜。郑工已定十六、七合龙，大功告成，公事亦可略减，届时必有明发谕旨，如有喜报，当即电闻。已遣戈什田玉泉等赴苏接眷，约计媳妇辈动身，总在元宵以后，天气亦可渐暖。母亲年底零用银二百两已属日昇昌汇去，未知何日寄到。致送各房年敬应照去冬原单，一时不甚记得，家中或有底账可查也。柳门回苏不过十日之留，亦甚匆促。肃禀，敬请金安，叩贺年禧。男大澂百叩谨禀。腊月十三日。

## 一一〇

母亲大人膝下：

敬禀者，去腊曾寄禀函，计年底当可递到。廿六日奉到慈谕，欣悉福躬安健，远慰孺忱。男蒙恩赏加头品顶戴，补授河道总督。自腊月廿四回城，公事清闲，身子甚好，以后可不出门，藉可静养数月。媳妇辈廿四启行，二月中可到。肃禀，叩请金安万福。男大澂百叩谨禀。新正初十日。

## 一一一

母亲大人膝下：

敬禀者，媳妇于十八日来汴，一路平安，堪以告慰慈念。带到糟鱼、糟蛋、笋脯、茶叶、乌梅糖、金柑饼皆家乡风味，久客在外，每喜南中食物，不肯轻送人也。寓中上房五间，院子甚宽，有回廊而无厢房。女仆在东院，零屋数间，亦甚便也。崧孙家眷住东边小院，内则通连，外则另有一门出入，此前任所买邻居之屋零星归并，不甚贯气。正房本已够住，此等空屋无所用之，崧孙可省房租，亦甚合宜。河工善后事宜均已派定，公事不烦，每日午后大可写字作画。数年以来，难得此清闲之日，身子必可养好，饮食调匀胜于服药多矣。济宁之行，大约在三月望后。肃禀，敬叩金安万福。男大澂百叩谨禀。媳妇、陈妾、孙女随叩。二月廿五日。

## 一一二

母亲大人膝下：

敬禀者，前月廿五日曾寄一禀，谅邀慈鉴。男本拟月内赴济，因保举折子未发，迟迟未行。兹定于四月初一日动身，前赴山东济宁州查勘运河工程，约计往返总须一月。近日身子甚好，饮食如常，署中上下无一病者，天气、地气与广东绝不相同也。肃禀，叩请金安万福。男大澂百叩谨禀。媳妇、陈妾、孙女随叩。三月廿五日。

## 一一三

母亲大人膝下：

敬禀者，五月望日接奉初二日慈谕，敬聆一切，欣稔福躬安健，眠食如常，至以为慰。男自济宁回汴，曾赴各厅周历一次，今年夏秋河防总可不出险工，公事亦俱顺手。近日因发痔疮，杜门不出，奏请赏假二十日，藉可避暑静养。惟入伏以后，照例须赴各厅查勘工程，往来不过八月耳。汴梁天气和平，与广东大不相似，但愿在此久任，与身子有益。肃禀，叩请金安。男大澂百叩谨禀。媳妇、陈妾、孙女随叩。五月廿四日。

## 一一四

母亲大人膝下：

敬禀者，五月初七、廿三日两肃禀函，谅邀慈鉴。昨接大兄来信，知母亲大人要合眼药方，此间通用之八宝光明散，男曾经配过，别无良方。闻仙坛吕祖所赐药方，服者无不灵验，昨日男手书疏词，遣仆赴坛内焚化，求得二方，一系点眼细末方，一系服药丸药方，兹将原纸寄呈慈览。又有新得熊胆一个，已交顾缉庭之侄雪余带苏，七月初可到。肃禀，叩请金安万福。男大澂百叩谨禀。媳妇、陈妾、孙女随叩。六月初九日。

## 一一五

母亲大人膝下：

敬禀者，昨日奉到六月廿二日慈谕，敬稔福躬安泰，欣慰莫名。苏地三伏天气炎蒸逼人，老年饮食不免稍减，秋凉以后起居顺适，饭量必可复元。大约精神兴会与时令为转移，春秋佳日天朗气清，寒暖调和，人亦神清气爽，饮食亦易于消导，此少年人所不知也。三孙女回家侍奉，所抱小外孙渐知嬉笑，大兄亦有孙女，弄璋弄瓦，各有天机，门庭颇不寂寞也。男自前月二十日赴工，周历南北两岸，于初三日回省，河流平顺，今秋必无险工。惟途中感受暑热，兼有食滞，服药数剂，现已霍然。署中上下皆安，堪以告慰。肃禀，叩请金安万福。男大澂百叩谨禀。媳妇、陈妾、孙女随叩。七月初五日。

## 一一六

母亲大人膝下：

敬禀者，昨接大兄初六日来书，欣悉慈躬清健，快慰孺私。交秋以后，暑气减退，新凉乍生，天气较为爽朗，饮食起居必益顺适。张香涛亲家调任湖广总督，如明年五孙女出嫁，由苏至鄂，颇为近便。署中上下均安，堪以告慰。肃禀，叩请金安万福。男大澂百叩谨禀。媳妇、陈妾、孙女随叩。七月十六日。

## 一一七

母亲大人膝下：

敬禀者，初六日奉到七月廿一日慈谕，谨悉一一。眼疾与肝家相连，似须服平肝滋阴之药，秋高气爽，慈躬必益健适。男于前月中旬胃气又发一次，因湿痰阻滞胸膈，饮食不能消化之故，服药十余剂而愈，现已服元，湿气亦渐化。此间公事无多，见客亦甚稀少，每日闲暇无非写字作画，终日无所用心，大可静养。饮食不敢过饱，午后必行千余步，饮外国加非茶一杯，不致停食。数月之中署中上下无一病人，可谓平安之至。三弟告假回南，约计八月下旬必可到家，翰林不得差，未免愁闷，不如在家多住几月，较为舒服也。肃禀，叩请金安万福。男大澂百叩谨禀。媳妇、陈妾、孙女随叩。八月初八日。

## 一一八

母亲大人膝下：

敬禀者，前肃一禀，想已鉴及。接大兄八月初八日信，欣悉慈躬安健，至以为慰。三弟到家后，儿女一室，侍奉起居，免得两地记挂。此间天气甚暖，署中上下均各平安。肃禀，叩请金安。男大澂百叩谨禀。媳妇、陈妾、孙女随叩。八月廿六日。

## 一一九

母亲大人膝下：

敬禀者，八月廿六日曾寄禀函，谅邀慈鉴。三弟到家后办理弟妇葬事，九月初十日后当可完竣，能不进京在家多住数月亦好。功名迟早有定，即不做官，能得粗茶淡饭安乐居家，实胜于脚靴手版仆仆奔走也。男因汴梁地气潮湿，胃部常有湿痰，饮食稍多即不易化，湿火上蒸，右耳肿痛，延医敷药，肿亦旋消，总须天寒地燥，身子必可健旺。署中上下均安，堪以告慰。肃禀，叩请金安。男大澂百叩谨禀。媳妇、陈妾、孙女随叩。九月廿三日。

## 一二〇

母亲大人膝下：

敬禀者，月之十二日曾肃禀函，谅邀慈鉴。昨接三弟来电，知江南水灾筹赈，母亲大人捐助千金，此善举中最有实济者。男现刻捐册，盖用印信，颁发河南各府州县，以制钱一千文为一愿，轻而易举，或有踊跃从事之人，大约数十州县，万余金必可捐集也。肃禀，叩请金安。男大澂百叩谨禀。媳妇、陈妾、孙女随叩。十月二十七日。

# 致韩学伊(十通)[①]

## 一

继云贤弟如晤：

顷奉手书，承寄卣拓十分，谢谢。唐志二种，皆所未见。闻勤伯得唐石，是否即此二刻？想系令叔隐壶兄所惠也。兄入都将及四月，画具尚未取出，惟所见新旧拓本甚多，钩摹得三百余种，今冬或可成编。都中吉金皆为潘伯翁所得，惜其拓本不精且多秘吝。兄近得秦诏版尚佳，拓出附览。又检所藏所见各种奉赠，续有所获，它日再寄。前所得隋虎符文曰"美政府左御卫"，当时因查瞿木夫先生《官印考》有相原府虎符张叔未藏。与此同制，知为隋物，不知相原府外又有永昌府，皆张氏旧藏。此次归里，二符竟归敝箧。又得一鱼符，合计十三符矣。附博一笑。振之在天津县帮账房，贱眷已到京。手复，即颂文祉。愚兄吴大澂顿首。八月十四日丁丑。

## 二

继云仁弟足下：

张祥回汴，得手书，承示布泉拓本二种，莽范之最精者。惟兄近

① 吴大澂写给韩学伊的十通书信均见于西泠印社拍卖有限公司 2015 秋季拍卖会"崛起之路·中国近现代对外交往手迹专场"2292 号。

日于吉金不甚著意，钟鼎大器既不能与都下士大夫力争，其零星小品不足以资考证，因专心访购古玉，已编成《古玉图考》一书，寄沪石印，秋初即可印成。于经传注疏、《说文》考核甚详，实发汉唐以后诸儒所未发，并以古玉求得周尺度数，多有实在证据，与凭空臆断者不同。长安市上旧玉伪者不少，惟古玉药铲无人假造，价亦不甚昂贵，无论色泽之佳与不佳，兄愿得之，乞于友人中代为访求。只看一孔两面打者，或一面大一面小，中有旋刀文者，皆三代古物。如有所得，交杨实斋专人送汴，价亦由实斋代付，此南田不画山水之意也。手泐，即颂侍安。兄大澂顿首。五月初十日。

## 三

继云贤弟左右：

前有复令尊一函，托杨实斋代觅古玉各器，想关中旧家必有藏者，恐实斋不肯放手代购耳。大梁一隅之地，亦陆续收得数十种，且有精品宝器，最可贵者牙璋及璿玑耳。敝藏各器之精者，遣周仆拓出寄览。手泐，即颂侍祺。兄大澂顿首。六月初十日。

## 四

继云贤弟阁下：

六月望日手书，直至八月二十日始到，不知西号何以迟延至此，即转晋达汴，亦不必两月之久也。承示代购玉铲十一种，既佳且廉。三十金之一铲，从来未见此等色泽。无文拱璧，亦系三代物。玉夿一器，制作亦工。又二十四字之白玉佩，虽似唐宋时物，而制作精妙可喜，亦可绘入图中，务乞代为购定。约计垫款已在百金以外，兹托西号汇寄银一百五十两，由杨实斋处转交，乞察收。手复，即颂侍福。兄大澂顿首。八月廿一日。

奖札已交令叔代寄。

如再有古玉大器，向来罕觏之品，即属实斋向日昇昌取用银两。此间见信即可划还，实缘汇兄太迟耳。

玉铲无论大小，仍乞留意。其大者皆圭也。

## 五

继云贤弟足下：

前由陶方伯处饬送一函，计已达览。昨日华友于回汴，带到手书，承代购之大小圭十六器、小者非珽即瑁，《相玉书》云珽玉六寸，明自照，见《考古记》郑注。今以所得古珽证之，有适合六寸者。天子执瑁四寸，见《周礼》。玉环一器、制精，似新莽物。拱璧二圜、三合璧三件、即佩璜。玉奁一器、苍玉宏璧一圜、元玉大斑二器，均已点收。实斋所购各件，亦已一一收明。圭璧之光烂然斗室，虽鲁之璠玙、宋之结绿、梁之悬黎，亦不是过。三代以后，藏玉之富，有非意料所及者。近所得之商瞿，斯为最古矣。谢晋轩所藏“郢”字残金币，如尚在秦中，乞为物色之。续示商爵及飞龙佩，均乞代留，银款仍属票庄书券排递任紫卿转交，当可速达电局，事已致周守矣。手复，即颂侍祺。兄大澂顿首。冬月廿三日。

## 六

继云贤弟如晤：

腊月廿五日得冬月廿七日手书，承寄李闻礼墓志，向未见过。如晤赵乾生兄，乞为道候。九寸拱璧，以二金得之，亦至廉矣。周太守处荐书必可得力，盛杏荪观察信中亦为提及。令叔管库一差，已面属南道暂勿更换，所寄竹报亦已送去。兹有瞿肇生托寄家信，不知其令弟所在，乞为转送。昨得杨实斋书，知前汇之款已于十四日寄到。"郢爰"币尚未接得。票庄由晋转寄，最为迟缓。手复，敬颂侍福。兄大澂顿首。己丑除夕。

复实斋信，乞转交。

敝藏古玉至富，圭、璧、琮三者得二百余，杂佩亦几及二百，可云巨观。如见圭璧价在十金以内者，仍可代收，小品亦多可爱。关中所出皆土中原物，价亦最廉，广搜博采，必有异品也。

实斋所寄玉琯，实系三代黄钟律琯，殊可宝贵。

## 七

继云贤弟足下：

前接五月十八日手书，详悉一一，杨实斋信亦收到。所寄权符玉印，久存德宝，冬月下旬始由折差带回，已由日升昌寄一复函，想年底必可达陕也。兄气体久亏，加以痔漏，终日与竹榻为缘，不能久坐握管，殊以为苦。幸于八月间就医孟河，请马培之内外兼治，静养三月有余，渐有功效，大进温补之剂，颇觉得力，交春以后，或可复元耳。秦中当道久未通函，与杏荪通信时当为吾弟一提。手泐，即颂侍福。愚兄制吴大澂顿首。腊月初三日。

尊大人前代为候安。实斋信乞转交。

## 八

继云贤弟阁下：

去秋曾接来电，藉稔从公省局，卓著贤劳，以欣以慰。承寄商爵立戈形子甲，即甲、象竹简形。阴阳文各半，向所未见，早由德宝斋寄到。都中消息时通，寄物从无失误也。九寸璧一件、龙佩二件，亦俱领到。兹由容德堂寄来十月初八日手书，详悉种种。尊公在三河口厘卡，较胜于在省听鼓，能否补一实缺，至以为盼。子方同年升任新疆，上游少一熟人，不知鹿中丞相待如何也。承示秦权，如在杨实斋处，乞即代留，属其仍寄都门德宝斋李先生转寄苏城兄处。只有大权，尚无小者耳。该价便中先行示及，官封递至苏州或吴县，皆可送到。可交日昇昌汇去也。阜长双瞽，不能作画。《古玉图考》尚未续刻。附上。手复，敬颂侍福不具。愚兄制吴大澂顿首。三月廿七日。

先慈于去冬安葬，志铭二本，一送实斋。古玺得千余，印成再寄。

## 九

继云贤弟大人阁下：

冬月初六日赵、苏二估来湘，带到手书，承惠古玉圭及造像、墓志各拓本，至以为感。电局如有更动，可望蝉联。从前杏荪颇疑阁下好事而不老成，兄为再三剖白，告以素性谨饬，断无他虑，意始释然。代理数月以来，想杏荪处必有禀牍往来，亦可深信不疑。兄当再为嘘拂，可图常局，藉以贴补家用。尊公精力康强，得能委署优缺，蔗境当可从容也。属书五联一直幅，涂就奉缴。近来贱恙轻减，精神较胜于夏秋，稍可从事笔墨。石刻四种，附呈雅鉴。另备一分，乞代呈鹿中丞处，不及作书。手复，敬颂侍福。兄大澂顿首。冬月初十日。

尊大人前请安。

## 十

继云贤弟阁下：

今日泐复一缄，由驿递去，计可先此达览。兹有解饷委员之便，特检拓本数纸奉赠，内"郢爰"为异品，不易得也。手泐，即颂侍福。兄大澂顿首。十月初三日。

秦中如有新出唐石，乞为留意。

## 致洪用舟(一通)

兰楫仁兄大人阁下：

顷奉复示，费神感感。弟明早开行，尚有钱船二号，因换钱未能齐集，留待后帮李委员一并带来，并留炮船在此护送，约四五日亦可开驶，已谕王游击妥为照料矣。并以奉闻，敬请升安不具。愚弟吴大澂顿首。十月十九日酉刻。[①]

① 北京匡时国际拍卖有限公司2015夏季拍卖会“古代书画专场”0526号。

# 致胡传(一通)

守三大兄大人阁下：

廿六日接诵手书，藉悉种种。俄人虐待华民之案，不一而足，屡经照会廓米萨尔，大半置之不理。越境办事，实有鞭长莫及之势。近来俄界华民亦知中国官员无能为力，多有忍气吞声，不复来报者，亦可愧矣。康济屯逃去一棚，其情可恶，已添派叶长清至细鳞河来往稽查。南天门刘谷令其伐木建棚，许给工食，甚是甚是。拉运房木尚须添雇民车，脚费自可稍宽。沟民有钱债斗殴之案，应为清理，蒲鞭示辱，不能不宽严相济也。丈量地亩格纸，已寄去一百张，续用多少，再为刷寄。如山行南，已于廿七日由塔启程，初三、四当可赶到，日内从者计已抵珲。闻廓米萨尔有久占黑顶子之意，据图与约，均属无理。彼必推诿上司札谕如此，我不能管，如五六日后议不能决，当即派兵前往设卡，未便任其狡展，已咨请尧山都护先行照会廓米萨尔，看其如何回覆也。罕奇海口一时未能索还，姑置勿论亦可。总署寄来地图，已交如山带去，即照俄人所绘原图翻译汉文。查图内所注珠伦河即今之岩杵河，现在俄卡所设之地，并非珠伦河，亦可令其迁去也。京信一件，韵松复书，一并附去。手复，即颂台祺。大澂顿首。正月廿九日。[1]

① 顾廷龙：《顾廷龙全集・著作卷・吴窓斋年谱》图版，上海辞书出版社，2016 年。

# 致李鸿裔(五通)[1]

## 一

苏邻主人左右：

上巳佳日不可无雅集，敝居褊小无流水，欲借名园为流觞之会，坐客即柳南书屋同饮诸公。或主人不欲为客，即吾两人列名亦可。不识是日得闲否？敬问起居不庄。窓斋手状。丁丑二月廿九日。

琴西先生量移白门，伟如赴鄂，已见十八日抄。

## 二

前日奉诣，适从者它往，留一缄呈览。流觞之约，或展至牡丹开后再订一日亦佳。唯弟当作主人，欲假园亭为雅集，并须属庖人代为设具耳。手肃，敬颂著祺。大澂谨上。苏邻主人执事。三月朔日。

## 三

昨自白马涧归，日云暮矣，手毕未即裁报。今午适有它约，不获

① 吴大澂写给李鸿裔的这五通书信，均为国家图书馆所藏，善本书号：04803。

前诣高斋。虞山之游，迟不过四五日。计园中胜景在紫藤、芍药之间，看花读画均极相宜，养闲十二日之约，尚可作半日谈也。命书各联，遣仆人呈上，长短有不称，乞择用之。有一小幅，兴会所及，无拘滞之苦，请一评之，似非曼生派流也。手复，敬问起居百福。大澂拜上。苏邻主人执事。三月十日。

[illegible][illegible][illegible][illegible]乃周玺，至宝。[illegible]即玺字。

## 四

顷交纪纲带呈一缄，想见及矣。景君碣归愙斋，亦甚得。尊藏汉刻精本，计亦富有，惜不及纵观耳。承惠宣纸，谢谢。高句骊笺，愙斋不甚爱惜，多为仆人夹入书筒，为补空之用，捆塞甚坚，遍检仅得两卷，俟它日当多收奉寄。古墨数笏，已收入箧中。案头尚存方于鲁墨，与寻常九子墨不同，乞试用之。剩以汪节安二品，不足报璚也。初三午刻话别，勿治具为善。欲借马二匹，幸告仆夫是日同来。复上苏邻主人左右。愙斋手状。四月朔日。

## 五

今日正拟奉访，适诵手简，当于午初诣园看花读画。两额皆书就，不惬，再书数幅，请择之。手复苏邻主人。愙斋顿首。廿三日。

# 致李嘉福(一通)

笙鱼六兄大人阁下：

久未通书，不审起居何若。金石古缘，想不寂寞。弟自朝鲜回，入都覆命，长安旧雨，相叙十余日，忙里得闲，亦足稍慰风尘之劳苦。得天保造像，佛光如镜，中有小长方孔，想系佛背有钩相连属，从来所未见，拓一纸寄览。手泐，即颂吟祺。弟大澂顿首。二月廿三日。

尊处旧藏一“武库中丞”印，似曾见过，或系“殿中中丞”，乞示拓本，拟倩友人摹刻也。如蒙惠寄，即交家兄寄下为感。

新得郭有道碑原本，惜无人双钩也。

信封：送富郎中巷李大老爷官印嘉福台启。[①]

① 上海泓盛拍卖有限公司 2017 秋季拍卖会中国书画专场“慧闻室、怀玉堂、陈子清旧藏吴大澂尺牍——翰墨尺素及玺印专场”154 号。

# 致李庆荣(三通)

## 一

海帆大兄大人阁下：

前奉手复，适因河防事繁，往来工次，自夏徂秋，迄未休息，是以音问久疏。敬想兴居佳鬯，即事多欣，定符臆颂。向来河朔公牍最简，地方民事均置不问。自弟到官后，裁减差徭，亲理词讼，贫民赎田之案不下二千余起，已为陆续断结，刑钱幕友日不暇给，大半手批尚无积压。每日黎明至二鼓，竟无一刻之闲，酬应笔札，因此疏阔。想知无主人公事之繁，亦必忙碌异常。柳门一岁三迁官，联得试、学两差，大为可喜，想出闱后必有一番热闹。伟卿在省否？晤时乞为道候。今日雨窗事闲，料理积信。手泐，敬请台安，惟祈雅照不具。弟大澂顿首。八月廿六日。

伊臣兄均此道候。

信封：营口转运局李大老爷官印庆荣台启。太仆寺吴寄。外熟地膏二坛。(三月廿九日到)①

## 二

海帆大兄大人阁下：

腊月初二日接诵冬月十六日手书，藉悉种种。营局存储机器等

① 北京保利2015春季拍卖会“艺林藻鉴——中国古代书画日场”2121号。

件分作四批解吉，此时计已一律运完。给文懋琪五品功牌已丛交葆田，想已寄去。燕甫观察犒赏水营，银两未免过费，心窃不安，昨已作书道谢。家母寿屏已于称觞前数日寄到，晤时乞为一提，并达谢忱。弟于十月十九日移住新城行台，亲军、巩军、步队三营即在内城外夹道圈棚而居，绥军部队两营借住小站之盛军空营盘内，马队二营分扎滦州乐亭境内，草料易于购觅。又奏添炮队一营，委徐鳌峰管带。枪队二营，檄刘建堂、鲍小圃分赴淮北，招募新勇，计正初亦可成军。明春如有紧信，当即移扎乐亭一带，专顾东路沿海地方，与淮军互相联络，为掎角之势。刻下督率将弁兵勇认真操演，自辰至酉，直无片刻之闲，人人不以为劳苦，枪靶工夫大有长进。津沽水军自以为弗及，无不闻风鼓舞，丛愤用功。水路操防，从无如此奋勉者，军事大有起色。合肥不愿鄙人远离畿辅，亦为此也。手复，即颂台祺。弟大澂顿首。

徐荫周不甚谨饬，已令回南，玉如仍委管理军械。腊八日。[①]

## 三

海帆大人阁下：

来书诵悉。营局代理人员，已咨请将军酌委矣。法船有北来之信。敝军新添三营，应用枪械不敷，前存营局哈乞开斯枪千杆，仍须解回天津，暂挪应用。惟外国轮船此时已不肯装运军火，可否由营口运至旅顺，交袁道台暂行存放，俟旅顺有轮船回津之便，即可带来，较为便捷。想营口至旅顺，或可用海船装运也。希将军处，已备文咨明矣。手泐布复，即颂台祺。弟大澂顿首。七月十六日。

信封：营口转运局李大老爷台启。(七月廿三日到。)[②]

---

① 西泠印社 2013 年春季拍卖会“近现代名人手迹专场”2220 号。

② 北京保利 2015 春季拍卖会“艺林藻鉴——中国古代书画日场”2121 号。

# 致李宗岱(二通)

## 一

山农仁兄大人阁下：

前月泐复一书，系午节例函，未即缄发。法约已定，海防渐松，贵部讲求操演，好整以暇，此正祭征虏雅歌投壶时也。弟奉吉林勘界之命，拟请总署与俄使订定会堪之期，方不爽约。乃俄廷至今并未派员，疑我助英图展幅员，一味延宕，不知何时来会，令人闷闷。弟在津静候，公事甚简，惟日与古文字为缘，肆力于大篆，渐有进境。近得古器数种，惟子璋编钟尚精，拓奉鉴赏。有人自历下来，闻执事大拓藏器，必有见惠之本。潘伯寅尚书、王廉生编修均有书来，属求尊藏拓墨，每器能寄三纸为感。潘、王所获古金，亦当代索一分以报雅惠，敝藏之器必全数拓寄。如蒙赐缄，交右民观察附文报递津，至为捷便。手泐，敬请台安。弟大澂顿首。六月初九日。[①]

## 二

山农仁兄大人阁下：

初九日曾寄一书，并拓墨九十二种，由右民观察转寄，未知何日

① 中国嘉德2019秋季拍卖会“中国古代书画”1033号。

得呈鉴赏。敝藏吉金远不逮尊藏之富且精,梦想十年,未窥全豹。所编《说文古籀补》必多缺漏,以后尚拟续增。乞将高斋所藏三代秦汉古器拓墨寄一全分,以资考证。弟藏拓本千数百种,独缺曶鼎,承许检有副本,可以惠寄,不胜企盼。如藏拓只有一本,断无割爱之理也。敝藏各器及符节拓本三十六种,又借拓它家器十种,寄呈雅鉴。尚有新得秦权及旧存诏版,续拓寄上。手泐,敬请勋安。弟大澂顿首。六月廿三日。

检寄新旧拓本八十二种,惟方尊、秦诏版为借拓之器,余皆大澂所藏。其器大半带归乡里,拓墨不全,尚有二三十器可供鉴赏者,后再拓寄。新得秦权二,一出关中宝鸡县,一为嘉兴故家藏物。续拓补寄。[1]

① 中国嘉德 2019 秋季拍卖会“中国古代书画”1033 号。

# 致丽舟(一通)

丽舟、义堂两兄足下：

接诵来函，并买骡细单，均悉一一。点验骡马五十匹，均尚可用，价亦合算，不妨多购一二百匹。已属支应局再寄银二千两，计月初必可送到锦州。如有拉货大车可买，亦可连车带骡一并计价。刻下岁饥民穷，给价不妨稍宽，不必占穷人之便宜。只要两兄一清如水，此鄙人所欣喜耳。手复，即颂台祺。大澂顿首。冬月廿七日。

芳版藉缴。[①]

① 国家图书馆所藏，善本书号：17733。

## 致联元(一通)

鱼缄昨答,凤律重新,承兰翰之扬棻,知椒馨之霭吉。祗惟仙蘅仁兄同年大人鳌凝画戟,治谱剖符,青旂迎夹鹿之祥,郊含淑气;绿酒拜两螭之宠,瑞溢春筵,翘企豸华,允孚凫藻。弟宣房瓠子,幸成圭告之功。祝斗林壬喜,介觥称之福。专复,祗贺新禧,顺请勋安,附完谦版不一。年愚弟吴大澂顿首。①

① 中国嘉德2021春季拍卖会"中国古代书画"0243号。

# 致廖寿恒(一通)

仲山年老前辈亲家大人阁下：

昨日两点钟出门，抵暮始归，疲乏不堪，拟即早睡，不意心记起早，竟未合眼，须俟回寓补睡，今日恐不能出门，究竟病后不耐烦劳之故。承招本不肯辞，自揣精力有竭蹶不遑之势，大柬先行奉缴，乞谅之。芝房星使处，先为道候。手复，敬请台安。侍大澂顿首。六月廿四日丑刻。①

① 上海泓盛拍卖有限公司 2017 秋季拍卖会中国书画专场“慧闻室、怀玉堂、陈子清旧藏吴大澂尺牍——翰墨尺素及玺印专场”160 号。

## 致刘瑞芬(三通)

### 一

日前台从莅省,快睹光仪,分袂以来,良殷洄溯。顷读惠函,并承寄舍弟关聘,均已代领转交矣。就谂芝田大公祖仁兄大人吉座允升,勋祺楙集,引詹福曜,靡既颂忱。弟历碌里居,淑无可陈,现已整束行装,准于四月初旬北上,届时道出申江,再当趋谒台端,藉伸别悃。舍弟久欲识荆,诸事料理,当即买棹赴沪,躬领教言。肃复,顺贺任喜,敬请勋安,惟希鉴察不具。治愚弟吴大澂顿首。①

### 二

芝田仁兄大公祖大人阁下:

夏初道出申江,畅聆教益,濒行盛扰郇厨,莫名感泐。入都数月,久未泐函布谢,歉仄奚如。敬维禔躬多福,惠政在民,中外倾忱,士商被泽,引詹樾荫,颂感交深。弟录录无足告述,近与彭芍翁筹办三晋赈事,函致各省熟人,广为劝募。申地丝茶各帮募启,敬求尊处转交,较为得力。用特专函布恳,当蒙鉴察。弟于廿五、六赴津,与伯相筹

① 北京荣宝拍卖有限公司2019春季艺术品拍卖会"缥缃·古籍善本"1029号。

商运事，拟先借款采购，乐山观察相助为理，至为关切。以后惠书，可寄津门，由乐翁处转交，不致迟误。手泐，敬请勋安，伏乞爱照不宣。弟吴大澂顿首。八月廿日。

家母舅事，极承推爱，铭感无既，谨谢谨谢。外致茶叶董事郁子梅一函，敬祈饬送为感。弟大澂又启。①

## 三

芝田仁兄大公祖大人阁下：

昨在静海道中，由黎召翁处递到惠缄，敬承一一。三晋捐赈事宜，得我公广为劝导，必有好善之士闻风兴起，仁恩所及，福被两河，无任企仰。弟意晋商在沪不下数十家，若不首先议捐，各商有所藉口，应请尊处专委干员，先就西号劝捐，因势利导，较易为力。特将津门各业捐抄数呈览，可否饬各商援照津捐量为推广，伏乞裁酌。沅帅来书，日夜焦灼，不能不求助于各省，即奉拨东漕八万石，约需运费二十四万金，晋省安得有此巨款，殊非易易。伯相救灾恤邻兼顾，晋豫不分畛域，自古罕闻。弟因筹办晋省南路赈粮转运事宜，亲赴道口试运数千石，由河南清化镇河内县地。运至泽州、平阳一路，所盼天气和暖，风少雨多，卫河水不浅冻，庶无中途阻滞之虞耳。招商局采购江鄂漕粮五万石，至今尚无到津消息，乐山焦急万分，恐封河以前断难运齐，再由保定运至获鹿转达太原，不知何时得饱饥民之腹，此事不免贻人口实。弟到晋后，年内能否回京，尚未可知。手复，敬请勋安，惟祈爱照不具。治愚弟吴大澂顿首。十月三日马厂舟次。

当商二万两。汇兑庄一万八千四百两。皮货行三百五十两。钱

---

① 西泠印社2015年春季拍卖会“中国书画古代作品专场”0246号。

行八百两。颜料行一千两。杂货行三千五百两。盐商二家二千八百两。碱行八家八百两。印子房三百两。布行二百四十两。染店一百五十两。洋货铺四千两。木行三百二十两。

天津各业共捐银五万二千六百六十两，惟当商大半津人，余皆晋商。①

① 2022年保利拍卖会“清心阁藏名人信札、奏折专场(四)”1205号。

# 致侣鱼(一通)

手示领悉。给发棉衣一节,如欲统发,为数甚巨,须俟商定奉复。倘酌发一二百件,可向王巽翁处取之。加给之费,尚未筹得,兄意设一粥厂,如粥厂办不成,只好劝人另给米票,随募随发,每人给米一二升,每月发两三期,亦未始非小补也。不能久也。吾辈尽心为之,力所能及,断无不做,如是而已。工价每日五十文,并无吃饭之说。言明自吃饭为妙。畚、臿等件须由尊处酌备二三十付,所费不过数千文。手此布复,即请侣鱼仁弟同年大人善安。兄大澂顿首。十八日。[①]

① 上海驰翰拍卖有限公司2011年首届书画文玩专场拍卖会“书画文玩一”0163号。

# 致潘观保(八通)[①]

## 一

辛芝三兄同年大人如手：

昨申遣仆奉迓，适台旆已旋，望尘不及。严子珍兄代招车行，因该行向无行帖，须乞道南同年给一谕单，以免将来争执，想无不可。昨承札委姜、徐二委员，如明后日能来道口帮同照料尤感。因拟分批剥运新乡二千石，以期迅转。此间人少事繁，正在需材之际，一面起卸过秤，一面装车，较为迅速。贵局各委员薪水如何致送，并希示及。孙少愚兄拟属前赴新乡，顷已函致香翁矣。手泐，敬请勋安。弟大澂顿首。初六日。

## 二

辛芝三兄同年大人阁下：

手示谨悉，伟度兄书亦领到。昨日北镇练军拨来亲兵八名、棚头二名，弟因水陆均须派兵押送，每帮各派亲兵二名，送至清化镇，每名给制钱二千文；随船送至新乡者，每日给大钱一百文。今日全数起

① 吴大澂写给潘观保的这八通书信，均见于西泠印社 2012 年秋季拍卖会“中国书画古代作品专场”2295 号。

运，专待海帆船来，明日接续装车，将此三千石全运清化。车已够用，严子珍所雇仍装盐包，无须借箸矣。手复，敬请勋安。弟大澂顿首。冬月十日。

弟拟十三日前赴新乡。并以奉闻。

## 三

辛芝三兄同年大人阁下：

顷奉手示，并咨札稿一纸，敬聆一是。焦庄抢案，昨据吴令来函，已全数追缴，想不日即可解到。所获匪徒多系饥民，情亦可悯，惟该犯既有鸟枪器械，即稍加惩创，亦不为过。弟因赈粮络绎于道，不无过虑，致劳荩念，且感且歉。宋霞泉兄精细稳练，极为钦佩，以敝处收发赈粮事多琐屑，不敢以此烦渎。霞兄此次往返照料，正深歉仄，又恐尊处文案需人佐理，未敢久留在此。若以弟为不知人，尚不至谬妄若此，并未闻有局外人之言。俟运事完竣，应备公牍咨呈伯相、沅帅，如朗翁履新，尤当切实出一考语，必蒙特识也。裕泽生精练和平，公事细密，与涂朗翁必极相得，年内未必到来。杨庆伯前辈开府粤西，代之者为勒少翁。龚易图补苏臬，庆裕补秦臬，均已见报矣。袁筱午前辈帮办豫省赈务，亦有明文。手复，敬请勋安。年愚弟吴大澂顿首。冬月廿五日。

原稿奉缴。

前日托霞泉兄带呈一缄，计邀鉴及。道口西号恐无存款，未知盐局有无汇津之项？海帆如不能为力，或须与执事筹度也。倘无法，想由津汇来，新正亦可到。鄙见修武山中饥民最苦，地方官不敢往查，似须另为筹款，专办此事，以拯饥为弭患之图，实于大局有关。如筱翁能驻河北，尚易为力，恐非二三千石所能济事也。再请台安。弟大澂又顿首。

## 四

辛芝三兄同年大人阁下：

此间幕友同僚，无人不盼台从贲临，一闻鹊报，靡不欢忻鼓舞，允为众生所归。辱荷手书，谦怀若谷，且佩且惭。承示廿二日启节履新，弟定于廿八日挈眷进省，如蜺旌改至廿六日，恐形局促，尚拟作三日畅谭，快聆教益也。吉林之役，未知朝廷用意，所襄何事，材辁任重，深惧弗胜。现蒙特达之知，惟有竭此血诚，感激图报。俄约虽翻，必无启衅之理，但以口舌相争，亦极费事耳。石香、葆田、时斋诸先生，均以尊意代达，毋须迁移出署，此外友人及内委诸君另单奉览，应否延订之处，统候尊裁酌夺为幸。弟以本缺未开，未便擅请入觐。应否入都，前恳中丞代为陈奏，计月杪可奉批回，即当遵旨北行，大约在省不过勾留三五日。敝眷拟由济宁登舟南下，未知水程有无浅阻。手复，敬贺大喜，祗请勋安不具。年愚弟吴大澂顿首。二月十七日未刻。

年伯大人前，容再肃缄布贺，乞于竹报中先代请安。

## 五

辛芝三兄同年大人阁下：

九月初二日曾布一缄，未知何日达到。弟赴三姓阅操，往返几及匝月，廿七日回塔后，清理积牍，日不得闲。兹由天津日昇昌汇去湘平银三百两，拟送煦初师奠敬五十金，久无妥便，特恳代为设法寄去，或交北道领饷委员代送亦可。其余二百五十金，乞付古金三器之值。如芝岩同年业已回都，不及托带，其器即存尊处可也。恃爱琐渎，不安之至，余容续布。手泐，敬请勋安，惟祈心照不具。年愚弟吴大澂顿首。十月朔日。

前日由津寄呈一缄，并托日昇昌汇去毛诗一部，未知何日可到。所恳代购吉金三器，如芝岩同年业已启程，不及托带，即请留存尊处，容有妥便，再行寄京，不亟亟也。帽山、芝生能否蝉联，至以为念。又闻陈六舟前辈升任开归陈许道，此间尚未见报。葆田交来二信附上。再请台安。弟大澂又启。

## 六

辛芝三兄同年大人阁下：

九月初二日曾布寸缄，并致芝岩同年一书，谅早递呈签阁。重九日在三姓乌斯珲途次接奉八月初十日手书，敬聆一一。藉稔勋履增绥，荩筹楙著，式如颂臆。少庭入都领饷，现已抵省，初十前当可旋塔，属寄一书，俟其回防，即行交去。弟自前月初三由塔启程，十一日行抵三姓，阅操五日，于廿七日回塔，途中风雪交加，悬崖陡滑，舍马而徒，倍形艰险。幸贱躯无恙，堪慰廑怀。昨阅邸抄，知陈右翁擢授浙臬，许仙屏前辈简放河北道缺，未知月内能否履新。葆田属为仲宽说项，附上一书，乞阅后转交。想平阳昆季素蒙关爱，必可力为推毂也。手泐布复，敬请勋安。谨璧谦版。年愚弟吴大澂顿首。十月初四日。

## 七

辛芝三兄同年大人阁下：

腊月初四日在望松窝途次接展十月中惠缄，谨悉一是，葆田、少庭各信均即转交。十一日续奉冬月十六日手书，敬稔勋躬多祜，潭福骈臻，允符臆颂。伟度太守怀才未遇，天不永年，殊为扼腕。茕茕孤寡，幸赖我公为之照料，古道可风，同深感佩。敝处赙仪，当托葆田代寄济宁，交朱伯泉转送也。仙屏前辈履新有日，各席均无更动，帽山、芝生当可蝉联。月园交来木匣，即存尊处。日昇昌汇款，此时当已寄到。昨阅邸抄，郑盦师与虞山尚书同入枢廷，伟兄出抚江右，吾乡数十年未有之盛事。弟于初六日由珲旋塔，碌碌无可告述。手复，敬贺岁禧，不尽欲言。年愚弟吴大澂顿首。腊月十八日。

## 八

辛芝三兄同年大人阁下：

去腊十八日曾复寸缄，计已早登记室。正月十八日接嘉平十四日手书，廿八日续奉小除夕惠缄，古器三种蒙代收存，结习未忘，仰劳点检，且感且歉。敦爵皆曾过眼，卣见其文，当亦不伪。大抵出土之卣，盖多青绿，器内光泽如新，想系中虚积水不干，故不受绣耳。葆田家信已交去。少庭入都领饷，于初二日由塔启程。敝处旧短日昇昌之款，接其来信，已属少庭由京汇还，约须三月杪始到也。时事多艰，屡兴巨案，吉省候补人员调奉不少，皞民幸无波及。弟亦惟有恪守武侯“谨慎”二字，无敢陨越，而边庭要务，关系大局，亦不敢稍存瞻顾之心。尊意以为然否？手泐布复，敬请勋安不具。年愚弟吴大澂顿首。二月初九日。

少庭一信附上。

撝谦既不敢当，芳版尤当谨璧，辱在至好，以后幸勿再施。敝处年节贺函，未敢以套语渎陈，益形其疏略也。吉金如有都便，乞交舍弟存之寓老墙根彭颂田处。大澂再启。

# 致潘霨(一通)

伟如姻丈大人阁下：

昨阅邸抄，敬稔荣膺简命，开府黔中，边方士民，延颈待泽。又为使车旧游之地，风土人情，早已痌瘝在抱。清惠之化，罄无不宜，良殷抃颂。都中酬应极繁，惟盼节钺来津，小住数日，藉以称觞祝寿。子静亦可无须进京。未知请训何时，七月初能即出都否？皞民似可约之入黔，长途跋涉，恐其不甚踊跃耳。乘轮赴鄂，由湘入黔，不致劳苦，为日亦较速。应否奏明，乞酌之。手泐奉贺荣喜，敬请台安不备。姻愚侄吴大澂顿首。六月十七日。[1]

① 中国嘉德2006春季拍卖会“碑帖法书”2309号。

# 致潘曾玮(五通)

## 一

养闲太世叔大人阁下：

谒别后于初六日到沪小住数日，乘俾物乐轮船泝江而上，望后抵鄂。适闻陕军不利，刘寿卿战死，逆窥伺河防，豫、晋两抚皆据实上闻。袁筱坞前辈致节相书，有望君如岁之意。至廿三日奉命西征，又将移入黔之师改道襄樊，马队本皆遣……佐理笔墨，殷殷期望之意，未便固辞，遂决然应之。同事诸君以为无事时裹足不来，有事时奋身独往，心窃诧异。再侄于军政素未讲求，藉资历练。终南太华雄视西京，百二秦关有高屋建瓴之势，此次揽辔一游，亦足壮我行色，长者以为然否？前在沪上得忆萱书，属代请咨，兹托□生带苏，如忆萱已赴津门，即祈觅便寄达为感。保甲事未能照料，寸心歉然，一切应办事宜，请太世叔主持之。璞臣、复斋两兄处，另函布意矣。手肃，敬请福安，不尽宣悉。再侄期大澂顿首。三月二日。[①]

---

① 上海泓盛拍卖有限公司 2017 秋季拍卖会中国书画专场“慧闻室、怀玉堂、陈子清旧藏吴大澂尺牍——翰墨尺素及玺印专场”146 号。

## 二

养闲太世叔大人台右：

旋里匆匆，未能畅聆教益，濒行承惠佳茗食物，感谢感谢。再侄初九上轮船后，北风大作，至十八始抵津门。曾相已于十四出都，径由保定南下，寿屏、如意已专弁迎至河间送收。质堂军门、舫翁、眉叔诸君处，乞代致意。省三军门奉命督办陕西军务，节相代为奏调林远村之望、吕庭芷耀斗两前辈赴陕赞画戎机。子美所部武毅军分拨十营以厚兵力，已于廿一日由津启程拔队西行矣。刻下节相兼综商政，即以商署为直督行馆，今冬尚有应增应改各章，未能遽回保定。现议另设关道一员，专理洋务，尚未奏复。都信及各篓包，均交子实矣。手肃，敬请福安，余容续布，不尽宣悉。再侄期大澂顿首。十月二十五日。[①]

## 三

养闲太世叔大人台右：

杏荪归，泐布寸缄，计已达览，敬维起居万福，为颂无量。敏翁来书，知雨翁太夫人病甚危笃，代为焦闷。昨于节相处见十四日寄谕，有“江苏巡抚张”字样，知雨翁已开缺，此外未见明文。薇垣是否敏翁擢补？柏台系何人调来？吴中局面必有一番更动，便中乞示一一。兹有恳者，再侄濒行时，因书局一席未便久恋，向中丞面辞，承为关切，索取家兄名条，允为位置一地，无论书局、忠义局，总可略得薪水，

① 上海泓盛拍卖有限公司 2017 秋季拍卖会中国书画专场“慧闻室、怀玉堂、陈子清旧藏吴大澂尺牍——翰墨尺素及玺印专场”147 号。

俾贴家用。此意出自中丞，并未恳托。次日将名条送去，专函布谢。兹接家书，知此说杳无消息，恐成画饼，尚祈鼎力于友翁、敏翁处代为一提，是所感祷。再侄两年来颇有逋累，此间所得馆谷，不足以赡家，幸退楼主人每月有借助之款。倘家兄得一就绪，则堂上甘旨之奉藉可不缺，再侄暂免内顾，皆出自长者之赐，感难言罄。芸舫前辈亦在书局襄校，入都后即由伊兄吉甫接此一席，如晤友翁时，可并及之，非敢援以为例也。节相兼办洋务，公事益繁，年内未能回省。再侄拟即在津度岁，明春再行入都，知念附及。手泐布恳，敬请福安不一。再侄期大澂顿首。闰月十六日。名条一纸，乞转交为感。[①]

## 四

养闲太世叔大人台右：

八月中泐复寸缄，计早澂览。辰下敬维履綯集福，金石同欢，为颂无量。南中捐办棉衣，至为踊跃。昨接伯相来咨，知尊处募有一万余件，为日过促，恐大费力。此间所集巨款，伯寅师为力居多，大澂略任奔走之劳，毫无裨益。不意伯相请奖一片，猥以贱名附入，殊滋愧悚。璞臣在津审查户口，周历数十村，颇耐辛苦，弊窦藉得稍清。此等善政，吾吴士人每乐为之。近畿各属，恐未必处处得人耳。柳门之太夫人，大澂之姨母也，在室时有刲股疗亲事，久未请旌。都中近例，在察院具呈，但咨礼部，年终汇题，不复上闻。如在籍绅士呈请中丞附片入告，有例可援。因将事略寄呈台览，乞长者与校邠师、抱冲年伯商酌公呈，由苏抚奏请旌表，俾吾姨母之孝行不终湮没，得邀绰楔

① 上海泓盛拍卖有限公司 2017 秋季拍卖会中国书画专场“慧闻室、怀玉堂、陈子清旧藏吴大澂尺牍——翰墨尺素及玺印专场”0148 号。

之荣，奚独柳门感谢无地。素知太世叔表微阐幽不遗余力，用特缕缕渎陈，伏祈垂鉴是荷。肃泐布悬，敬叩福安，临颖不胜驰系之至。再侄大澂顿首。十月廿一日。

校邠师、抱冲年伯、秉斋丈均乞道意。不另肃函。[①]

## 五

养闲太世叔大人阁下：

前月泐复寸缄，计已达览。伯寅师奉命典京兆试，所得士必多名宿，可喜可贺。芾卿美才，他日为吾吴读书种子，此次北来，适值回避，至为可惜。再侄视学秦中，任艰责重，拟邀芾卿相助为理，藉作壮游，以展其磊落之抱。少年耐苦，亦足长其阅历也。秦陇甫脱兵燹，民气士气均须培养，自顾铨材，曷克胜任，且愧且悚，伏望长者有以教之。前属绘彝器各种，目前碌碌少暇，恐未能成，将来徐图报命。子青前辈、质堂军门托领各轴，其费已交鹤巢，俟年底用宝后，即由鹤巢径寄尊处。并以附闻。手泐，敬请福安，伏乞垂鉴，不尽宣悉。再侄吴大澂顿首。八月初九日。[②]

---

① 上海泓盛拍卖有限公司 2017 秋季拍卖会中国书画专场“慧闻室、怀玉堂、陈子清旧藏吴大澂尺牍——翰墨尺素及玺印专场”149 号。

② 上海泓盛拍卖有限公司 2017 秋季拍卖会中国书画专场“慧闻室、怀玉堂、陈子清旧藏吴大澂尺牍——翰墨尺素及玺印专场”151 号。

## 致潘祖谦(一通)

济之世叔大人阁下：

侄自虞山归，匆匆数日，又有白门送考之行，拟至焦山盘桓三五日，藉避秋暑之酷。闻世叔定于望间程送考，可在金陵畅叙。试事最忙，而不与试者最闲，转可从容作风月清谭也。侄有新印《古玉图考》一百部，望前始可装齐，日前曾托慎思转恳尊处携带赴宁，费神之至。兹又有宣纸一卷，并求带下为感。手泐，敬请台安不一。世愚侄制吴大澂顿首。七月八日。[①]

① 私人所藏。

# 致潘祖荫(三十三通)

## 一

福体违和，想即痊愈。昨日抠谒，未获面聆钧诲为歉，竹报当即转寄。肃复，敬叩太夫子大人福安。大澂谨上。八月初二日。

## 二

茀卿时文工夫甚深，此次专来应京兆试。前有友人谭及，吾师尚未见及。大澂告以请假本不见客，或阍人未及细询耳，茀卿却未言及。肃复，敬请夫子大人钧安。大澂谨上。初八日。

## 三

友人谭及畿辅水利，闻钧著有数篇言之甚详，祈赐一读为感。日来福体想占勿药，函丈衡文，所得佳士必多，可喜可贺。肃泐，敬叩太夫子大人福安。大澂谨上。八月初九日。

## 四

正在摹绘季敔敦，午后如摹竟，当即奉诣。今日幸无客来，趁此可绘一器。往往来数客，写说帖十余纸，便了此一日矣。敝处尚存二卣、一敦、一彝，尊藏各器尚有一斝，计第二册已有二十余器，月内必可绘齐也。肃复，敬叩夫子大人钧安。大澂谨上。十七日。

## 五

昨日缉庭自固安归，以杯酒劳之，钧示未即泐复为罪。被水最重者十六七村，已查明户口，分别抚恤，至为周妥矣。津幕友人寄示说帖，因江浙亢旱，来年起运恐不足额，拟请湖北、江西各试办海运十万石，仍就一两三钱采办。起运之费出自外省，与正银无损，以折色易本色，京仓不无裨益。湖北、江西未必情愿，荃相可从旁怂恿。此议似有可采，附呈钧览。今日在余庆作主人，下午奉诣。排次拓本，可先编一目录。肃泐，敬叩夫子大人钧安。大澂谨上。十九日。

一爵拓本附呈，仲辰又往促之矣。

## 六

敝处只存四器，多字一卣尤难着手。每绘一图，非谢客半日不可，此非顷刻可成，尚望恕其迟缓，勿以为罪。璞臣自天津来，略述京东水患，为之恻然。肃复，敬叩夫子大人钧安。大澂谨上。二十日。

尊藏各器，月内必可全绘，不敢贪懒也。

## 七

父辛卣摹就，送呈钧览。“鳏寡”上疑“勿侮”二字，绿锈漫漶处不敢动手，恐一刮则并此无之矣。今日知无约议查赈事，璞臣亦在此，午前恐不得闲也。肃泐，敬叩夫子大人钧安。大澂谨上。二十一日。

卣并缴。格纸已罄，祈属刻铺再送数叶。

## 八

今日恩旨，薄海欢抃，匪特畿民感荷皇仁也。知无意欲清查灾户，恐州县不能实力编查，拟饬员董会同地方官分头办理，属大澂助以一臂。考差人员势不能他往，如果有益，即告假亦无不可。差事渺茫，本无可冀，知无欲附片陈明，则太张皇，断可不必也。质诸吾师，以为何如？肃泐，敬叩夫子大人钧安。大澂谨上。廿二日。

## 九

昨奉复示，极承关爱，当将尊意函复知无，此举当作罢论。大澂非有所顾忌，实无此才力也。前为知无代拟《查灾章程》八条，均极平易顺属，道厅以下以为不可行。向来赈济银米尽数分交州县，州县分交各村董事，不问多寡，不论贫富，散尽为止，相行已久，不可变易。若清查户口，从此多事矣。属员以此复长官，而长官亦无法，天下事大率如是耳。夫子大人函丈。大澂谨上。廿二日。

南信领到，当即转寄，仲辰又往催矣。今日赴城内义学查课，申刻始散也。

## 十

顷奉钧示，承赐烟壶、瓷杯，谨领谢谢。书目有须添改之处，候示再行趋侍。肃复鸣谢，敬叩夫子大人福安。大澂谨上。廿三日。

## 十一

均初已一月无信。前由轮船信局寄来之件，亦有迟至廿余日者，或为寄书人延搁耳。编理书目，大澂亦有粗率处，如得荄甫、益甫主持其事，或稍清楚。何日会集，闻命即至，日内无他事也。肃复，敬叩夫子大人钧安。大澂谨上。廿七日。

## 十二

南信一封，当即转寄。刻下轮船闻已停驶，偶有一二次，皆泊大沽口外，不复进口。空信或尚可达，絛子恐其遗失，须遇妥便再寄。陆便则须一月始到，不能如轮船之速矣。肃复，敬叩夫子大人钧安。大澂谨上。卅日。

## 十三

连日与海客酬酢，未暇赴敞，亦无见闻。铜鼓曾得二器，聊以遣寂，承许见赐，未知能不辱命否。盂鼎已归山左，不得一见，至为可惜。大澂固疑前说之不确也。肃复，敬叩夫子大人钧安。大澂谨上。

## 十四

均初尚无来信。叔平年伯处捐册并百七十金，顷已送来。棉衣明日可齐，恐通州河水将冻，拟改车运矣。手复，敬叩钧安。夫子大人函丈。大澂谨上。十七日。

## 十五

钧示谨悉。树南师处棉衣捐银五百三十两,如数领到。原单俟录出,明日缴上。肃复,敬叩福安。夫子大人函丈。大澂谨上。十九日。

## 十六

顷见抄报,知津门捐办棉衣,忽将贱名拦入荐牍,此举实属不伦。现在尾数尚须劝募,令人不能启齿,殊于善举有碍,从此不敢多事矣。吾师闻之,亦必以为诧异也。公请子范太守,拟定廿六日,芍翁属为承办,渠仅拜三邑,他不遍及。肃泐,敬叩夫子大人福安。大澂谨上。二十日。

## 十七

徐颖翁捐棉衣银十两,谨已领到。韵初信如月内不到,恐轮船停驶,寄书乏便矣。肃复,敬叩钧安。夫子大人函丈。大澂谨上。廿二日。

## 十八

顷在益甫处,赐书未即肃复。愿学堂捐款二百两,当即注明册上,另作一函致颖轩前辈,明晨亲自往取也。手肃布复,敬叩夫子大人钧安。大澂谨上。廿三日。

## 十九

今晨持捐册与信，亲至愿学堂见其司事，云所捐二百金毛昶翁处尚未交到，约廿六日往取。顷奉钧示，蒙赐林文忠公墨刻，谨敬拜领，奖励期望之意，无微不至，深愧质驽性拙，无可造就，惟有敬佩师训而已。肃复叩谢，祗请夫子大人钧安。大澂谨上。廿四日。

## 二十

钧示谨悉。广东印结局所捐棉衣银一百两，如数领到。肃复，敬叩夫子大人福安。大澂谨上。廿五日。

## 二一[①]

诗有可删之作，必非杰构耳。近来市侩辄以常品索重值，非极精者概可澹之。岁晚事冗，敞肆多以破烂字画求售，殊为可厌，彝器则绝不一见也。肃复，敬叩夫子大人钧安。

## 二二

夫子大人钧鉴：

彝器拓一箧，虽不能尽摹，获益为不少矣。内一虡，文曰“美作厥且可公尊彝”。有盖者疑是觵。郭槐堂何人也？幸示及之。旧装三册呈上。敬叩福安。大澂谨启。二十日。

---

① 以上二十一封吴大澂写给潘祖荫的书信，均藏于上海图书馆，索书号：T52285。

煦堂许廿二日往观各器。[1]

## 二三

内公鬲未带来,拓本呈鉴。它器“朕[illegible]”有误作“朕其”者,唯此尚不误,然有剔损处矣。尊藏勾鑃拓吴子重本,求假一观为幸。夫子大人函丈。大澂谨启。二十一日。[2]

## 二四

红厓石刻,唯甶[illegible][illegible]三字连文,当即“鬼方安”。鬼字省作甶,尚匪无理,其余似尊,似迁,似王,○者似圜,□者似国,又似宫室字,文义多不属,容再细思之。古镜拓,明日检呈。敬叩夫子大人钧安。大澂谨启。二十三日。[3]

## 二五

命画汪安甫兄纨扇,是否画一小方?送呈钧鉴,祈转交为荷。肃泐,敬叩太夫子大人钧安。大澂谨上。[4]

## 二六

正肃函间,接读钧示,并韵初代求墨宝,谨已领到。明日适有便

---

① 中国嘉德 2007 春季拍卖会“古籍善本”2314 号。
② 中国嘉德 1997 秋季拍卖会“古籍善本”0503 号。
③ 同上。
④ 2005 年保利上海春季艺术品拍卖会“中国书画”0131 号。

人南去，可即托带。日内如有来信，当即送上。初六日在廿伯寓中赐饮，已约鹤巢、缉庭同诣陪侍也。肃复，再请福安。大澂谨又启。①

## 二七

许假拓本，至感至感。以一日为度，不敢缓，当蒙鉴谅。所带五虎、二鼎、王白姜鬲本未寄归，其余各器未及多带，亦自悔之。昨得残铜，恐出伪造，乞再审定，敬叩钧安。大澂谨启。二十二日。②

## 二八

夫子大人函丈：

前日奉手示，辱承过奖，且感且愧。命书《曲园杂纂》五十卷检耑书就呈教。《印雪轩文钞》封检称谓误书，易一纸并呈，乞酌用之。贱恙尚未愈，迟数日诣叩。敬请钧安。大澂谨上。丁丑二月十日。③

## 二九

宫保夫子大人函丈：

连日酬应，牙痛不可忍，今明两日尚有公局，不能不到，勉强之至。吾师已蒙赐饮，不敢再扰郇厨。初三请训后，当再趋聆教诲。肃复，敬叩钧安。吴大澂谨启。④

---

① 2005年保利上海春季艺术品拍卖会"中国书画"0131号。

② 林光旭编著：《近现代名人尺牍选粹》，山东美术出版社，2008年，第19页。

③ 《明清名家书法大成》第六卷《清代书法四》34，上海书画出版社，1994年。

④ 2005年保利上海春季艺术品拍卖会"中国书画"0131号。

## 三十

宫保夫子大人函丈：

十三日肃复一缄，当蒙钧鉴。翌日奉到十一日手谕，承示拓墨十纸，敬谢。狸尊文自佳，而“狸”字不可识。子邦父甗向所未见，甗文似此真而精者，甚不易得。尹氏贮良簠曾有拓本，借匡为簠，已采入《说文古籀补》矣。爵文两足迹未可定，□文亦真，是觚否？肃复，敬叩钧安。吴大澂谨启。六月既望。[①]

## 三一

受业吴大澂谨启夫子大人函丈：

廿一日在延安试院接奉五月十九日钧函，就稔福躬偶尔违和，谅已早占勿药。敬维儤直宣勤，履绚集祜，允符孺颂。大澂自夏初校士北山，荒漠之野，绝无见闻，经拏亦久未通函。闻《集古印考》秋初即可竣工。一敦摹就，送呈钧览。陈氏拓本奉缴，祈察入。柳门两月无信，属购南腿，当即函致。盂鼎拓本二幅并缴。肃复，敬叩夫子大人钧安。大澂谨上。二十三日。[②]

## 三二

受业吴大澂谨启父子大人函丈：

敬启者，叩别钧颜，时深孺系，风尘鞅掌，迄未肃函上叩起居，企

---

① 顾廷龙：《顾廷龙全集·著作卷·吴窸斋年谱》图版。

② 2005 年保利上海春季艺术品拍卖会“中国书画”0131 号。

恋之私，与时俱积。昨奉三月初七日手谕，敬稔福履骈绥，潭居集祜，式符臆祝。大澂自去夏到防后，周历三姓、宁古塔、珲春等处，直至岁杪始得旋省。自维驽劣无补时艰，乃蒙朝廷不次之恩，特命督办边防屯垦事宜，责成愈重，报称愈难，夙夜图维，益滋悚惕。三姓、宁古塔、珲春三处原练五千人，经喜桂翁续练五千，合计万人。现在桂翁带赴库伦一千，尚有九千驻扎防所，亦不为少，但须精益求精，练成劲旅，非三五年不能见效。近来武备须考究枪炮准头，子无虚发，器必精坚，若专恃奋勇冲锋，临阵尚无把握，与从前剿办发捻时情形又不相同。大澂深知此时军事不易讲求，又不能知难而退，惟有尽此心力，与诸将黾勉从事，力求实际而已。珲春等处皆有可垦荒地，惟附近数百里内烟户寥寥，招徕匪易，只得逐渐开垦，仓猝难求速效，尤在遴选贤员，妥为安抚，非忠信之长，慈惠之师，不足以团结民心。此得人之难，实非大澂所敢自信，尚祈吾师时锡训言，教以不逮，无任叩祷。菊圃前辈现在粤东办理何事？与振轩制军必极相得，久未通书，极深系念。珂乡已得透雪，麦秋必可告稔，欣慰莫名。肃复，敬叩钧安，伏乞慈鉴。受业大澂谨启。四月廿八日。[①]

## 三三

宫保夫子大人函丈：

九月望日折弁带回初六日手谕，敬审禔躬百福，泽被灾黎，敬佩曷既。此间购料大为费力，因夏间放价过宽，民情相率观望，以现定价值核计，秸料一宗已需八十余万金，若漫无限制，又蹈前辙，恐不得

① 北京文津阁国际拍卖有限责任公司 2016 年春季拍卖会“文津—中国书画与文房雅玩”0019 号。

了。惟有邀请公正绅士劝谕乡民，晓以大义，此似正办。而河北旧属尚有闻风兴感、踊跃争先之举，武陟一县每里送料百余车，坚不领价，其情可感。然又难于处置，仍拟照章核钱，派员给领，否则竟须奏明给匾奖励，此亦可谓料户居奇者风矣。霜清在即，拟定廿二日开工，各省拨款解到者甚属寥寥，极深焦灼，已分别电催，不敢渎大部也。肃复，敬请钧安。受业吴大澂谨启。九月十七日。

再闻吾吴赈余银两，司库尚有存款，请吾师电询刚中丞、黄方伯酌提数千金，拨作畿辅赈款，当无不可。大澂杜门日久，与当道不甚往还耳。再请福安。大澂谨又启。①

① 2005年保利上海春季艺术品拍卖会“中国书画”0131号。

## 致庞元济(一通)

莱臣贤侄阁下：

夏初到湘，适合有悼亡之戚，心绪甚劣，久未通函为歉。鄙人今年时运不佳，愿助善举四五千金以消灾眚。频年苦无积蓄，拟以四王恽吴画轴精品二十幅，易银四千两。闻吾侄近来赏鉴颇精，鄙人聚此真不容易，一旦散之可惜，愿吾侄留之，助我好善之诚，亦两得也。手泐，敬请台安。期大澂顿首。闰五月望日。

吾侄留玩一二年，如欲弃去，仍可照原价归还鄙处。

信封：庞大人莱臣甫台启。回信乞寄苏城南仓桥。湖南抚署缄。①

① 上海泓盛拍卖有限公司2017秋季拍卖会中国书画专场"慧闻室、怀玉堂、陈子清旧藏吴大澂尺牍——翰墨尺素及玺印专场"153号。

# 致彭祖贤(一通)

芍亭四哥大人孝履:

七月初六日泐复寸缄,计邀鉴及。昨阅邸抄,惊悉伯母太夫人锦堂弃养,仙驭归真,莫名骇愕。吾哥膺知遇之隆,树封圻之望,正当为时干济,福被苍生,不图倚畀方殷,遽遭大故,孝思纯笃,自必哀毁逾恒。第念伯母太夫人衣披一品,命锡三朝,又亲见八弟荣捷贤书,壎篪济美,当可含笑于九原,尚祈节哀顺变,上慰慈灵,是所切祷。弟北山按试,触暑遄征,前月望间自鄜州回署,得稍憩息,现拟于中秋前出棚,按临兴汉各属,劳人草草,鲜善足陈。贱眷定于日内南旋,由龙驹寨水路直达汉江,较为便捷。因明年度陇,署中无人照料,鹤叔亦令南归矣。知念附及。寄呈奠敬三十金,伏乞鉴存。手肃布唁,敬请礼安不具。年姻世愚弟吴大澂顿首。八月三日。七兄、八弟均此道唁。[1]

① 《山东省图书馆馆藏珍品图录》,齐鲁书社,2009年,第186页。

# 致沈秉成(一通)

仲复太夫子大人钧座：

敬肃者，前肃寸缄，恭贺年禧，谅邀钧鉴。敬维履端肇福，节钺凝釐，引领门墙，良殷抃舞。大澂从事河防，三汛均极安稳，公事亦甚清简，暇时尚可以翰墨自娱。今春购得古玉数种，偶读《考工记》郑注，始知今世所传旧玉多有三代遗制，药铲即圭，釭头即琮，押须即珩璜之属，押脐即会弁之璂，雷鏾即佩玉之冲牙，昭文带即"鞙鞙佩璲"之璲，下系缝组，佩于绅带之间，北方谓之縫子，即《尔雅》之縫。于是广搜古玉，撰《古玉图考》二卷，交上海同文局石印，年内当可寄到，再呈钧诲。近又自关中购来古白玉琯，以大澂所定周尺度之长尺有二寸，实容黑秬黍即高粱。千二百粒，审为黄钟律琯，与《汉书·律历志》《周礼》郑注"黄钟九寸"之说皆不符，乃知班、郑实用刘歆之说，沿袭莽制，而与古乐未必尽合。此又翻一大案。有拙著《黄钟律琯考》三篇，日内刻竣，寄呈教正。兹乘孙海岑观察回皖之便，附呈石刻散盘临本，藉呈清诲。手肃，敬叩钧安，顺贺春禧，伏乞垂鉴。门下晚生吴大澂谨启。腊月十七日。[1]

① 北京匡时 2019 秋季拍卖会"中国书画专场"0840 号。

## 致沈能虎(六通)

### 一

轶侪主人如手:

十一日奉到前月杪手毕,碌碌未复为歉。顷接二十日惠书,镜兄之变,殊出意外,闻之不胜骇愕。继而思之,与其赴鄂而徒劳,不如在津之得所,身后一切得诸君子为之料理,稍慰故人于地下,才人命薄,亦可伤矣。胡荄甫农部于前月得软脚病,竟于中秋前一日作古,弟与二三友人为之经理后事,只有经学、小学书数簏,以后都门交好中又少一读书种子,殊为怆然。谊老得病,不能言话,颇类中[风]。近日能说五六字,即能支持,恐精神从此颓唐,不复能作画矣。乐翁先后复书俱已接到,梁园捐款亦已交来,所需部饭等费日内即交阜康汇去。近因伯寅师处笔墨络绎不绝,画具竟未动过,纨扇早已贴好,一面须加重色山水,否则太素,亦不好看,稍迟即寄览也。戴文节有《泉币丛话》未刻,寅师属弟仿宋体字书之,九月内可竣事,梓成当即奉寄一部。伯相如入觐,甚盼台从同来,大典不可不一观也。手复,敬请著安。弟大澂顿首。廿二日。

棉衣奖案,未知乐翁处曾否汇详,何时可出奏,前次所开一单,乐翁来信,查有不合例处,已另开寄去。便希询及示知。去岁蒙伯相奏保优叙,铨部欲俟奖案到来,再行核议。如在恩诏未下以前,弟可以加级请封,藉增光宠,以博堂上欢,皆伯相之赐也。申之奉致,函附上又单。地山师及常州同乡复伯相函各一，亦乞代呈为感。调翁小有感冒，藉此暂谢酬应，各处公局均已改迟，恐出都不得早矣。弟大澂又顿首。[①]

## 二

轶侪仁兄大人阁下：

紫竹林一别，次早开轮，初二午前即抵烟台，因船轻待货，直至初三申刻始行。连日坐卧书架中，秽热之气令人难受，幸海若不惊，一路微风相送，昨晚泊吴淞，今早抵沪。西园赴金陵，芝田晋省，均未见面。刻已雇船，待潮即开，计初八可到家矣。属带竹报，到苏即送。兹有上师相书，乞转呈，因托洋行寄津信封不能过大。周、唐、吴三件，费神交文案处，附文递去。赵敬翁之事，须俟湘乡履任有期，方可切实说项，先书数语慰之，望为加封递寄，至感至感。八月上半月京报误带行箧中，并闻津事有变局，或相□□都，乞示数行，交刘树滋寄至上海后路沈恒泰丝栈转寄，至为便妥。弟约十月初旬必可回津。手此，即颂著祺不尽。弟期大澂顿首。九月六日黄浦舟中。

幼岩、肖菊两兄均此致候。他处有寄弟信件，乞为代收并可拆阅，如不要紧者，不必寄苏，即请存之可耳。[②]

## 三

轶侪仁兄大人阁下：

前奉手书，知伯相允挪名世之数，心感无既。弟廿八日复上伯相

① 中国嘉德 2015 秋季拍卖会“吉金乐石——清代书法掇英”1714 号。

② 北京保利 2016 秋季拍卖会“古籍文献唐宋遗书翰墨菁萃西文经典”0630 号。

一函，因折便已行，即交坐京陈处转寄，未知何日达到。昨询蔚丰厚，号内云此款尚未汇到。弟明日清早启程，所雇车轿等价适需四百余金，因商诸蔚丰厚，暂用市平松江银五百两，如银钱所尚未交去，费神于伯相前代陈一切，仍交蔚丰厚汇至都中可耳。弟有收条一纸，留存都寓，汇到即属寄上。恃爱奉渎，敬请台安。倚装匆匆，不尽欲言。弟大澂顿首。九月十四日。

前日作虞山之游，昨始旋里。假期已满，月初就道，晤教不远矣。舍弟到沪，望从直教之，勿稍客气，至感至感。彭芍翁之侄心壶，想仍在洋务局当差，系弟门下士，近年稍有阅历，托在仁辨，乞时赐教诲为幸。弟澂又顿首。廿一日。[①]

## 四

轶侪仁兄大人阁下：

黄浦舟中泐寄一函，并奉托各信件，由洋行转送，未知何日达览。弟于初八日二鼓到家，翌晨举一男，慈母色喜，差堪告慰。所带竹报，当即送去。昨日令兄自虞山归，辱承下顾。吾兄属带皮衣，约于月内交下。少石、肖菊两兄信件均已送□，取有回片，乞转交是荷。贝松泉笔，无现成选颖，已属赶制三十枝，并令改刻“鸳鸯福禄室选毫”，尊意以为然否？约需月底制齐，由弟带呈不误。手此布臆，敬颂著祺，不尽百一。弟期大澂顿首。九月十三日。

仆人李福赴晋之便，先带呈拣芸四匣，又香饼二匣，并乞检收。硕安属垫二十金，临行时再送去，乞致信时代为道及，事冗不另布函。[②]

---

① 北京保利国际拍卖有限公司第 32 期精品拍卖会“游目——古代书画”5572 号。
② 北京荣宝拍卖有限公司 2019 春季艺术品拍卖会“缥缃·古籍善本”1030 号。

## 五

铁侪仁兄大人阁下：

去腊接奉手书，拟即作复，适因简放河北道缺，谢恩之后诸务猬集，酬应纷如，案头笔札久未清理，仅由家叔带奉《临川集》二函，想鉴及。敬维新春万福，为颂无量。弟前领发往山西之照，已在吏部呈请就近缴销，改给凭文，惟须开印后方可领凭，计月内当可出都，道出保垣，可图晤教。杏荪、秋亭保案，已交枢府存记，能否简缺，究未可知。近来朝政一律从严，皆出圣衷独断，从前破格之举，望后恐益为难。前上健帅书，久未见复。弟处家书尚系腊月以前，音问久疏，殊以为念。手泐布复，敬贺新禧，不尽百一。愚弟吴大澂顿首。新正九日。[①]

## 六

铁侪仁兄大人阁下：

久未泐函奉问起居，敬维荩画宣勤，中外蒙福，引詹豸节，允洽颂忱。弟去夏在粤时，曾借川沙沈氏旧藏宋拓刘熊碑，后有赵撝叔双钩本，精妙绝伦，因属歙人黄君穆甫名士陵。即依撝叔钩本勒之端石，近已刻竣，远胜于翁覃溪、阮文达摹刻汉碑。后有撝叔缩本全碑图，亦并摹刻于后。共石二十九方，碑文廿五方，图跋四方。尚存粤省，拟恳转属粤垣商局委员代为搬运至沪，暂存尊处。如阁下欲顾工精拓，以淡墨薄纸为宜，尽可多拓几分，俟广庵观察处有回苏之便，再托带苏可也。住址单一纸附览，即可凭此取石。弟今夏事闲，公牍稀少，颇可

---

① 北京保利2016秋季拍卖会“古籍文献唐宋遗书翰墨菁萃西文经典”0630号。

作篆学画，所得名人书画亦多精品，可作粉本也。手泐，敬请勋安，并贺节禧。弟大澂顿首。八月十一日。

眉叔观察处，并此道候。不另作书。[①]

① 中国嘉德 2015 秋季拍卖会“吉金乐石——清代书法掇英”1714 号。

# 致盛宣怀(三十一通)

## 一

杏荪仁弟大人如手：

连日在乡查户，往返百余里，稍觉劳顿。昨、今日两日暂行休息，西南路居然竣事矣。顷奉手书，藉悉种种，并读大咨，知景州捐事又须长才擘画，必极周妥。惟昨晚中堂来函，因京兆拿讯布庄首饰楼伙友，吊查账簿，并无实据，属与秋亭密商，已约今日来此商办。据秋亭来函，知有匿名帖二纸，已交尊处，望即钉封函寄天津。此外有无确实凭据，恐无把握。过赃一节，本系秘计，必不登写账簿，易于狡赖，中堂有着急之意，幸此案自兄发端，与执事无涉也。赵志和父子闻已解津，捐事只得稍缓。总之此事已一发而不可收，将来如何定谳，全在白云专主。外边所凭实据，只有此揭帖两纸，好在一纸内有奏参事样，言官之不密，无可循饰，其得赃与否，未必能水落石出矣。昨接天津筹赈局来咨，知津厂现办资遣河属流民，全送泊头。单内所开献县有一千五百七十二口，鄙意赈粮既未运回，即可属王纶翁派人前赴泊头，俟津员押送到来，就近在彼给粮，收回护票，较为简捷。想一两日内亦必资送到泊，望即转属赶办为要。交河每名大口二斗，小口一斗，未知献县能否照发。若照六升给粮，未免过少，仍望吾弟与纶翁酌之。京兆开来京厂所送，献县有四百八十二名，想保定亦必不多，兄拟通饬各州县，均发二斗，以示招集流亡之意。人数无多，需粮尚少，未知办得到否。手复，即请勋安。如兄吴大澂顿首。五月廿二日巳刻。[①]

## 二

杏荪仁弟大人如手：

初十日接奉初三日手书，藉稔贵体违和，已占勿药，即日台旌可莅宁津，莫名欣盼。连得大雨，车道水深，自宁津至连镇一路，田高路窪，中有泥淖数段，轮蹄易陷，运钱往来，动多覆辙，殊为费力。兄等所查西南乡二万余户，已放大半，尚留东北二路一万二千余户，专候驾临，大施甘泽，计详款二万二千六百串，亦可敷用。上海尚有万金，可否于交河西南路极苦村庄再放一次，或于枣强、冀州、衡水各处别为散给。如尊意以为可行，应属西人再派一人前赴冀州，并请函致秋亭，由武邑分拨，司事帮同照料，较为周普。兄于昨日亲来连镇，调度钱款，闻天津钱船昨日已过泊头，今午必可到来，已属王均甫赶备车辆，预为搬运。俟从者抵宁，即可随查随放，不致迟误也。手复，敬请勋安不具。如兄吴大澂顿首。七月十二日连镇泐。

夏子松侍郎所寄京纹五百两，系刘博泉侍御所借浙江会馆公项存息之款，并非赈捐，当于所换钱色内划出也。令亲捐洋一千元，及日本之四十五元，自应归入宁津西南路，先行凑放。计敝处借款，除筹赈局六千两外，尚短千数百金，专盼南中接济弥补矣。河间需索一案，是否札仁翁，所派司事为西人所笑，未免减色，自应严办为妥。津海一席，必系执事与郑玉轩双请，玉轩似未过班，惟系伯相奏留在津，

① 上海图书馆藏盛宣怀档案，编号：043344。

恐难撤去，未知疏稿云何，至以为念。兄吴大澂又顿首。[①]

## 三

昨日不获奉陪雅兴为怅。津片闻已议驳，尚未见稿。鄙意与尊见相符，未知作文者有何把握耶。手泐，即请杏生仁弟大人南元大安。兄大澂顿首。次远兄处乞道谢。初五日。[②]

## 四

杏荪仁弟大人阁下：

六月廿三日奉到十一日手书，推许过当，无任愧悚。所论涤泳秘诀，在两只眼看人，一条心用人，敬佩敬佩。此间招垦边荒，创设机厂，皆不能求速效，大澂亦不欲以赫赫见功。幸得筱云观察代为筹布购器，用人步骤井井，实资指臂之助。秋亭到珲，经营伊始，不避劳怨，是其所长，咨访民间疾苦，直陈无隐，官吏惮其丰采，久于其地，边氓受福不浅。子卿稳练勤明，足胜营官之任，敝部暂不易将，无营可带，先以军械事委之。营口转运，当属小琴经理，久未得其消息，殊以为念。执事于商务费尽苦心，辄贻口实，仍系共事之人从中播弄。但使公款无亏，日有起色，明效大著，功过显然，局外悠悠之论，本不足恤也。敬孙颇有作用，但能扩充见地，力戒吴人自作聪明之习，敛巧为拙，其才更未可量。天下无易为之事，有极不费力而事半功倍者，有极费力而卒无所成者，此中各有机缘，吾辈惟以实心办实事，难易

① 上海图书馆藏盛宣怀档案，编号：082634。
② 上海图书馆藏盛宣怀档案，编号：031511。

所不问也。手复，敬请勋安。如兄大澂顿首。闰七夕。[①]

## 五

杏荪仁弟大人阁下：

七月初八日由俄界回至珲春，接诵五月二十日手书，敬悉一一。所接来电，当已电复。近得津寓来书，知五月内交戈什孙德林带去一缄，并参匣均已送到。接阅邸抄，欣稔荣膺特简，秉节东关，扼南洋北渤之中，权为陈臬开藩之先路，遥詹豸绣，抃颂曷任。兄约中秋左右必过之罘，泊轮半日，执事履新在即，当携尊酒赴庾公南楼之宴，何乐如之。中俄接电事宜，已与巴使订定廿六、七日赴严杵河面议，如商定大略，先行知照澄甫观察酌办可也。秦汉印册，必有可观，俟回津后再求寄阅。手泐布复，敬贺荣喜，顺请勋安，惟希爱照不具。如兄吴大澂顿首。七月十八日。

李山农观察如有见寄函件，暂存尊处，俟兄奉访时再行领取。[②]

## 六

杏荪仁大人阁下：

十七日送去纨扇，差弁回述，台从次早开轮，计廿一日当可抵沪矣。局务纷繁，有革故更新之妙用。中外交接，尤非易易。海帆经理银钱，兄可力保。念劬为沪上极谨饬之人，遇事有条理有节制，其才不可多得，酌派一差，必与局事有益。此皆兄深信不疑之人，力为推

---

① 上海图书馆藏盛宣怀档案，编号：031442。

② 王尔敏、陈善伟编：《近代名人手札真迹——盛宣怀珍藏书牍初编》第九册，香港中文大学出版社，1987年。

毂，实为公而不为私也。弟具知人之鉴，必当有以位置之。篆书《孝经》印成，先寄一二百本。手泐，敬颂勋祺。如兄大澂顿首。六月廿一日。[1]

## 七

杏荪仁弟大人如手：

昨日傍晚时正欲奉访，畅所欲言，坐客常满，三鼓后始散，书来亦未即复，怅甚歉甚。所论内守黑河，外守图们，此一定之理。乃图们已非我有，将来必得考究一番，即力不能规复，亦当为公共口门，出入无禁，方少窒碍。咽喉之地，岂容他人扼塞耶。吾弟才力，非兄所能及，然鄙意中未达之词，吾弟往往先得吾心，十事九合，真所谓声应气求也。缉庭志趣不俗，偏于谨饬，当扶而激之。秋庭勇于任事，用人未免少杂，当抑而敛之。孝侯乃今日之将才，似左、李以下无与抗衡者，兄则万万不及也。途次匆匆泐复，不尽欲言，惟望加意珍摄为祷。如兄大澂顿首。四月初五日。[2]

## 八

忝膺疆寄，远惠邮书，承璪饰之有加，益瑑铭而无既。敬维杏荪仁弟大人豸华振采，骏画敷猷，凭五术以观风，德泽沛乎东海，渥三霄之湛露，恩光迓自北宸，柏翠翔华，藻丹驰颂。兄苏台乍返，椒序初更，小憩尘装，待萱幄而暂留虎阜；行携征棹，向松沪而遄赴羊城。肃

① 上海图书馆藏盛宣怀档案，编号：116090。
② 上海图书馆藏盛宣怀档案，编号：015595。

复，祇请勋安，惟希雅照，谨璧芳版不具。如兄吴大澂顿首。[①]

## 九

杏荪仁弟大人阁下：

前月复修寸楮，谅达典签。敬审鼎祉庞鸿，泰祺安燕，式孚远颂。兄忝巡粤峤，陆海兼筹，所喜界务、黎务、防务办理均有端倪，惟民俗浇风，地方积弊，尚须约法图治，极力讲求，诸务既陆续请厘，吏治即可专一而理矣。川省电线，知于客冬告成。滇黔电工，闻亦一律办竣。去年奉、吉两省及前岁东边各路办线委员等之劳绩，均经记奖，归于川滇黔大案内统核奏请奖叙。今各路电线大工告成，请奖计即在迩。兹有指分河南试用县丞周桐豫，系随余澂甫办奉、吉电线前路督工之员，此次开奖，拟请保免补县丞，以知县仍留原省补用。又东边电局文案兼翻译文童吴国光，系随冯颂南赴奉天东边一带随工办线之司事，工竣后禀留东边电局办理文案兼翻译，此次开奖拟请保以县主簿，不论双单月，尽先选用。以上两员跋涉长途，颇能任劳吃苦，踊跃趋公，兄知之最稔，若不从优给奖，无以鼓励人心。务乞照开奖衔列保在前，俾免向隅之叹，则该员等仰荷鸿施，定当感图报称。所望推情照拂，是为切嘱。耑肃，祇请勋安，惟希雅照不既。如兄吴大澂顿首。三月望日。

周桐豫、吴国光二员如开保单内或有遗漏，乞饬添入为感，闻此案不日出详也。[②]

---

① 上海图书馆藏盛宣怀档案，编号：097948。

② 王尔敏、陈善伟编：《近代名人手札真迹——盛宣怀珍藏书牍初编》第九册。

## 十

杏荪仁弟大人阁下：

前月廿四日与香帅同赴虎门查阅炮台，并阅各台各船操演打靶，直至月朔竣事旋省，次日始接三月十三、四日手书，知榘亭司马到粤已数日矣。致方、刘二守函，并副实收一包，已送捐局。初三日刘守来见，面属赶办，并令榘亭赴局亲催。据云初七必可赶齐，然到京已在望后，途中若无延误，计十八、九总可达部。此间会奏请展一年之疏，奉旨："着照所请，该部知道。钦此。"现闻司农尚有驳诘之议，惟部文未到，粤中自当遵旨展办，各捐生总可放心。来书所云闰四月底到部，必可无误也。粤饷不支，盼此捐款，藉资周转。兄与香帅遇事熟商，熏合无间。鼓铸亦已奏准开办，款尚待筹。药厘本可留支，以澳门给葡，实所不解。车炮保险水脚，已行津局核发。官电报销，部中必多挑剔，当与香帅商之。手复，敬请勋安。如兄大澂顿首。四月初七日。[①]

## 十一

杏荪仁弟大人阁下：

日前手复一缄，计已澈览。捐事拟尽四月底，咨册到京，部中必无挑剔。惟四月初三日奉到批折，准其展限，此间未便停捐。司农议驳之疏尚未发出，此间总以奉到部文为截止之期，则初三以后之捐数，自当另咨一批，但恐部中欲以溢收之款提拨海军耳。若以奉旨展限之捐驳立改奖，必无是理。兹由捐局请委程经历赶赴烟台，一切应

---

① 王尔敏、陈善伟编：《近代名人手札真迹——盛宣怀珍藏书牍初编》第九册。

办事宜，望即谕知程经历妥速办理为要。手泐，敬请勋安。如兄大澂顿首。四月十六日。

外寄朗帅书一件，又拙书一包，托朗帅转交吴惺初同年。刻石之件，其刻资已于去冬付讫矣。①

## 十二

杏荪仁弟大人阁下：

十六日接初七日来函，一是均悉。十五卯册籍设法赶送，顶期达部，恰到好处。十六卯正汇册待发之时，来册八十三名，已饬局尽数列入。在奉旨允准期内，有词可说，部中亦必不计较。现经香帅奏明，于十六卯续捐项下提银十万两，解交海军衙门，想司农不致尽数提拨也。提成作费，有绌无盈，一成之外，尊处自筹，甚好。猝得巨款，颇资挹注。香帅前已为一一先达，亦甚借重执事。续收之数，计日内可指汇来粤矣。办电各员，秋间一气开列，代为志感。专泐奉复，敬颂勋祺，并完谦版不具。如兄吴大澂顿首。②

## 十三

杏荪仁弟大人阁下：

十八日由粤展轮，廿二日抵沪，接诵二十日手书，详示种种，至以为感。大澂以拘迂浅陋之才，谬承恩命，调署总河，事艰责重，恐不胜任。闻司农续拨二百万金，若系各省零星凑集之款，一时未必应手，

① 王尔敏、陈善伟编：《近代名人手札真迹——盛宣怀珍藏书牍初编》第九册。

② 上海图书馆藏盛宣怀档案，编号：011983。

此第一掣肘为难事也。究竟前拨之九百万尚存若干，两坝新工已溃若干，迄未得真实消息，非到工履勘，总不放心。拟于初六前赶到大梁，尚可与豹翁晤商一切，否则监临入闱以后，函牍筹商诸多不便，故月内抵清江后，须兼程前进，昨在苏城仅住一日，不敢逗留也。闻先后奏调至千数百员，朝廷以为用人太滥，察度情形，或须量为裁汰，如可敷用，即不再添调。人多则主见不一，转有倾轧龃龉之虑，撙节核实，此大澂之责。所谓撙节者，去其浮费，非苛刻以累民；核实者，河工积习须竭力扫除，则工归实用。至琐屑繁重之事，自当博采舆论，集思广益，洋法如简便易行，亦可参用。若铁柱则旷日迟久，水深九丈之口门，恐不易施，执事以为然否？令叔在沪一见，咨部时当为留意。致孝侯一书，乞转寄为感。手泐布复，敬请勋安。兄大澂顿首。七月廿五日锡山道中。①

## 十四

月初曾奉手翰，承惠石印《华山碑》《德国海军章程》领到，谢谢。兄入夏以来为暑湿所困，不服水土，脾败气虚，饮食大减，今离粤土，所患当渐愈矣。并以附闻。

原购古印、砖瓦、旧玉刀铲、铜钩，共银九百九十二两，又旧玉圭一件四十两，大铜印四方十二两。

续寄玉印官印套印三十方、汉铜印八十五方、瓦诏二块、泥封三块、破瓦四块、瓦头五块、古玉八件，原开价银五百两，除退还古玉八件外，还价银三百二十两。又寄残石二块、汉砖四块、墓志盖一块，原单未开价值。给银四十两。

① 王尔敏、陈善伟编：《近代名人手札真迹——盛宣怀珍藏书牍初编》第九册。

以上共应付裴仪卿银一千四百〇四两，照烟台通用之平。又还代垫唐石价一百二十两，共银一千五百二十四两。①

## 十五

秋思蒹葭，感纫雅注；冬荣桂树，益想丰裁。祇维杏荪仁弟大人心比壶清，鉴同玉朗，扬霜威于渤海，令肃褰帷；拜湛露于宸廷，庸酬秉簜，柏台指顾，藻觇忱倾。兄承乏宣房，四更月琯，念狂澜之未挽，致寝馈之难安，兹幸水势顺平，人心激厉。东西两坝，各晋两占，即可挂缆合龙，约计一篑之告成，当在小寒之令节。特此布慰，祇颂时祺，敬请勋安，附完谦版不一。如兄吴大澂顿首。②

## 十六

杏荪仁弟大人阁下：

正月廿五日接诵初五日手书，过承推许，且感且悚。兄去秋到工，以彬卿为水母之虾，并非胸有成算，仰邀神佑，得蒇厥功，赶在年前，可省四五十万，善后之款，不致无着，拟添请二十万，即可措置裕如。惟声闻过情，君子所耻，鄙人则不以为耻，而以为惧。近以妄言负罪名教，惶恐万状，若如尊论，以鄙人为能胜艰巨，则覆餗之虞，可立而待也。河防善后，得寸则寸，尽力为之，必有明效。疏稿不足存，暇当汇录寄览。篆联俟有妥便，再行呈上。执事用意在澹于进取，此敛华就实之怀，敬佩曷已。手复，敬请勋安。如兄大澂顿首。二月初七日。

---

① 王尔敏、陈善伟编：《近代名人手札真迹——盛宣怀珍藏书牍初编》第九册。

② 上海图书馆藏盛宣怀档案，编号：076692－54。

此次保案，但就在工差委实在出力之员，已属保不胜保。仅给一札，而并未当差者，均未咨部。刘比部在赈局册内汇咨，而令叔衔名漏未咨出，殊为歉然，乞谅之。兄大澂又顿首。[1]

## 十七

赈事虽赖众擎，吾弟为民请命，出于至诚，厥功不浅。二麦登场以后，民困稍苏，棠疆所辖，年景如何，甚为系念。黄流近伏已报长水一尺五六寸，下游防守最关紧要。朗帅福星，筹备不遗余力，必邀神佑，此事须天人凑合，方可挽回劫运。吾弟用心，往往与兄不谋而合，河间办赈时事，尚记得否？当不以鄙言为河汉也。王念劬在沪，敝处时有委办之事，不能专心局务，今赴闽局，责成较重，兄劝其挈眷同行，免得往来仆仆。郑工事竣，兄亦不以他事相扰，渠屡属致书阁下，为之嘘植，未免误会尊意。用人之人，但求其专心办事，不以他务纷心，庶乎得力，岂以一纸书为轻重耶？惟念劬于银钱不致荒唐，其志向操守则在张敬甫兄弟之上，此鄙人可力保者。手泐，再请勋安。如兄大澂再拜。六月初七日。

再恳者，潍县高家藏有古铜印六百三十方，已与言定价银一千两，寄来印谱一部，存在兄处。若由汴专差往取，携带银两甚不放心，因思烟台号家与潍县俱有来往，乞代汇银一千两，由尊处派弁至潍，凭函取印，凭票付银，便中交轮船带津，由何小山处委员带汴最妥。七月中有闽厂解铁柱由津转解之便。汇款亦托小山寄还尊处，亦甚便也。兄大澂又启。

---

① 王尔敏、陈善伟编：《近代名人手札真迹——盛宣怀珍藏书牍初编》第九册。

外致王西泉一信，取印凭条一纸。[①]

## 十八

潍县有王西泉者，名石经。系陈寿卿先生之戚好。去冬来汴，谭及有古铜玉印一百零二方，皆系至精之品，兄曾还价银八百两，若竟不谐，即不复顾问矣。或至尊处问讯，乞允其电达，此印亦尚可留，弟不欲失信于友朋也。大澂再叩。

谦版系素纸，不敢奉还，敬谨摹璧。至好通函，以后幸勿再施。[②]

## 十九

杏荪仁弟大人阁下：

接奉惠函，备承垂念，并蒙厚赙，远颁祭幛，匍匐拜赐，感激涕零。先慈建坊一节，经尊处电请，朗帅上陈，已于初九日接读济电，仰邀俞允，极荷关垂，存殁均感。兄在大梁，闻讣星奔，中途雪阻，直至二月十三日始抵里门。回忆庚申遭难以来，流离播迁，非复人境，服官在外二十余年，竟不能尽一日之养，乌鸟私情，无由自致，此后永为失恃之人，明发不寐，心如槁木，夫复何言。今冬先茔方向正利，入山负土，约在九、十月间也。手肃鸣谢，敬叩勋安，摹璧谦版不具。如兄在苫吴大澂稽颡。家兄舍弟附笔请安叩谢。闰月十二日。[③]

---

① 王尔敏、陈善伟编：《近代名人手札真迹——盛宣怀珍藏书牍初编》第九册。
② 同上。
③ 同上。

## 二十

闻台从到沪公干，昨来吴门，能否顾我密谭片刻？如不出门，亦乞示知，即日寓书左右，以当晤谭。手泐，敬请勋安。杏荪仁弟大人。如兄制大澂顿首。廿四日。前寄一书，想已达览，系托广盦交文报局。[①]

## 二一

杏荪仁弟大人如手：

前月肃复一缄，虔申谢悃，计邀鉴及。廿四日接广盦弟书，寄到惠缄并裴仪卿代购唐石二方、包匣一件、大木箱一只，内古印、砖瓦、古玉各种，照单点检，均已收明，屡次渎神，且感且歉。外复裴信，并开一单呈阅，款交票庄，另函寄上。先此泐复，敬请勋安。如兄在苫吴大澂稽颡。上巳日。

再敝门生韩继云府经，名学伊。系芸舫中丞之曾孙，随其父古琴大令游宦秦中，其为人精细有才，谨饬不浮，长于书算，可谓少年老成。前年曾调郑工差委，去冬函荐周少彝太守，如西安电局需才，大可委用。前日又电恳吾弟转告少彝，旋接少彝电，知蒙俯允派差，兄可力保该员，必不有负委任也。大澂再叩。[②]

## 二二

杏荪仁弟大人如手：

前承枉顾，藉罄积怀，快慰奚似。闻台从自金陵归，商局事议有

---

① 王尔敏、陈善伟编：《近代名人手札真迹——盛宣怀珍藏书牍初编》第九册。
② 同上。

头绪，节前后想能定妥。前承代付裴仪卿石价银百二十两，又应找付裴生四百零四两，仍乞转付，统交念劬面呈，祈察收为荷。手泐，敬请勋安。如兄制大澂顿首。四月廿一日。①

## 二三

杏荪仁弟大人阁下：

久未通函，极深渴念，敬维勋履增绥，荩猷卓著为颂。兹有同乡费芝云兄奉讳家居，光景甚累，家眷在京，仍须北上，如尊处电报、招商各局能为位置一席甚妙，否则代图干馆，亦足稍资津贴也。手泐布恳，敬请勋安。如兄制大澂顿首。九月廿二日。②

## 二四

萍踪甫定，桂魄已员，感雁简之遥颁，景鸿釐之翕集。敬维杏生仁弟大人化畀禹甸，令肃商飚，声华扬金粟之芬，共仰清风峻望；福曜焕珠轮之采，渥承湛露殊荣，心简方隆，口碑允洽。弟忝膺熊楚，深愧鱼庸，幸禾稼之丰登，欢胪子姓；冀兰箴之恒锡，念切寅忱。专复，敬贺秋禧，虔请勋安，祗璧谦版不具。如兄吴大澂顿首。

## 二五

子梅代湘省定购浅水轮船，善后局原拟五六千金为度，后因造价

---

① 上海图书馆藏盛宣怀档案，编号：106234。

② 王尔敏、陈善伟编：《近代名人手札真迹——盛宣怀珍藏书牍初编》第九册。

需九千五百金，南浦中丞意欲停购，而子梅不候复音，已在英厂定造。工竣，此间司道拟令变价，未免为难，子梅属念劬调停其事。鄙意如此巨款，岂能令经手人赔偿，而湘中无一轮船，亦属不便。已属养源备价往缴，派员验收，管驾回湘，不必争此闲气也。湘中仅接子梅来电，始终未通一信，亦懒于作书，故至有此周折也。

卓峰来信，承派解电线器具赴新疆一行，欣然愿告奋勇，如此发遣，较军台黑龙江为远，亦云苦矣。子梅之气当亦稍平，亦不知因何开罪。①

## 二六

前月廿八日交折差带去一缄，望前当可达览。折稿抄寄傅相，吾弟想已见及。顷由鄂垣递到朔日来电，所议减税一节，似成本之出入，不系乎外洋，磅贵亦与茶市无涉，金磅既长，则银价自贱。洋货贩至中国，须用金磅，进货成本较重。中国行市以银交易，折算金磅，故洋商多致吃亏。若华商贩茶出洋，不论金磅，以茶易银，银贱而磅贵，华商之利也。细访前两年中，湘商亦有托粤商转运新嘉坡、香港销售者，湘商并不亏本，粤商从中获利，可见外洋行市，亦有余利可图。汉口英商之抑勒茶价，乃利心太重之故，逆料华商不能出我范围，甚至每箱减价至十两、十余两，华商吃此大亏，实属非情非理，并非外洋茶市蹉价如此之甚也。兄现议试办章程八条，续议章程二条，总须将来茶商自立公司，方可经久。茶叶定有限制，成色不致掺杂，亦无抢卖蹉价之弊，此博采众论而力为维持之办法。抽收公积一层，最关紧要，但使众商无异议，我行我法，洋商无如之何。汉口以立夏开盘，情让一月，听英商自行收买。如有人出为转圜，再让一个月亦可。此两

① 上海图书馆藏盛宣怀档案，编号：018247。

月中，湘商能售去二百余万本银，即可抽出公积费四十余万，有此一款，亦可少借汇丰之债。况商人押茶，照章起息，若汇丰按月五厘，亦尚合算。此间茶栈临时借银，均以按月一分起息。俟销售完竣，或盈或亏，大众公摊，官亦无须代偿，兄故毅然行之。现在势成骑虎，更不作退步想矣。兄之用意，与吾弟从前创议轮船招商局收回利权大致相同，但此举专为保商保民，更无丝毫私利于其间，此三湘绅富商民所可共信也。惟闻陈金钟已故，少一臂助，殊为可惜。此时只可与黄公度观察商之，恳其主持一切。闻丁禹亭去年在新嘉坡与之联络，是否系出使大臣所派总领事官，尚须恳求傅相鼎立函托薛叔耘星使设法维持，必更得力也。手泐，敬请勋安，惟祈心照不一。如兄顿首。三月初七日。①

## 二七

杏荪仁弟大人阁下：

正月初匆匆把晤，台旆旋即返申，辰维履繶凝釐，勋躬集祜，为颂无量。兄游邓尉归，偶感风寒，右手无力，精神困倦，淹缠月余，元气未复。湘中待赈孔殷，尊处派友赴湘，已否动身？现舍下上下人等各捐银一百两，共凑集规银五千两，乞为代放湘中义赈，是为至感。专泐，敬请勋安，诸惟爱照不宣。如兄大澂顿首。二月十五日。②

## 二八

杏荪仁兄大人阁下：

忆违风徽，频更月琯，五中苑结，一水溯回。比维新政遐宣，循声

---

① 《清代诗文集汇编》第720册，上海古籍出版社，2010年，第211—213页。

② 上海图书馆藏盛宣怀档案，编号：035396。

远播，引瞻芝采，曷既藻摛。弟缩项林泉，寄情诗酒，韶光有负，谷状无陈，所幸眠食如恒，差可稍抒锦注。第侧闻时事，变幻无常，杞人之忧，莫能顿释，山中人惟拭目俟之可也。兹有炳华字干臣者，湖南巴陵县人，与弟亦属世交，前在湘抚任内位置厘金一差，旋又随同出关，颇资臂助。讵伊遭家不造，丁艰回籍，料理葬事，乃坟则功完，负土而甑，已忧切生尘。月前杖策来苏，欲谋枝寄，见其苦况，不忍袖手旁观，深知阁下断不今昔炎凉，特给一函，令其趋叩台端，供听驱策。倘蒙推情量材录用，则绕树之鸟可作栖巢之燕，云情高谊，感泐同深矣。肃此，祗请升安，诸维心照不戬。世愚弟吴大澂顿首。[①]

## 二九

杏荪仁弟大人阁下：

香翁电询倭情，密复数语，乞饬电达为感。手肃，敬请台安。兄大澂顿首。十七日。[②]

## 三十

杏荪仁弟大人阁下：

兹有潍县裴仪卿代购唐王府军墓志白石一方，属其送至尊处，乞代付银一百廿两。手恳，敬请台安。如兄大澂顿首。新正十八日。

此石仍求寄交广庵弟代收为感。[③]

---

① 上海图书馆藏盛宣怀档案，编号：042469。

② 上海图书馆藏盛宣怀档案，编号：074135。

③ 王尔敏、陈善伟编：《近代名人手札真迹——盛宣怀珍藏书牍初编》第九册。

## 三一

艾绶流馨，值揽揆之上日；箕畴锡福，拜嘉贶于下风。仰见杏荪仁弟大人礼意优隆，情文翔洽，束帛加璧，检身如不玷之圭；制锦为屏，着手试生花之管，藻绘都成为实录，楹联焕发其光辉，罗列五纹，祥征百顺。兄兰芬自佩，蒲质未衰，戒旦闻鸡，算甲非倦勤之候；缄书附鲤，恭寅表和协之衷。耑肃，复谢珍贶，祇请勋安，附璧谦版不庄。如兄吴大澂顿首。[①]

① 上海图书馆藏盛宣怀档案，编号：080575。

# 致硕盦(一通)

硕盦先生老兄大人阁下：

昨接手书，并属代呈一信，屡候不得见，顷始乘间一谭。阁下薪水由练局加给三十四两，已奉批定，由包封递去。仓书赴津，似嫌跋涉，兹已商定，代考后将试卷送津阅定，可杜请托之弊，亦已批饬遵行矣。敝笥容后有便，费神留意为感。弢夫信附上，乞收。草草奉复，敬请勋安不尽。弟期大澂顿首。闰月廿六日。

墨领一纸附缴。[1]

---

① 中贸圣佳国际拍卖有限公司2019春季艺术品拍卖会“万卷——名人信札 古籍善本专场”8012号。

# 致汪鸣銮(十二通)

## 一

横山山人阁下：

送别后即于翌日登行如飞，船一路波平浪静，稳渡黑水洋，廿二申刻到申，想瀛舟抵通，诸凡安善，无任跂颂。兄在申勾留数日，熟人均已拜过，乞得毛诗一部，已属探骊得珠，此外鳞爪更不足数。三叔在申，一切人情极好，而夷场光景更不如前，就兄处情形如此，则叔涛丈将来到沪可想而知。月朔旋里后，酬应历碌，刻无暇晷。悬匾日期，尚未诹定，大约在十月内。苇塘太姻叔曾见一过，宦兴甚澹，只愿以苜蓿盘了此闲身，有何意味耶。前托伯声同年带交缉庭信，未知何日送去。接芍翁廿三日信，尚未提及诵芬事，只好托伟如设法。叔涛丈到津后始得信，亦无如何。将来殳公处送其灵椋至天津，只得托树滋处照呼，暂为安顿也。瘦珊有买物单一纸，欲托吾弟代购，其银先向同泰借用，容后再汇。貂褂貂帽，能先托均初带出为妙。手此布达，即请开安。兄恒轩顿首。重阳日雨窗泐。[1]

---

① 中国嘉德2020秋季拍卖会“中国古代书画”1176号。

## 二

潜泉主人如晤：

三月杪曾布一函，计已达览。前日书来，知海帆带去各件，均已收入矣。令弟吉席之喜，想侍庭双笑，喜气盈门，客礼承欢，天伦至乐。远在三千里外，不能奉一卮以陪燕乐，兹奉慈命附呈贺仪一函，菲薄之敬，愧不可言，伏乞转呈哂纳是幸。兄在家度夏再定行止，惟一切用度不免时形支绌，叔涛年伯略有张罗，较兄稍觉舒徐。文卿杳无消息，大约作广陵之游，江北青山，半经览眺矣。家叔身体稍健，又往沪上，拟请其望后归来，炎天酷热，洋泾浜究不相宜，不如在家之自适也。广盦代理一席已满三月例限，尚无更动之信，此间一切公事，均须俟中丞回任再作主张。书局欲移至拙政园，亦当与令威商之，果尔则大妙之。今春退楼、梅生诸君公种荷花二千余柄，为吾辈作一销夏湾，读书其中，大可消受清福，何乐如之。然局中诸公皆以出入不便为辞，可谓俗矣。《通鉴》已索得否？如令威未送，兄当代留一部。惟金陵三史屡托人往询，尚未知价值若干，容再设法觅之。手肃，敬请开安。兄大澂顿首。五月二日。

姨丈、姨母大人前叩头请安贺喜。舍弟均贺。[①]

## 三

潜泉主人如手：

前日自武林归，得读手书，知前寄两函均经达览。卞师复书领到。平师昨有信来，知前函亦已寄达。吾弟托寄衣料等件，由海帆带

---

① 中国嘉德2020秋季拍卖会“中国古代书画”1176号。

上，日内计可收到。兄谆谆托其装入衣箱，当不致受潮湿也。兄于上巳日到杭，家慈因怕风，不克同往，适大兄自沪上归，遂与偕行，寓佑圣观巷同善堂内半月有余。一至云栖，再至灵隐、韬光，湖上则两三日一去，嫩绿春波，坐瓜皮小艇，荡桨往来。大兄游兴剧佳，时行十里八里，乐而忘倦。于飞来洞一线天下刻题名二十字，于冷泉亭峰石壁上刻"冷泉"两大字，较惠山"听松"篆书稍大。兄返櫂时尚未竣工，将来托人往拓数纸，再行寄览也。当道及同乡中熟人略为分卷，间亦送对，向无渊源之处，偶一投刺，殊觉赧颜。择人而拜，甚属寥寥。幸冯介翁、吴晓翁两处均系熟人，甚为要好。行囊居然有双柏之数，而游资则去其半矣。立夏前一日到家，天气渐热，一时亦懒于出门，楚北之行，或俟秋间再去，尚未定见也。文卿至今未来，不知留恋何处，闻在江北如、泰一带，杳无信息。渠年内须赶入都，迟迟我行，楚游亦恐不果，大约来吴度夏矣。《通鉴》尚未印出，金陵三史已托人往购，闻须校对一番，始可印行。其值若干，俟询明奉闻。吾弟致退楼书，已经达到，昨日谭及济元亨利金可保不减，此老处不可少此一举。广盦代理茂苑已两月，昨始得见一面，其忙可知。兹有一书奉寄，托送之件如未致送，可改从丰。师生之谊，非恒泛可比，前数似觉稍轻耳。雨生中丞到京，想已见过。书局新印《通鉴》尽数寄京，七月初可寄，计须初十后到京也。吾弟可向令威力索一部。此间发价须制钱二十一千，如不可得，再为代购，何如？此书为各书局中之冠，因其为胡刻原版，所补各卷亦尚去得也。手此布复，敬请开安。恒轩拜上。三月廿八日灯下。

姨丈、姨母大人前叩请福安。四妹均此问好。[①]

---

① 中国嘉德 2020 秋季拍卖会"中国古代书画"1176 号。

## 四

潜泉主人如手：

前月曾复两缄，并对纸荷包及皞民所寄《日知录》，先后交张个臣、韩午山两大令带陕，未知何时可到。五月廿一日接奉四月廿六日手书，并同乡各信五十件，即令仆人分送，均取有回片。唯君表、晋卿俱已南归，曾信交印若，赵信由兄寄苏矣。昨日又奉五月十二日惠函，详悉一是。吾姨母福体本弱，病后调养却最要紧，所需老山参由皞民购觅，未知得有佳品否？昨向伯寅师处乞得一两，计七枝，其颜色、皱纹似尚正当，可备一品。寅师手书，一并附览。此时计已早占勿药，秋凉时必可强健。南旋之日，以仲秋最为相宜。自龙驹砦至荆紫关，水浅易涸，买舟以小为贵，由襄达汉，尽可用大船。究属南中水土习惯，早日旋里，心境或稍舒展。唯与吾母相见，正难乎为情耳。琬卿归思甚切，兄已屡书劝阻，顷又复一缄，婉转言之。吴人大半不能远行，贪舒服与恋家均不能免，琬卿久与主人相处，已稍稍变异乡风，亦寒家未易选也。兄自留馆后，酬应历碌一月，近因积雨旬日，杜门看书，以《文选》《通鉴》二部为消夏之计。记性甚坏，不过涉猎而已，即执事所谓"藉以娱悦心目"也。伟卿尚在南康，今年未通尺书。慎思一粟之缺，以当时上游优待，照即用例，不复甄别。今部中无例可援，归入试用班，现虽补行甄别，周折已极，将来顶文，未知能否照准，实无把握。前闻主人复知无书，以义相责，知无老态渐增，遇事多拙率处，久不补缺，兴味索然，不得意人易动牢骚。大约吾辈涉世，盛气时宜勿动笔，稍缓则芒角自消，措词亦便和平，公事笔墨亦然。腐气人说腐气话，执事其一笑颔之。手泐布复，敬叩姨母大人侍福，并请轺安。兄期大澂顿首。六月六日。

正封函间，又接五月朔日手书，知前寄折笔、罗笺已达到矣。题名录及闱墨、散馆等第单，前由竹报中次第寄去，想均览及，兄处故不再寄。姨母服补中益气汤，日臻康健，慰如所颂。五月二十以后轺车按试乾、邠，想一月亦可回署，板舆南下，约在何时，便中示及。所需牙章，已代购得，尚未觅得好手，稍缓必可报命。信纸二百，先交折差带上，乞收。手复，再颂开祺。恒轩再拜。六月初六日。[①]

入城之举从简办理，亦不过费。所询奉旨、遵例两层，与子良丈及恽心农商之，亦说不出确据，总云"以意度之"，似"遵例"二字较为实在，容再访明奉闻。礼部所据者，不外《则例》。世俗杜撰僭越，或不足凭耳。恒轩又白。[②]

## 五

六月朔日为主人四十华诞，屡欲作诗代祝，辄为俗事纠缠，枯肠搜索，竟未成篇，仅命儿子登堂称兕，不足道意，尚蒙齿及，愧悚莫名。如有述怀之作，尚祈赐读为幸。再请暑安。兄大澂又顿首。

复孝达前辈书，乞饬送为感。[③]

## 六

郋亭主人如手：

前月泐复寸缄，计早达览。兄于廿一日至吴桥，所过各村庄有未报灾之处，亦极困苦。吴春生办赈迟延，仅放河西二十二村，尚有高粱二千石、漕米五千石，大可普赈，乃不惟不放，亦不亲查户口，疏懒

---

① 中国嘉德 2020 秋季拍卖会"中国古代书画"1176 号。
② 同上。
③ 同上。

已极。该令并非不能办事，若即撤任，转得置身事外，赈务又须延搁，已请伯相严札摘顶，勒令赶查赶放，当不再迟。其最苦之河西二十二村，兄与秋亭亲自往查，大口给京钱六百文，小口减半，共放钱一千二百余串，于廿七、廿八两日放竣，此外尚难普及。实因交河、东光较吴桥为尤甚，不能不先其所急。景州更苦，秋亭带率司事十五六人，全力注之，尚难迅速。河属十一州县，惟吴桥、宁津已经播种之地约有十分之九，似稍胜于他邑。上忙则三月间早已停缴，尚无私收之弊也。兄自前月望后至今，无一日不在车尘之中，所过吴桥地方最多，东西南北四乡周历殆遍，实未见吴春生查过一村，无可掩饰。其公牍文字，井井有条，皆系纸上空谭，实不足信，即同寅中皆以为办事向来认真，知人之难如此。他州县不过长厚竭蹶而已。海臣来信，知陶侃翁他就，承为代订江阴章宜甫先生，已于十七日开馆，心感之至。兄不能自课其子，只能于各州县广设抚幼局，多养贫儿数百人，免其饿死，此亦人子，不敢不以幼幼之心推而放之也。幼樵世叔处不另肃缄，乞为转达。筱坞前辈精力素强，未闻有疾，殊觉可骇。豫中吏治尤难整顿，人情实不可测。济川、印若作何行止？手泐，敬请台安，并贺午禧不庄。窸斋顿首。五月初二日交河东关泐。

家慈来谕，三原官八字已属管沁梅占合，有八字之吉，惟时辰不甚记忆，是否闰十月二十八日卯时？便中示及为感。大小女已与王平之令弟对亲，家兄已为择日拜门，大约明年办喜事。桂林侄足疾稍愈，请孟河马培之诊视，颇为应手。知念附及。窸斋又顿首。[①]

---

① 中国嘉德2020秋季拍卖会“中国古代书画”1176号。

## 七

郎亭主人如手：

昨奉初三日惠缄，并抄示谕旨，恭读之下，无任悚惶。兄乐于办赈，最怕得保，况晋粮转运，实无妥速之法，方与丁乐翁引咎自责，救过不遑，功于何有？昨晚即具折恳辞，请中堂代奏，实系苦衷，并非谦让也。读大稿，佩甚佩甚，此必不可少之文字，造福无量。小儿业师承为代订章宜甫先生，心感曷极。兄今日赴乡查户口，两三日后即回交河，以一身兼顾两县，均非亲自督率不可。以后十余日，各处信件只得暂缓作答。铜井书来，知廛伯、汝谟、通斋均已作古，可骇可悼。如晤铜井，乞先道意，稍迟再复。泐此布谢，敬请台安。兄大澂顿首。五月十一日。[①]

## 八

郎亭主人如手：

廿六日在泊头镇接奉十九日手书，并高阳师、孝达前辈、幼樵世叔各函，谨已领到。承示高阳师垫寄现银二竿，由阜康汇津，交璞臣收存。又孝达劝募振银五百六十两，一并寄津，并接璞臣来信，知前款均已汇到。鄙意吴桥正无法想，拟将此款先行开放，仍恳合肥师相酌量借拨，以资接济，如可凑得万金，吴桥不致向隅。博泉前辈来书，备述灾黎困苦情形，昨已飞函告之矣。孝公属垫一竿，当即遵办。大约初六、七前往，望后当可蒇事。天气渐热，亦拟稍自息肩，幸有赵、郭二君相助为理，甚为得力也。交河令姚小浦到任以来，只有扎仁山

① 中国嘉德2020秋季拍卖会“中国古代书画”1176号。

借给二百金，早已用罄。署中久不举火，日食馍头数枚、榆叶几斤，此等苦况，史册罕闻。现在积劳成疾，一切赈事皆兄代为料理。前因津厂资送河属灾民，载至泊头分遣，姚令不能亲往，兄在泊镇照料一切，今日回城。拨冗手复，敬请台安，书不尽意。兄窸斋顿首。六月初二日。

李张三信乞转交为荷。海臣来信，亦言章宜甫功课认真，至为欣慰。①

## 九

郎亭主人如手：

初二日奉到六月十七日手书，殷殷垂念，感何可言。鞅掌风尘，易裘而葛，拯饥救困，惟日不足。晋事类多竭蹶，未免疚心，直振稍微从容，较为应手。今夏与客冬有难易之别，民情欢悦，寸衷亦觉少安。服食起居，托庇无恙，堪慰廑怀。孝达前辈书并捐款一千五百金，谨已领到。吴桥振事已毕，共用万七千金，亦不为少。此皆博泉前辈怂恿之力，否则强弩之末，不胜鲁缟矣。兄与李秋亭分办宁津、故城，计两县各短三四千金，日内如有续捐，所亏无几。惟交河、阜城、景州等处，距放钱之日又隔两月，所给之钱已归乌有。阜城略有余粮，补给每口四升。景州有绅富捐款七千金，亦可续放。交河钱米俱罄，现在集资数百金，派人分赴各乡收买棉衣，察其情形较苦者，倍价给之，暗中略为接济，或索值二百文而给以三百，亦足稍资补助。莫妙于每衣各给小票，书其村庄姓氏，冬间施放时仍给本人，此法最善，未知做得到否？承示长芦奏加盐斤，每斤二文，未知如何拨用。子牙河不易兴

① 中国嘉德2020秋季拍卖会“中国古代书画”1176号。

办，此款或尚虚悬。尊意移缓就急，先提一年以备续赈之需，如果有人陈奏，可请寄谕直督，酌量动用。有此指拨之款，兄当与合肥相国随时筹办，实于振事大有禅益，造福无量也。梅小严中丞始允浙丝每包加捐二元，以助直振，计有十万余元。近接津信，知筱沅方伯来书，谓丝包并未加捐，仅于海塘经费内提助洋二万元，大失所望。查浙省海塘现已停工，此项捐款历年已久，每包捐洋二元，一年新丝出市不下五六万包，总可收洋十余万元，此时既属闲款，即再提二三万元以助振需，亦不为过。如附片奏请饬下浙抚酌拨三四万元，不致为难。折内须陈明已经提过二万元，庶不以前款唐突。前允加捐，已作罢论，梅中丞亦必歉然于怀，总可续拨若干。手复，敬请台安，不尽百一。兄大澂顿首。七月初六日宁津赈局泐。

海塘丝捐可否与子松师一商之。[①]

## 十

郎亭主人如手：

十八日到津，振之述及尊处有捐款曹平足银一千两，已将手书递至交河，直至昨晚始行折回。承示钱笾仙礼部募捐归安兰言书屋一千两，谨已收到，与信面所注平色相符。附呈收照一纸，即乞转交为感。小儿感冒，蒙代为照料，并约君表弟诊脉，心感莫名。宜甫先生课读认真，实深敬佩，恐敝寓仆人伺候不周，或有疏忽之处，坐为代致歉忱。兄已严谕家人，不得稍形疏慢也。知无于廿五日抵津，适兄赴北仓查勘仓厫，现拟筹办积谷。途中相遇，握手畅谭。昨感风寒，小有不适，当在此间养息数日，再上轮船。伯衡尚未来，或由德州径赴都

① 中国嘉德2020秋季拍卖会“中国古代书画”1176号。

门矣。兄因凤台司事未回，须俟晋省报销清结方可脱身，大约重阳左右必可入都。手复，敬请台安。兄大澂顿首。八月廿七日吴楚公所泐。

盐斤展收加价一节，闻已议定，提捐银十万两，匀作五年归缴，以明年为始。鄙意此项银两原为办赈起见，刻下赈务了结，海防经费借款所亏无几，拟于盐捐内提银五万，今冬采买新谷存储北仓，仓厫完固可用。为直省备荒之计。各省赈捐余款一并买谷，约可凑银十余万，积谷十五六万石，庶不负主人建议之苦心，未知做得到否。兄不能在此经理，拟先咨明筹赈局，详请伯相批准立案，不致游移矣。大澂又启。①

## 十一

郇亭主人如手：

七月三日接奉六月十九日手毕，并前此未寄之二缄，又挚甫为张兰九推毂一书，均已读悉。承惠之武梁祠画象精拓及曲阜、济宁石墨三十种，至今未到。久欲作答，忽忽又两月矣。吉林勘界之役，近得珲春依尧山都护来书，知俄廷所派之员以明年四月为期，译署尚无消息，能否免此一行，未可知也。合肥相国于前月十八日启节入觐，商办水师章程，闻于廿八日在译署会议，重阳后当可请训出都。兄俟合肥旋津，拟叩请假一月，回籍省亲，屈指月杪，必可到苏。如主人有回南省墓之请，届时亦必锦旋，同携樽酒，相约看天平红叶，一叙数年契阔之怀，亦乐境也。蓬莱尹生彭寿之子伯圜上舍来此三月，属其手拓吉金小品，谭次辄颂教泽，为齐鲁诸生重辟史学小学之途径，风会所

① 中国嘉德2020秋季拍卖会“中国古代书画”1176号。

趋，必有起而应者。所刻试牍中之经古，愿得一读为快。《印举》未成，乃寿老一生之遗憾。祜曾部郎曾否到省？此等委屈繁重之事，少年人或不耐烦，未必能细心点检。兄属尹伯圜持书至潍代为编次，亦须破一月工夫，想亦祜曾所乐从也。主人致书祜曾，亦可属伯圜代检一部，惟抄写编目颇不易耳。敝藏古印不满六百，今年始合数友之力编成十余部，郑师、廉生各得其一，叹为精本，当留一部奉赠，此时无便可寄，或带南中面交，兄所自留不过两三部矣。夏间书《孝经》寄沪上石印，尚不失神，较胜手民之锓版，邮筒不能过厚，附呈四本，以后尚可续寄。秋初又书篆文《论语》，字体略小，近日始成半部，将付石印，未知后半部何时可竣，五十岁人伏案之功非少时可比也。属书楹联、屏幅均已书就，拟分两缄寄上，封厚不能容，又恐被拆耳。兰九美才，愿得一见为幸，惟此间事简人浮，近日又有裁营之议，兄亦不愿久握兵符，徒耗岁饷，一两月内必有更变，即有爱才之心，苦无储才之地，挚甫同年处已作书径复矣。手泐布复，敬请台安。兄大澂顿首。九月初二日。①

## 十二

郎亭吾弟大人如手：

前月泐复一缄，由信局寄上，当邀鉴及。月初得沁电，极承关爱，知折弁已到京矣。兄之劳顿困惫，休养一月当可复元。近因五月雨少晴多，农民望泽甚殷，不能不率属虔诚祈祷。湘中若再荒歉，民情不免浮动，关系匪轻，忧心如焚。右目红肿昏花，力疾从事，不敢稍耽安逸。若赐罢斥，固可藏拙，但不欲遽萌退志，恐类悻悻求去之小丈

① 上海嘉泰拍卖有限公司 2012 春季艺术品拍卖会“中国书画　古籍善本”0578 号。

夫耳，我公当亦以为然也。手泐，敬请台安。兄期大澂顿首。闰月初四日。[1]

① 顾音海：《中国文物鉴赏全集》5《明清尺牍》，（台北）渡假出版社有限公司，1995年，第98—100页。

# 致王广文(一通)

前接湖北谭敬夫中丞来函,述及雯峰书院山长王文卿广文品学兼优,士论悦服,想尊处明年讲席必可蝉联,便中示及。手泐,再请台安。弟大澂顿首。十月廿二日。[1]

---

① 上海泓盛拍卖有限公司2017秋季拍卖会中国书画专场"慧闻室、怀玉堂、陈子清旧藏吴大澂尺牍——翰墨尺素及玺印专场"150号。

# 致王叔蕃(十四通)

## 一

念劬二兄姻大人阁下:

九月廿一日接诵八月廿三日手书,知前复两缄均已达到。恳汇各款,已分别汇交矣。芗林观察代订哈吃开斯千杆,因洋商不肯减让,照盛军原购十三两九钱之数,议加每杆美金洋一元,合规元十四两七八钱之谱,由尊处先付银六千两,似须明年开冻后方可运沪。如晤韵松,乞为告之。至军械机器进口,当由津局就近禀请傅相札行江海关道,无须由敝处行文。如由沪转运营口,可由阁下禀请刘芝翁移咨山海关道。前委游击沈子卿赴营口设局办理转运,续燕甫观察遇事周旋,极承关切。津、沪、营三处联络一气,可无掣肘之虞。韵松信受到,秋亭一信并执照当于月初带珲面交,振之信即为寄省。承示钱平甫兄履历,如有借重之处,当再布闻。弟奉旨补授太仆寺卿,已于十八日具折谢恩矣。手泐布复,即颂升祺。弟大澂顿首。九月廿二日。

开用关防公文已接到。前交领饷委员刑部郎中彭小圃兄,由京汇去市平银二万为购炮之用,计须十月下旬方可汇到也。[①]

① 《中国书法全集》18《清3》,文物出版社,2010年。

## 二

念劬二兄姻大人阁下：

昨泐一缄，交源丰润寄去，惟恐从者已启程北来，故家信另寄南中。家用仍照上年，按月代汇一百七十金，有便再行寄缴。手泐，即颂台祺。大澂顿首。二月十二日。[①]

## 三

念劬二兄姻大人阁下：

前惠枇杷果、碧螺春，久未泐函复谢。近日因病得闲，晚凉独坐，焚香下帘，煮佳茗一瓯，颇得静趣。顷读二十日手书，代购李鼎和笔六枝，并惠鲜藕一篓，风味较胜于粤产，敬谢敬谢。叔才将行，匆匆泐复，敬颂暑祺。弟大澂顿首。六月廿七日。[②]

## 四

念劬二兄姻大人阁下：

夏间为湿热所困，每日须静卧半日，以资修养。除例行公事外，酬应笔墨概形疏懒。文闱事竣，接办武闱，日内更形忙碌，灯下亦不得闲。屡奉手书，并承远寄佳茗，久未复谢，殊为歉然。前日又得手翰，知从者回苏，盘桓数日。寒家兄弟，老态日增，幸兴会尚好，不致索漠耳。又承惠寄台湾小柚、枣糕、肉松、官燕，老饕恣其饱啖，欢喜

① 上海泓盛拍卖有限公司2017秋季拍卖会中国书画专场“慧闻室、怀玉堂、陈子清旧藏吴大澂尺牍——翰墨尺素及玺印专场”152号。

② 《中国书法全集》18《清3》。

无量。今年脾胃尚健，能食果品，亦一快事也。赴浙候补一层，稍缓为宜。随班听鼓，了无意味，叙补积资，遥遥不可必也。手复，敬颂台祺。弟大澂顿首。十月十八日。[1]

## 五

念劬二兄姻大人阁下：

顷接三月初七日手书，代购粉连泗二十四、耿绢四十尺、颜料六种，均已照收。属书绢幅，四月中或少清闲，可以从事文翰。近因惠州水灾甚重，力筹赈抚，函牍较繁。州县禀报迟延，颇不放心，亲赴惠郡查勘一次，目击困苦颠连之状，舟中作诗廿四首纪其事，有云"野航几日断行踪，忽驾飞轮到石龙。东莞所属大镇。使者要知民疾苦，此来不为劝耕农"，观此略可知其近况矣。宁古塔副都护寄来山参一匣，乞为转寄家母。又送夏纨扇、折扇一总包，均交邢贵带去。外家信一封，费神一并寄苏为感。夏令湿重，惟起居珍摄不宣。弟大澂顿首。三月望日。[2]

## 六

念劬二兄姻大人阁下：

屡接手书，详悉一一。许鋐来粤，带到宜兴瓷器一箱，谨拜嘉惠，感感。刻下调管北栈，公事稍简。杏翁之意，因阁下经理杂务，头绪太纷，不能专心局务。此亦实在情形，未必因江孚任怨，别有谣言。

---

① 《中国书法全集》18《清 3》。

② 同上。

然弟处零星事件亦复不少，舍阁下则无可托之人。每次折差过沪，必有奉烦琐事，寸心极不安也。吉林宋渤生寄来参匣，费神转寄家兄，不必寄粤，省一周折矣。舍侄讷士以拙画未竟之作装潢成卷，属为补完。回忆作画时，忽忽十三年矣。兹为点缀成之，乞为转寄。手复，敬请台安。弟大澂顿首。四月廿六日。[①]

## 七

念劬二兄姻大人阁下：

前奉惠书，适诸事坌集，未及作答。今日又接手函，前恳代寄参匣、手卷，知已附便寄苏，感甚感甚。弟手致子梅、眉叔两观察书，当已早到。卓峰事有消息否？手复，即颂台祺。弟大澂顿首。六月朔日。

近患痔疾，半月不能出门。每日坐卧参半，故手翰更寥寥矣。[②]

## 八

念劬二兄姻大人阁下：

昨日接诵初三日手书，知眉叔调考各船管带，此实事求是之意。卓峰如可中选，必有可望，鄙人何力之有焉。翰卿家信二封，已转交。前所代购李鼎和七紫三羊毫，乞为再购二十枝寄下为感。手泐奉复，即颂台祺。弟大澂顿首。六月十二日。[③]

---

① 《中国书法全集》18《清 3》。
② 同上。
③ 同上。

## 九

昨接手书，知仲平已到沪，家书费神代寄矣。前有一函致广盦观察，交王爵堂廉访带沪。索其所刻朱子墨迹拓本，乞为代询。如有现成拓就者，寄下两分，因香涛制军亦欲求一分也。兹有复曾君表一书，内有诗稿十叶，故封特厚。乞为转寄常熟，或寄交家兄亦可。手复，敬颂台祺。念劬二兄姻大人。弟大澂顿首。六月廿七日。

再恳购毛春塘笔，另单开明。①

## 十

寄上凤眼果二篓，共六十斤。以一篓奉赠，乞以一篓代寄家慈。此果宜与白菜同煮，味胜鲜栗，又类白果，若生食则不甚甜也。乞转告家兄，同此领略，吴中向所未见耳。念劬二兄姻大人。大澂顿首。②

## 十一

前月交叔才带去一缄，附寄凤眼果一篓，想已达到。昨接廿九日手书，并代购七紫三羊毫十四枝领到，至感。近日场事渐忙，柳门升侍郎，昨始接电，运斋尚无消息。复颂秋祺，不尽宣悉。弟大澂顿首。七月初九日。③

---

① 《中国书法全集》18《清 3》。
② 同上。
③ 同上。

## 十二

念劬二兄姻大人阁下：

二月廿四日接诵十一日手书，藉悉一一。塞门德土已运三批，共九百九十九桶，又沙土五桶，约计津局当已起运在途矣。广方言馆肄业生朱正元如愿投效，亦可来豫，已电致聂观察询之。惟奖叙一节，未蒙俞允，将来恐难再请耳。义记地湿土之洋土，毋庸再购，因水陆转运甚为费事，津局裁撤后，更无照料之人。前批所定，亦可敷用。所短经费二千两，如津局尚有余款，即属小山由津汇还。贱眷已于二月十八日安抵大梁，承惠多珍，敬领谢谢。手复，敬颂台祺。弟大澂顿首。三月初五日。

毛春塘飞花入砚池笔，乞代购五十枝寄至天津转运局。有便即可带豫。

## 十三

再闻令嫒择于四月间出阁，敬具微礼四色，交卓臣带沪转寄，即乞哂存。去秋在闱中朱书七言对一副，寄奉雅鉴。卓臣、讷士两侄昨游岳麓山，明后日有轮船回省，即可送至汉口矣。弟近日精神甚健，较胜于去年，堪以告慰廑怀。手复，再请台安。弟大澂又顿首。[1]

## 十四

谭文帅前有赐书，因茶陵赈事辱蒙褒奖，且感且愧。因须手复数

---

① 《中国书法全集》18《清3》。

纸，至今未报，谒见时乞为道意。今秋茶陵西乡又有疠疫，弟作祭文一篇，遣员往祭瘟神，未知有效否。[1]

① 《中国书法全集》18《清 3》。

# 致王颂蔚(一通)

芾卿仁兄大人知己：

初八日折弁回湘，接奉六月下旬手书，勤勤恳恳，极荷关垂，至为感佩。弟治军无状，应获严遣，乃蒙圣恩宽宥，遽令回湘。弟因和局已成，勇营行将遣撤，上意或以地方为重，令其遄回镇抚绥辑，亦目前要事，故未奏请留营效力，明知奏亦不准，不过回顾出师之本意，占一面子耳。言路疑其进锐退速，此意中之事，亦不得谓之苛求。遽尔引退，迹涉悻悻之嫌，拟于瓜代后先请省墓假一月，想天意未必任其安闲。出处进退，莫如以孔颜为法，用则行而舍则藏，质之尊意，以为然否？手泐布复，敬请台安。弟期大澂顿首。七月廿二日。

再，弟上年在山海关所领饷银及购买军火经费，共银一百六十余万，现督局员赶造报销清册，于交卸前出奏。向由户部湖广司经承一手经理，此次拟费清神，查明出征各军应归何司核销，经承何人。乞先示及，容再派员进京也。

湘省善后局销费，向例每万银四十两，恐工、兵两部未必能照此耳。①

---

① 国家图书馆所藏，善本书号：04803。

# 致王懿荣(四十七通)

## 一

𨥫𠡠二字，原本陶录，必系当时俗字。益甫□致书，昨已在云楣处见之。司农第四信云债台丛集，棘手事多，想为颂鼎事而发。若六百斤巨款，良不易办。究竟其器若何，倘所见不如所闻，则经手人亦为难耳。《金石学录》所引各家著述，兄所知者十无一二，弟则邃于金石之学，恐未见者亦尚不少，似须广为搜访，方可定优绌。此事不能臆断，又不能任意取，欲速不达，此性急者通病也。明后日得暇，或与执事共相商榷，取而读之，其不知者为之标出，留以俟诸他日可耳。廉生仁弟大人。兄大澂顿首。十七日。[①]

## 二

《虢盘跋尾丛话》一叶领到，楹帖当请伯荪前辈书之。大著《师皇父鼎释文》，先睹为快。廉生吾弟。大澂拜复。廿九日。[②]

---

① 国家图书馆所藏，善本书号：17890。

② 同上。

## 三

顷有人送来一卣，有五十余字，的真无疑。乞过我一看，何如？廉生仁弟。兄大澂顿首。廿六日。[①]

## 四

抱所摹彝器四册，欲求审定，适直公出相左，归后孝公来晤，约未刻往赏盆桂。明早赴津，初十前即回也。廉生仁弟大人。如兄大澂顿首。廿六日。[②]

## 五

廉生仁弟大人如手：

寄上唐公房碑阴一纸，补前拓所未及，又新得铁币范，拓奉审定。匆匆泐布，敬请元安。如兄大澂顿首。九月十九日。[③]

## 六

《泉话》取来，再呈赏鉴。《款识》四叶附上，俟梓民竣工，另属刷印数本也。廉生仁弟左右。兄大澂拜复。二月二日。[④]

---

① 国家图书馆所藏，善本书号：17890。
② 《吉林省图书馆藏名人手札》第二辑，全国图书馆文献缩微复制中心，2006年。
③ 同上。
④ 同上。

## 七

连日碌碌殊甚，承示保定钱单，名品不少，当设法图之。原单奉缴，乞收入。廉生仁弟左右。兄大澂顿首。三月二日。[①]

## 八

安邑币一，压胜布一，拓奉鉴定。润鉴小币，兄已逐一细审，选得字精者数十品，此外皆鳞爪矣。梁邑异文最多，有一品极小而字满足，笔笔到边，此《泉汇》所未见，颇可爱玩，请一审之。郕子各品，无一同者，有平阳传形一，惜缺足矣。廉生仁弟左右。兄大澂顿首。十三日。[②]

## 九

索刻印石，似田白，纽亦甚精。拙刻恐不称，奈何。仿款识七字，日内即当报命。吾弟所属，不敢推诿，但不如石查远甚耳。贵恙得全愈否？午后当走访面晤，不罄。廉生仁弟手足。兄大澂顿首。二月朔日。[③]

## 十

肖菊兄约于午前奉诣，乞于午刻同临广和居一叙。已订香涛前

---

① 《吉林省图书馆藏名人手札》第二辑。
② 同上。
③ 同上。

辈，并无外客。松筠之局，午后去亦不迟也。廉生仁弟左右。兄大澂顿首。初八日。①

## 十一

松茂送来宝六化，索值一化一金，六化二字精不可言，惜乎动刀矣。此品想必芝珊所弃，吾弟曾见之否？兄已还四金。又有一四化，字太漫漶，弃彼而取此，精矣哉。昨课何题，乞示及之。廉生仁弟左右。兄大澂顿首。②

## 十二

数日不至厂，竟无消息。顷承关照，感甚感甚。父癸爵剔出之字，乃一字而非两字，若析木形之半者，殊不可解，其左绝无字形矣。廉生仁弟大人。如兄大澂顿首。③

## 十三

手示诵悉。六化已领到，笔彩洗早已购得。吾弟不游厂，极是极是。即有错过之物，所失者小，将来所得者大也。手复，即颂南元大安。廉生仁弟左右。兄大澂顿首。④

---

① 《吉林省图书馆藏名人手札》第二辑。
② 同上。
③ 同上。
④ 同上。

## 十四

昨有事至前门，归时过筠清亦未见。孙四前卣始还百金，渠云百金必不允，兄许以酌加一二十金，渠云日内即送去。鄙意以为说定，怪其连日不送来，岂孙四昏头搭脑，竟以鄙言为游移乎。兄之始意百金以内可得，欲效宋芝山耳，一笑。廉生仁弟左右。兄大澂顿首。①

## 十五

顷正作复，适绂老来，匆匆封交去手，未及详述。筠清一卣，兄曾还百二十金，渠以从前向松竹定要二百金，此时或可稍减，然说不得司农还价，恐复居奇不肯让耳，若辈无厌之欲愈多愈妙。若论价值，即百二十金亦不少矣。廉生仁弟左右。兄大澂顿首。②

## 十六

石查令侄喜事，当即遵示送一幛，已致函香翁矣。手复，即请廉生仁弟南元大安。兄大澂顿首。十四日。③

## 十七

筠清、孙四来此未见，属其将卣送至弟处，未识议成否。兄连日无片刻暇，春山索拓本亦未检送，前日来寓，亦未往答，真是百事俱废

---

① 《吉林省图书馆藏名人手札》第二辑。
② 同上。
③ 同上。

也。今日又不得闲，晚间或可无事。手此，即请南元大安。廿四日辰刻。廉生仁弟左右。兄大澂顿首。[①]

## 十八

顷适归寓，得读手示。承惠《历代帝王年代表》，谢谢。正欲奉访，又有客来谭天，恐不及赴约，明后日诣谭何如？连日不晤，碌碌更甚，无谓极矣。手复，即颂廉生仁弟南元大安。兄大澂顿首。[②]

## 十九

一卣送览，并有致司农书，乞阅后仍交小价送去。鄙见确否？幸教之。廉生仁弟。兄大澂顿首。有人约赴前门，不克奉访矣。[③]

## 二十

连日俗事蝟集，应接不暇，泉单送呈后，竟遗一纸尚在案头。作事匆遽如此，何以应烦剧，经济之不行可知矣，一笑。昨以沙南钩本见赐，大笔绝妙，万万非兄等所及。手复，敬请廉生仁弟著安。兄大澂顿首。上巳日。[④]

## 二一

铁老已得此差，似石查又不好派，鄙意听之而已。司农成命不肯

① 《吉林省图书馆藏名人手札》第二辑。
② 同上。
③ 同上。
④ 同上。

收，即老弟假呈上堂，司农必置不问，断不另派他人，可想而知也。祈酌之。伯大爵已赐下，可喜之至。顷要刻十钟山馆矣。廉生仁弟。兄大澂顿首复。廿三日。[①]

## 二二

韩壶多青绿细点，拓不甚清，择一最匀者奉鉴，幸为秘之，否则司农怒不解矣。兄大澂拜复。廉生仁弟大人执事。[②]

## 二三

昨至筠清访鬲未见，兄所留一器，颇疑其□□□□□可爱，心甚喜之。已还价耳顺，不甚远则留之，明知非上品而仍不忍舍，此故不可解。前见积古所录诸器，眼光又放低矣。执事得毋哂其迷惑耶。带束有与勤字重见者不止一器，"同黄"似仍解作马名为正。手复，敬请廉生仁弟大人著安。兄大澂顿首。廿九日。[③]

## 二四

吾弟所见一卣拓本，其器已来，精不可言，兄正议价未成，含英送他器至司农处，挟以俱往，因送敝处。仆人一并取入。司农询之，托言通州李氏属配木匣云云，将来必拳拳于此卣，又是一重韩壶公案也。吾弟有所闻否？今日在香翁处，归来未必能早。廉生仁弟大人。兄

---

① 《吉林省图书馆藏名人手札》第二辑。

② 西泠印社（绍兴）2019 年秋季拍卖会"中国书画古代作品专场"0644 号。

③ 同上。

大澂顿首。十六日。[①]

## 二五

香翁处何日清理书籍？今日去否？乞示知。手泐，敬上廉生仁弟左右。兄大澂顿首。初七日。[②]

## 二六

香涛前辈与海东三客在寓小饮畅谭，不省事多矣。台从不得来，怅怅。吴画奉上，乞收。廉生仁弟大人。兄大澂顿首。廿四日。[③]

## 二七

《筠清馆金文》乞检还，因须查阅一器耳。阮刻带至广和，交年老也。廉生仁弟南元。兄大澂顿首。[④]

## 二八

顷出城，已饬人往取仲辰刻印矣。饭后赴香严处，或有未了事，可面交也。廉生仁弟左右。兄大澂顿首。十一日。[⑤]

---

① 《吉林省图书馆藏名人手札》第二辑。
② 同上。
③ 同上。
④ 同上。
⑤ 同上。

## 二九

前寄《古玉图考》乃石印本也，今已镌板，用宣纸精印，送呈二部，并双钩石经笺、自制龙节墨、铜尺、南腿、茶叶，戋戋之意，不值一哂。敬上廉生仁弟太史。兄大澂顿首。初四日。[1]

## 三十

廉生仁弟大人太史阁下：

前接来电，茫然不解，询之达公，亦未奉到尊函。达公谓西僧与执事旧交，略知其源委也。近日无所见闻，吴中寄来鼎拓、簠盖拓二纸，文甚新，附呈雅鉴。“登”或释“邓”，[illegible]疑即“边”字异文，请释之。新刻石鼓文缩临本，藉博一笑。如有所见，乞惠拓墨为感。手泐，敬颂侍福。如兄大澂顿首。腊月望日。[2]

## 三一

退楼刻图甚劣，若知兄肯绘图，必大悔矣。鄙人有无聊之思，拟于中秋后薄游贵乡，访寿老、山农，许以绘图摹款，只要得千金之馆，不复吃长安尘土，两公必能为兄力图之。陈、李书成，极天下之大观而无憾矣。人生碌碌，能得一种笔墨流传不朽，亦足千秋，何必与眼前人争功名富贵耶。此事极快意，先为吾弟告之。廉生仁弟左右。

---

① 中贸圣佳国际拍卖有限公司 2010 年夏季艺术品拍卖会“中国古代书法专场”2016 号。

② 国家图书馆所藏，善本书号：04803。

兄大澂顿首。十三日。[①]

## 三二

廉生仁弟大人如手：

昨致安圃同年书，附寄《说文古籀补》一部，因潘、陈二叙尚未刻竣，未及装订，军书旁午，竟不能好整以暇，亦才力竭蹶之一端也。法总兵福禄诺曾言胶州无(下阙)[②]

## 三三

廉生仁弟大人如手：

七月下旬泐寄一函，并西狭、耿勋、郙阁拓本一总包，交抚署折差带京，计早达览。八月十二日接五月廿二日、六月初三日手书二函，并簠斋丈所寄瓦石拓、聃敦拓释洋法照片，一一领到。古玺朱墨拓直二金，有便汇寄。如有存销者，乞再代购两分，此印之最古者，罕见之品。《印举》之成，尚属无期，得此古玺精本，亦甚可喜。兄近得一周印，字不可识，断非汉以后物，拓呈请鉴。承惠朱砖残石拓本，甚善甚善。汉刻中又多一品，字体与他刻不同，良可宝爱。谢谢。郭巨石室画象不知何时寄到，令人梦想不置。前月在省录科，事毕勾留半月，零星购得彝器数种，泥石造像、钩、镜、虎符、弩机、□□□□□□敦，又借得绅士家商鼎，甚佳，拓奉审定，亚形中多至八九字者至为精妙。此鼎似可得，已托人议价，尚未定也。唐石经已拓得二分，较常拓为

① 《吉林省图书馆藏名人手札》第二辑。

② 北京翰海拍卖有限公司2006迎春拍卖会“中国书画”0539号。

精，自留其一，当以一分奉赠，俟明春入都时带呈，因无妥便可寄耳。兄今冬交卸后，拟先乞假省亲，明年三月间再行北上也。兄大澂又顿首。[①]

## 三四

廉生仁弟大人如手：

腊月廿六日由阶州回署，接奉九月七日手书，并簠斋丈四信及各拓本。令弟一函亦悉，当即照办，一面咨山东学使，一面咨国学更正，陇西学则由敝处转饬开除学名，不经礼部当无周折也。承惠父戊盘全形，洵为天下至宝，高湛志亦尚未得，至感至感。新正又接长至日惠缄，又簠丈一函，均已领到。所寄郭巨石室画象及《孝感颂》自应缴值，常岳造象为敝箧所无，感何可言。潘宗伯、李苞题名当在晏袤释文之右，其石高而凸，为雨淋日炙，绝无字迹可见，晏释亦剥蚀殆尽可想而知，不若鄐君石刻之刻在凹处也。鄐君石刻下晏释亦风雨所不经。《石门颂》《石门铭》均在门洞内，《西狭颂》亦在崖石深处如龛，故与初刻无异，石质亦坚如鄐君石刻。即不坚致，将来必成没字碑矣。所需《西狭》《耿勋》《郙阁》诸刻，当为留出西纸者一分，遇便再寄。文安县主志石，拓奉鉴赏。近得玉造像，古色黝然，是玉根而非白石，造像多以白石为玉，如前所大统造象即白石也。殊可珍宝。阳甲城新出九字瓦，其廓全缺，苏七以重值得知，细审瓦质，非伪作，亦非改刻，且有土斑甚坚，特拓寄二纸，以其一转赠石查，未知前人瓦录有此文否，并乞示知。昨属协同庆寄去百金，恳为转寄簠丈，聊助拓费，欲得其吉金全分拓本，如已寄到，请交关中会馆晏生安澜带下。如晏生联捷，亦必有出都之人也。明日出棚，按试同州。手复布臆，敬请元安，不尽百

---

① 《吉林省图书馆藏名人手札》第二辑。

一。如兄大澂顿首。二月十一日。[①]

## 三五

廉生仁弟大人阁下：

前月奉书想早达览，上已接二月十一日手书，敬承一一。令弟改回原籍一事，已札饬陇西学开除学名，并于黉册上注明咨回原籍，又咨山东学政，转行福山县学，并加一手书，致漱兰前辈，想可不误。国学咨文一角附上，望即交令弟，将原领执照一并投递。须与柳门商之，能不咨礼部为妙，恐一咨部转有窒碍之处，前年曾有咨部请归原籍之案，并未覆准，后接都中同年来信，云近来籍贯甚严，属以后勿再咨部云云。如礼部有熟人可以商办，或须兄处补咨，亦祈示及为要。簠丈见寄金文，望交关中会馆在顺治门大街。晏海臣孝廉安澜，至为妥当，四月内有人出京，五月必达也。新得元兴镜，拓奉鉴定。又有金文一纸，瓦器玺文附上。拨冗手复，敬请台安，不尽欲白。如兄大澂顿首。三月八日。[②]

## 三六

廉生仁弟大人如手：

久未奉书，思君如渴，想元作必极得意，盼望捷音，日夕翘企，揭晓之期当亦在重阳左右也。前月在省购得一盘，系鄠县出土，同出者六鼎四敦皆同文，破烂不堪，价亦甚昂，故一盘外皆未之得。鄁字系

① 《吉林省图书馆藏名人手札》第二辑。
② 同上。

国名，乞为释之。令弟改籍事，竟为高阳驳诘，殊出意外。前月作书与之理论，从此不解，无论他事。即所增廉款，渠意从三月朔算起，兄悉让之，岂有未出京而支廉款之理，他人安肯如此通融。乃区区无关紧要之事，而坚执不允，此不近人情之尤者。以后只有由部札查，渠亦不能不覆县学出结，已有前案，似亦一办法也，尊意以为何如？手泐，敬请元安。兄名心泐。九月初五日。[①]

## 三七

廉生仁弟大人阁下：

前日折弁带回冬月廿七日、腊月八日手书二缄，承惠地节鼎铭、离石圜币拓二种，至感至感。何古币之层出不穷，后人所见富于前辈，不可无《续泉汇》之续刻以汇存之。属寄仲饴书，顷已递去。黄小松《嵩洛访碑图》廿四开，倪豹翁曾见之，梦想已久，如可得之，亦文字缘也。十八合龙后，二十拜折，忙碌万状，日内料理回省，新年可拓各器寄呈，隋志亦无拓就者。匆匆不及多述。手复，敬贺岁禧。如兄大澂顿首。伯母大人前叩禧请安。嘉平月廿一日。

杨实斋来此住十日，仅携五铢范、“永受嘉福”全瓦全身亦不易得。及汉印数事，明日将回秦，而蒲城所出隋志已得一纸，绝无仅有之品也。孙回子入都，携古器无数，有所得否？[②]

## 三八

廉生仁弟大人阁下：

去冬曾寄一缄，交抚署折差带京，想早鉴及。伯羲同年书来，索

---

① 《吉林省图书馆藏名人手札》第二辑。

② 国家图书馆所藏，善本书号：04803。

敝藏印谱，因册中无编目，须于封面分别注明，方可检阅，费两日之功，注成两部，以一部分赠执事。古玺中有“职方氏之玺”，系潍估伪造，乞为撕去。近日续编《千玺斋古玺选》，二月内亦可成矣。今年拟编集金文付之石印，约有二十余册，亦一巨观。乘此闲暇时专力为之，想亦好古君子所乐闻也。如有所见，乞留拓本寄我。伯羲所得涞水出土各器，均尚未见拓墨也。手泐，敬请著安。如兄制大澂顿首。新正十七日。[1]

## 三九

廉生仁弟大人阁下：

十二日折弁回豫，带到初四日手书，并裴估所寄玉玺、玉印、小节墨刀、圆足“閔”字币、尖足“閔”字币二、一缺足。尖足“大阴”币、一。“甘丹”币。八。惟尖足“閔”字、“大阴”敝藏所无，余皆重者，然不肯寄还裴估，亦郑堪师放价收钟之意。兹属票庄汇去京松一百八十两，乞转交之，以后属其专收玺印，兄于古泉好之不笃也。手复，敬请轺安。此信到京，正晋豫典试揭晓之时，极盼使星临汴。能与运斋同行，尤为一时佳话也。临颖无任翘企之至。如兄大澂顿首。六月既望。[2]

## 四十

廉生仁弟大人阁下：

七月初六日得六月廿七日手书，日盼星使出词曹而不得消息，令

① 北京翰海拍卖有限公司 2006 迎春拍卖会“中国书画”0539 号。

② 国家图书馆所藏，善本书号：04803。

人愁闷成疾，发肝胃气，十日不得饮食。病中题古玉璋一幅，手僵不能工书。《豳风》六幅乃未病时所书，交折差带呈，乞正之。昨见四圭，有邸。一玉琢成者，器不大而制甚奇，尚未议定。手复，敬请台安。如兄大澂顿首。七月廿四日病。

大疏见邸抄中，煌煌大文也，佩甚佩甚。腕不能多作字。[①]

## 四一

廉生仁弟大人阁下：

两月未通音问，敬维履端集祜，潭府凝釐，为颂无量。兄于冬至前七日得一白玉琯，一面微带黄晕。以所定周尺度之，适得尺有二寸，与两大圭、两大璧、一大琮之尺有二寸者豪厘不爽，以黑秬黍即高粱。大小适中者盛之，实容千二百黍，其为黄钟律琯无疑。然与班《志》及《周礼》郑注"黄钟九寸"之说竟不相符，乃知郑袭班说，班袭刘歆之说。所谓"三分损一""三分益一"者，皆歆之臆说，实未见古乐器也。以理度之，十二律以十二寸为度，一寸可容百黍，十二寸容千二百黍，适符十二辰之天数。如得秦汉以前古书中觅一证据，可以翻此大案。吾弟读书得间，如有与鄙说相近似者，乞示一二，以开茅塞。王西泉来此三日矣，挟古玺、古布各数十，皆索重值。玺固可爱，价则相去太远，恐不能成。渠不知甘丹、大阴、鄉氏等大布，敝处已得三四十，价极廉。尚欲居为奇货，亦殊可笑，不能遂其所欲，必怏怏而去。吾弟闻之，必大乐矣。馈岁诗三十韵，托康民转呈，乞哂存。手泐，敬贺岁禧不尽。伯母大人前叩禧请安。如兄吴大澂顿首。腊月初三日。[②]

---

① 国家图书馆所藏，善本书号：04803。
② 同上。

## 四二

廉生仁弟大人阁下：

昨晚折弁回汴，奉到初六日手书，属寄仲饴太守书，今日即为递去。顷知仲饴调补开封，将来到任后，省中多一金石交。丁少山同来，更不寂寞。《攈古录》之刻，兄亦可赞成其事也。前月下旬因病得闲，将生平所见周秦汉唐古刻追忆旧游，拟画《访碑图》三十二幅。每图一幅，附书游记一页，约可凑成六十四页。小松司马名迹，既不可得一见，窃不自量，仿而行之，欲与钱唐抗衡，未免好胜之心，然不好胜则不能成此巨观。附呈题目一纸，不无杂凑之病，而游迹所至，止于此数，亦颇有作茧自困之势，但用此一番苦功，其中亦有乐趣。敝帚自享，可博一笑。《古玉图考》已付石印，重阳前后必可寄到。何伯瑜所打《印举》及簠斋手定稿本虽已取到，尚未分卷，此事亦极琐屑繁重，断不能假手它人，仅将官印抄一目录，古玺尚未抄齐，俟编订成本再行寄览，特非折差所能带耳。牙璋确系三代物，周制既有三尺大圭，亦或有三尺大璋，大圭不可得见，世间未必无其物。似非臆断。汉鈲镂乞示拓本。此韩古琴所得，何以忽至都门。敬请台安。如兄大澂顿首。八月十四日。①

## 四三

廉生仁弟太史大人阁下：

腊月廿三日折差带回十二日手书，猥以区区椒酒之献，重荷齿芬，益增愧悚。承惠隋蔡君夫人墓志精拓二纸，感谢感谢。此石必系

---

① 国家图书馆所藏，善本书号：04803。

邯郸出土，近接豫境而不至汴，甚为可惜。然鄙人近年所获石刻亦不少矣，岁晚新得唐石二方，四边皆刻十二辰画，洛阳出土，于无意中得之，拓奉鉴赏。前裴仪卿购与兄处秦诏残字刻石，据西泉云实非伪造，系某处乡人从涧水中拾得，字为水冲，平漫而光滑，得者仅出千文，后乡人知其字古，又索扛力数百文。当时尚有一纽，迁移时泐去。细审石理，半纽隐约可辨，当系秦时民间所用之石权，重今库平三十五斤，以铜石权较之，短十九斤，则石之上端泐去不少矣。西泉所挟大小古玺四十余、官私印九十余，惟玉古玺、白玉两面印尚佳，余皆零星小品。铜石造像残字数种，均已得之，暇当一一拓寄也。《黄钟律琯考》三篇，乞教之。手复，敬颂新祉。如兄大澂顿首。庚寅人日。

拙画望后寄呈，倪豹翁、丁少山二绢已交去。

近接电报，家母患病甚重，五内焦灼，现在奏请赏假一月，当蒙俞允。如母病就痊，闰二月即回本任。所属画幅，豹翁已先缴卷，拙作月内亦必寄上也。匆匆不多及。大澂再拜。①

## 四四

廉生仁弟大人阁下：

二月初五日折差带回手复，并致仲饴一缄，适仲饴在省，即日送交，并索其复函附上，乞察入。徐翰卿自吴来汴，代购吉金十余事，以方卣为最，四面皆作象形，两牙长出交互，疑象尊□□盖有提者，与寻常卣器迥乎不同。又得一玉古玺，极大，系南浔顾子嘉旧藏。据云关中出土时，有古玉□□同出一瓦坛中，色泽皆同，俗谓之石灰浸。首一字[illegible]疑即宗妇敦之[illegible]字，[illegible]当即“将”，下二字不可识，铜□□尚有

① 国家图书馆所藏，善本书号：04803。

数钮。玉玺如此之大，真是有一无二之品。子嘉获之数十年而兄竟不知，今翰卿以者女彝易之，而□□于窓斋，可为《十六金符斋印存》之冠。亟拓二纸奉赠，又一纸乞转赠伯羲共赏之。兹寄上奇字钟拓一、卣□□、□拓二、匜拓二、觯拓一、爵拓三、瓦券拓一，乞鉴存。手泐，敬问起居不宣。如兄大澂顿首。二月廿二日。

所需之件，板甫□□尚未刷印，容后寄上。[①]

## 四五

廉生仁弟大人如手：

前交折弁带去各函，并《集古官印考》，又交解饷委员带呈《水经注》一部，未知何时可到。何诗孙舍人以所藏九字古玺来易敝藏王麓台司农巨幛，诗孙爱画之癖甚深，尤专力于司农，兄以王画之精者听其选择，两得其所。寄呈拓本二纸，乞以一纸转赠伯兮同年，湘中结此古缘，亦不负此行矣。手泐，敬问起居不宣。如兄大澂顿首。十月二十日。[②]

## 四六

廉生仁弟大人阁下：

重阳寄上一缄，并《官印考》二部，十四日续寄一部，又致伯羲一书，计均鉴及。王益吾前辈校刻《水经注》，略加翻阅，服其校勘精密，代觅一部，交解饷委员带呈，想必先睹为快也。手泐，敬问起居不宣。

---

① 国家图书馆所藏，善本书号：04803。

② 同上。

如兄大澂顿首。九月廿二日。

长沙府学有淳化铁柱，已访得之，后再拓寄。①

## 四七

廉生仁弟大人如手：

十月廿八日折弁回湘，带到手书，寄还《集古官印考》，感谢。尊藏各印甚精，兄于册内一一注明某某所藏，他日有可考证。近日摹刻黄杨木印，颇有可乱真，但须手自钩摹。每日公余之暇，只能钩三四方。第一册已补齐，寄奉一览。随刻随打，不甚费力。又一册，乞转交伯羲。将来陆续寄去，仍将前次所寄未补之本换还。吾弟如有所见，随手补入，究竟原印胜于摹印耳。摹印恐落自家模样，望而知为一手所篆，兄竭力变换，搜罗各家印谱内原有之印，影摹付刻，神气较足。盖瞿氏原本皆系油纸钩出，草草不工，但存大略而已。明正海道可通，再交折差带上几部。承示藏印目已属胡子英之侄抄出一分，拟先付刊，名曰《十家官印藏目》，《赵凡夫印谱》、无名氏旧印谱、陈簠斋《印举》、福山王氏、闽县陈氏、归安吴氏、道州何氏、元和顾氏、《共墨斋印谱》、《十六金符斋印存》。拟以古官玺冠其首，泥封附其后，聊备考古家之幡阅。若欲续成《官印考》，恐无此精力矣。《高翰生印谱》可取者甚多，奈力有不逮，只好挑取数十纽，约百余金之费，春初寄去，再取印回，年底并此百金亦匀不出矣。仿制铜龙节甚精，不知价值若干。何诗孙家藏印谱，兄仅得一分，如能备纸属子英往印，必可奉赠一部也。煦堂所托马志超，年已八十，属善化令绝不更换。手复，敬贺年禧。如兄大澂顿首。冬月十六日。②

---

① 国家图书馆所藏，善本书号：04803。

② 同上。

# 致翁同龢(七通)[1]

## 一

叔平宫保年伯大人阁下：

闱事历碌，竭蹶不遑，久未肃缄，上叩起居。胜之太史寄示闱墨，清真雅正，于理境题中不落陈腐。历观各省寄到闱墨，当推首善，其次则河南、陕西，必有读书明理之士出于中，想见焚香选卷，竭意搜罗，得士有庆，敬佩曷任。湘中取材不拘一格，大半绩学之士，校经书院肄业诸生中至十五名，亦云极盛。湘士近来于汉学门径渐开，大都以才气胜，而收束身心，躬行实践，尚须鞭辟近里著已，庶可以学敛才，才敛而学益纯。大澂拟以胡云阁先生《弟子箴言》进诸生而训勉之，似与当日曾、胡、罗、李诸名臣根底之学不相背谬，或可造就一二人才，长者以为然否？手肃，叩贺岁禧不具。年愚侄吴大澂顿首。冬月既望。

## 二

叔平宫保年伯大人阁下：

印若舍人昨晚来关，奉到廿二日手教，所论关外空虚不敷分布情

---

① 吴大澂写给翁同龢的这七通书信，均为国家图书馆所藏，善本书号：04803。

形，极为可虑。昨得锦州来电，倭由平安洋渡来与我军接仗，未知胜负如何。此次大鸟忽往龙川调度，在义州之南。知其别有诡计。彼必窥我鸭绿江口西边海岸无人防守，故不由上游偷渡，而从下游绕越。祝帅兵单，九连城腹背受敌，所调刘、蒋二军赴援，不能速达。蒋由陆行，今日始拔队，其气甚馁，此外别无可调之营。奉防如此，岂可恃为长城？敝部仅到四营，冒险航海，刘镇树元亲遇倭船，盘诘两时之久，告以天津铁路所雇夫工，彼船六七艘，有一大员书一字条云“此船可疑，姑准放行”。湘军北来，遇险不险，事机尚顺，或亦忠信涉波涛之一证与？以后余、魏各营均由清江北上，恐须冬月中到齐，届时外洋所购枪炮亦可运到，连鄂军计之，合成三十余营，可与一战。手复，敬请台安。侄大澂顿首。九月廿八日。

## 三

叔平宫保年伯大人阁下：

印若回京，带奉寸缄，当邀鉴及。香翁来电，吴元恺统带炮队四营，已奉电旨归敝处调遣，并铁字新旧十营，合魏、余、刘、谭二十八将，共成四十二营，计冬月均可到齐。每月需粮八千石，派员在芜湖购米二万四千石，已运八千石到沪，此外购马、购骡、每营有驮骡五十头，行军较为便捷，即令在长夫价银内腾出喂养，不另支正款，惟购办不易。购车、另备大车五十辆，以资转运，临时添雇，不致延误。制备皮衣，南勇北来，须给皮衣，约需二万余件，此事亦难猝办。均为一一布置，愧无陶都督综核之才，未能事事精密也。所盼前敌各军支持两三月，敝部新勇训练得法，届时军械亦可由外洋运到，当与倭人决一胜负。鄙意后路站稳，得步进步，小胜勿追，小败勿退，诸将同心，免蹈覆辙。当时湘军气弱，以淮军济之，此日淮军气衰，又当以湘军振之，似亦消长循环之理，特患鄙人有曾、胡之志，无曾、胡之才耳。军械由轮船密运到沽，幸托庇无恙，日内当督率弁勇勤加操演，以备不虞。宋帅退凤城，尚无续报。手泐，敬请台安。侄大澂顿首。十月初四日。

十八日手教，昨始由津寄到，饷银已于月朔到津。

## 四

叔平宫保年伯大人阁下：

十六日折弁回关，奉到初九日手教，过蒙垂爱，诱掖奖劝，且感且惭。旅顺不守，畿防更形吃重，幸封河伊迩，十日以后海防渐松，只须扼守山海关一路，倭兵不能飞渡，北门管钥，责无旁贷。前陈一疏，藉以上慰宸廑，非敢轻视敌兵。若统兵大员人人以危言悚听，动谓兵单械少，战事毫无把握，朝廷何所恃以无恐，又何所赖以御敌乎？可为浩叹。伏念皇太后圣德如天，皇上善继善述，畿辅重地，必无意外之虞。若如前敌之望风而靡，几疑中国无一能战之将，国家无一可倚重之臣，宜为汉纳根所窃笑也。大澂日督诸将认真演练枪炮准头，破除从前剿发剿捻之成见，此训练中根本功夫。倭用阴谋，不能不以奇计敌之，《战法》一卷附呈台览，不足为外人道也。手泐，敬请筹安。侄大澂顿首。十月廿九日。

大雪以后敝部各军陆续到来，须勤操两月方可稍有把握。

## 五

叔平宫保年伯大人阁下：

前复一缄，并呈《平倭战法》一册，由郎亭转呈，当蒙鉴及。兹呈《湘军行阵图》，每营给发一纸，令其平日照此操演，临阵不致慌张。

此皆参用泰西战法，去其烦琐，取其简明，一变从前湘军冲锋陷阵之成见，乞赐教诲。近来仍有用马队包抄之说，此最误事，不知快枪击步队一里未必能中，击马队二里无不中者，此大澂细心考究，知之甚详。且马队多聚一簇，必大吃亏。唐元圃、吴仪堂多劝大澂添练马队，一笑置之而已。旅顺之失，将领逃散，卫汝成弃军至烟台，大约早雇民船，预备一走，其情可恨。镇远自焚，尤为奇事，即管带刻扣，众情不服，与船何尤。手泐，敬请筹安。侄大澂顿首。冬月初三日。

以数百万金购备铁舰付之一炬，从此海军不复振矣。他船若皆效尤，岂不寒心。

## 六

叔平宫保年伯大人阁下：

叠布两缄，附呈《战法阵图》，当蒙鉴及。今午接合肥相国来电，大鸟一军拟由旅顺来攻山海关，顷已将布置情形电奏，仰慰宸廑。如果来扑，当率各军与之力战，决不能如旅顺之纷纷溃退。诸将皆言宜定赏罚，设有懦将私逃，大澂当以军法从事，断不为之掩饰。朝廷或虑兵单，董提督福祥诚朴忠勇，若派来关协助，必可得力，不敢请耳。蒙慈圣颁赐御书大“寿”字、袍褂帽纬等物，理应具折叩谢天恩，特布数行，交折弁带呈。伏乞鉴察，敬请筹安。侄大澂顿首。冬月初五日。

魏午庄方伯面称，六营之外尚有余勇数百人，敝部四营亦有精壮长夫愿当勇者，拟即奏请合成两三营，交曾重伯统带。诚如尊论，旷世轶材，他日必为名将，绳其祖武，较武员必更得力。

逃将至烟台，见之刘芗林电报，李鉴帅必知之。镇远焚毁，未知如何奏报。昨晚成山来电，倭有六大船、二雷艇南驶，其意必将以全力攻威海，毁我水师。幸北洋封冻在即，海防渐松，畿辅可保无虞，但望奉军协力保守辽沈，明春必有转机。掘濠一事，当督营勇尽力图之，至土脉冻坚，不能施工而止。大澂向不畏难也。近接袁慰庭来信，抄呈台览。前敌各军致败之由，历历如绘，犹曰非战之罪，其谁信之。前函所述镇远自焚，尚系谣传，现待修理，一时未能出海耳。逃将至烟台，恐难掩饰，都中见闻必有确实消息也。侄又启。

## 七

叔平宫保年伯大人阁下：

在津沥布寸缄，当邀鉴及。侄于月朔行抵白门，与香帅忽忽一晤，知和议尚须候旨，俄、英各国均有异言。倘能议减赔款，少割海疆，与吾华不无裨益，中原财力只有此数，即筹借洋款，一时亦未能就绪。若本年须缴数千万金，谭何容易，不知大司农有何良策也。侄于浴佛日到湘接印，乡民望泽孔殷，明后日即须祷雨，但望二麦丰收，人心稍定。会匪已有蠢动之机，前月廿四夜有匪徒数十人入定湘王庙毁其神像，宁乡县城隍亦有被毁之案。拿获匪党，供系黄陂孝感县人，其教名为阳教，似与白莲教相类，匪首当在荆襄一带，其意欲勾引湘中会匪，联为一气，不可不严加防范。侄面谕各营将密查营勇，如有鄂勇混入湘营，冒称湘籍者，概行驱逐。前领部款续购枪炮，拟俟洋商运沪，酌运回湘，为看守门户之计。湘中旧存枪械，悉数带出关外，设有不虞，茫无以应，此时湘鄂防营，不能不力加整顿。外患内忧，互相倚伏，不敢保其无事也。侄甫经入署，即有悼亡之戚，内人扶病同行，本极勉强，三十年患难夫妇，不忍久离，生死似有定所。手沥，敬请钧安。年愚侄吴大澂顿首。四月初十日。

# 致吴本齐(二通)

## 一

卓臣贤侄如晤：

久未得书，未知何日启程赴宁，是否与佩萱同寓？父亲来书，拟赴白门送考，能否与中丞同行？均极系念。今岁副主考文公向来学问渊博，二三场认真之卷，必有可望，官卷尤须十四艺统较。下江想不过二卷，吾侄与讷士能得其一，亦足为门楣生色也。肖韵奉讳，可惜之至，此亦意所不料者，老年骨肉，悲痛尤深。昨寄百金并挽联一幅，想二十前当可达到，属蔚盛长寄至申庄，专差送去，想可不致迟误也。吾家应试者有五六人否？鼎元弟如到金陵，亦送元卷十元，三邑卷费约二百余元，此次独捐，不必告知伟老矣。余详讷士信中。手泐，即颂元祺。愚窓斋手白。七月初八日。①

## 二

卓臣贤侄如面：

初八日接诵手书，得悉一一。庞五太太代送葬费十六元，年底亲

① 中国嘉德2013年秋季拍卖会“中国古代书画”2065号。

族馈米，乞付三十元，由润之酌量分送。吾侄经管各事，月送脩金十元，自十月为始，按月寄去三十元，为双林老宅各处津贴及江阴吴子重夫人月费，统交讷士处转交吾侄，遇有格外帮助之款，即于前存项下动支。此间局面虽窄，撙节用度尚可量入为出。明年六妹出阁，当预筹一竿寄去也。即颂侍福。愚大澂手泐。十月初十日。[①]

① 中国嘉德2013年秋季拍卖会“中国古代书画”2065号。

## 致吴本善(一通)

家中旧存鹿角,乞检赠斗庐配药用之。讷士览。窸斋手泐。腊八日。①

① 国家图书馆所藏,善本书号:14901。

# 致吴承潞(二十二通)

## 一

广盦三弟大人如手：

前月下旬曾布寸缄，计已达览。月初穗甫到京，接奉二月望日手书，藉稔试事殷繁，勋候佳鬯，慰如所颂。兄自初八送场后感冒春温，卧病十余日，近始复元，精神尚未充足。皞民日内酬应甚忙，所索底稿，前途尚未交来。彼中人素性迟滞，兄已屡屡催促，俟其交到，当如尊意另布一函，转述师门之意云云。桐师本极关切，进场之前，曾由世兄致意皞民，甚为拳拳，想已有书奉复矣。穗甫文字尚未见过，韵初最为入彀，与乙年大作相似，此必售之文也。手此布复，余容续闻，敬请勋安。兄期大澂顿首。三月廿三日。

初八日致皞民书已见及矣。

## 二

广盦三弟大人手足：

十月初道出棠封，作衙斋竟日之叙，快慰奚似。两月以来，碌碌未通尺素，想判事之暇，课桑劝农，惠泽所施，必已从容就绪，何不宣示一二，令我侧聆琴奏耶。节相奉复一缄，计已达到。畿疆吏治，待理者正多，头绪过繁，骤难整饬。兄贡两议，一札道府，密（下阙）。

## 三

（上阙）之说，桐老关切有素，即不去说，亦必留意。若得蘅老于博相处一提，尤为结实，阖人转述，似尚未妥。未知见得到否？至许朴斋平正老当，向与皞民交涉事多，无可疑虑，所需白笔，许以从丰，彼亦并不居奇。俟其定稿，再与酌定。由兄与皞民商办，可请放心。手泐布复，敬请勋安。兄大澂顿首。七月初十日。

荃相幕中有汪镜初兄，笔墨雅洁，近有新入幕者不知其姓氏，子梅在苏曾见及否？拙画意造无法，索作大幅，恐力不逮耳。

## 四

慎思主人如手：

初四日奉到二月十八日手书，敬稔台候胜常，凡百如颂。想日来试事正忙，门墙桃李，必多佳士。闻苏属县试亦已竣事，寒族无好童生，与考者亦属寥寥。敝邑文风近亦不佳，陶堂巨眼，必为之一笑也。湘乡星陨，朝野震惊，饰终之典，至为优异。长江为东南之锁钥，南洋为北洋之咽喉，非威德重臣不足以资镇压。宋帅抚吴，必有振作，若遽升任，其如吴民之失望何？《求阙斋文稿》兄处曾录数十篇，他日当以目录寄上。如主人所见较多，乞觅抄手代为补录。文正识度，求之古人中亦不多觏，读其文可想见其人也。吾主人之见器于文正，不仅以文字受知者，比循政惠泽福我娄东士民，为日正长，必有卓然表见之处。滦州游子岱先生，以循吏特放永平府，亦文正旧时举荐。朝廷用人，近多破格，可为尽心民事者劝。改缺一节，已经议准，以海州为题调缺。原稿奉览，皞民书附上。所寄百金已汇到，当即转交。厂肆旧书甚少而价奇贵，前属代购"续三通""皇朝三通"屡经议值，相去甚远，因未报命。前年所购"三通"，不过八十金，近则百金外矣。手复，敬请勋安。兄大澂顿首。三月初六日。

朴斋处已与铜井商之，先交百金，如无难色，亦可不必请益矣。去岁同泰往来各款，均在兄账上收付，前开一单外，别无他款。以前如有别用，当属刘庆霖查明前账，再行寄览也。大澂又顿首。

## 五

慎思主人如手：

廿五日接奉十一日手书，并承惠借百两，感何可言。梅公喜于任事，是其好处，然往往不知大体，意气太甚，便涉多事。兄里居时直言相劝，刻刻以清凉散一剂，用冷水一杯服之，客气稍平。吾党诸君子谨饬者畏事，勤敏者又好事，非得二三友人时左右之，便有稍纵即逝之虑，人才之难得如此。陶堂爽直，有过人之才，若肯俯顺人情，乃吾吴贤父母。近以禁山一案，在籍绅士屡有书来，都门风气，得一新闻，互相传告。渠同年中，颇以庚申试事余怒未息，近因此事益扬其波，显斥以为肃党，甚有怂恿言官议登白简。鄙人默为维持，力辩其心术无他，才可有为，众论少缓，然未能涣然冰释也。吴兴尚书亦有祖墓在天平左右，闻亦未免介意。风水之说，兄所不信，而同乡诸公沾沾于此，殊不可解。总之，陶堂稍就和平，即不为众议所排，今冬若能他调，或不致有后虑耳。兄自文安归，在京度夏，亦不得闲。本拟俟秋凉后再往筹赈，即以前存银米酌量分给，了此一愿。乃自七月初一、二日永定河决口，水势泛滥，宛平、良乡被灾各村有难民数百人，在金门闸堤上嗷嗷待食。兄于初十日闻信，即于十二日前往，偕皞民同赴该处，放米数日，给钱一次。又至当溜村庄亲自查明被冲房屋，老者、病者、残废者，散钱数百千。此次集捐千五百金，尚有未及遍查之处，函请伯相派员接办。兄等于廿四日回京，连日乘骑跋涉泥淖中，人马俱困，精神已觉不支。文大之役，不克亲往，已由天津委员数人前去办理。文窪积潦，未退又增，西水河工，骤难兴办，千里长堤已破碎(下阙)。

再闻贵署征收尚虚两席，有舍亲陆砚田叔岳和平精细，前在敝署司账，因送贱眷南归，赋闲在家。其结实可靠，为亲友中难得之人，如尊处本须添请幕友则甚妙，否则属员中有可推荐之处，心感无既。大澂谨又启。

如有机缘，就近关照舍弟处为感。

## 六

慎思主人如手：

廿五日接奉十一月十八日手书，并毛诗一部，当即照单送去，余款留存敝处。今年购物各账，俟查明开出，再行寄览。闻今秋娄东各乡棉花不甚丰收，执事实心为民荩虑，益形劳勚。漕事正忙，想较去年费力，公事公款，尚不致棘手否？至为系念。兄终日碌碌，案头笔墨山积，不得料理，闲官如此，亦殊可笑。惟经理各善举，辄偿所愿，此一快事。宛平所属之赵村、榆垡一带均受河患，被冲最苦。今冬募得二千数百金，所制棉衣自行往给，与皞民同去，按户散衣，似尚实济。又于荒村中为设粥厂二所，适英西林中丞有助赈千金，由大京兆发交兄处。又募数百金，延请结实可靠之司事在彼经理，可放至明春三月。经费有着，此事较城内粥厂为有益。所来领粥者，皆村民中之老弱，身所穿者，皆兄等所给之新衣，令人惬然于心，不比城中乞丐，今日施衣，明日赤体矣。兄于善举不会零星募捐，不务无益虚惠，偶一动念，不劳而理，此乃天道之好生，贫民之应得，不过假手于吾辈耳。质诸主人，以为然否？张仁卿所刻《曾文正集》，此间已见及。荃相亦以所编数十篇付梓，属为校刻，奏议不多，拟再略为搜辑。莼斋赴直，若专为此，亦非易易。何时北来，可图一晤否？陶公天分过人，近来想益平易，前与滂喜言之，致书上游，力为护持。陶公与滂喜旧交，数年未通只字，即此见其风骨可敬也。明年亲政，建白必多，大约无甚变章。近年时局平正，气象亦好，遵循勿失，便是嘉谟，政弦更张，有损无益，鄙见亦复如是。手复，敬请勋安，并贺年禧，不尽百一。兄大澂顿首。腊月廿八日。

## 七

知为函致竹儒观察，拟于机器局中位置一席，亦属无聊之思。江浙题名录至今未见，殊为悬念。山右闱墨甚佳，取中九十二名，附生只十二名，余皆选拔廪贡，亦云难矣。兄自前月望日挈眷西行，所带仆从、行李未能轻简，跋履山川，亦觉劳顿。途次严约家人，不准稍有需索，一路尚属安静，计十三四日可抵潼关。子实典试回京，日内亦当途遇也。娄东棉、稻两稔在七分以上，三复来书，拳拳爱民之意，溢于楮墨，钦佩良深。手泐布复，敬请勋安，百不宣一。兄大澂顿首。十月四日灵石县行馆。

## 八

（上阙）试凤翔，次及乾、邠二州，两月以来驰驱未息。关中士习向多朴愿，文风则久已不振，自经兵燹，寒士荒经，乡愚失学，童生入泮后即不用功，大都名列胶庠，躬亲耒耜，谋生不易，力学较难，安分则有余，振兴则不足。教官之月课久不举行，书院之膏火类多微薄，上无以示劝惩，下相安于苟且，不独童生少通顺之卷，即诸生亦多纰缪之文。兄体察情形，不能不稍尽心力，以挽士风。每于覆试之日，详加训勉，颁示规条，择其可造者奖励之，使益勉于为善，不率教者申斥之，俾各愧而思奋。不惮苦口，曲为开导，数百人中，或有一二领悟之人，不无小补。各学月课，由兄处颁发题目，饬令教官将阅定名次及前五名课卷按月申报学署，庶数官各有职业，诸生亦不敢视为具文。至各属所有书院，随时与地方官商酌办理，量为筹费，渐次扩充，三年以后或有可观，总期优给奖赏，严立课程，似于寒畯不无裨益。阅卷而外，事必躬亲，倍形繁琐，幸精神尚可贯注，差堪告慰。岁事峥嵘，拨冗手复，敬颂春祺，不尽百一。兄大澂顿首。腊月廿八日。

## 九

台端务乞推爱，位置一席，俾得时亲教益，以友兼师，不独家叔得蒙提挈，玉之于成，即兄亦深感盛情无既也。刻下拟于十三日出棚，按试汉中，知念附及。手泐布悬，敬请勋安，惟祈爱照不具。兄大澂顿首。八月初九日。

## 十

鹤笙家叔极承培植，感何可言。滥竽尊署，大可专心用功。作文数年，总未入门，用心纷散，未能凝静，外有余而内不足，未知近来能稍敛抑否？如肯时聆教益，力求上进，何患他日一无成就。即书启一道，亦须文理明通，方可应弦合节。徒事抄胥，而不能操管，亦终归无用而已。近日所出童试小题，抄出一纸，乞转交鹤叔为感。兄大澂再启。

## 十一

鹤笙家叔荷蒙培植，厚意殷殷，极深感泐，未知近来能否沉静不负提挈否？如有浮华习气，乞从直教诲之，勿稍客气为祷。大澂谨恳。

## 十二

（上阙）栽培之意，或竟出入无度，故态渐萌，仍乞遣归，交家兄别为位置。倘能从此转机，日亲教益，不致终为弃材，皆执事成全之德也。舍弟就中丞之聘，近在乡井，得奉晨昏，固所甚幸，惟此席大有关系，能否胜任，殊为惴惴。只有屏绝一切，专心案牍，尤以慎密为第一要义。质诸尊意，以为然否？大澂于仲秋出棚，仆仆三月有余，仅考兴、汉两属，南山试事较繁，枪倩之风尤甚，披榛锄莠，积弊稍清，精神亦觉困乏。近抵商州，排日扃试，计二十左右方得竣事，屈指回署时，已黄羊祀灶之辰。知念附及。手泐，敬贺年禧，并请勋安。风便尚祈惠我德音，无任驰企。兄大澂顿首。腊月十一日商於试院。

## 十三

（上阙）气而无犷悍之风，教官中亦皆苦累，间有一二贪鄙之员，勒令乞退，其庸弱年老者尚无他弊，似有可原，悉皆听之，不复苛责，所谓去其太甚而已。士子平日多不与教官相接，地方辽阔，远者距城百余里，终年力田，不亲书卷者十之八九，故学校无从整顿，惟有振兴书院，足以鼓励人材，造就一二。兄于按临各属时，择其秀而文者萃之三原宏道书院，每月师课四期，邮寄棚中，自行评阅，详细加批。数月以来，诸生颇有进境，膏火亦从优给，前列者每月可得七八金，其次亦四五金，秦中向来所未有。寒士得此，藉可专心学业。以敝箧所携经史、小学、理学诸书悉存书院，俾资博览。目前诸生中可造者约有二十余人，南山兴、汉各属文风较好，必有美材，罗而致之，亦足为书院生色。明年度陇，此事势难兼顾，欲访名师，良不易得。阎丹初先生教授河东，五致书而不就，亦无如何也。夏间按试北山各属，荒凉寂寞之区，士子荒经，固不足怪，可异者身列胶庠而从未握管，通篇杂录他题，无一句可解者。推原其故，前任补行四岁四科，一榜并收，有写他题数行并不成句者，有仅写题目者，但论学额之多寡，不论文字之有无，此县不足，以他县补之，亦不待州县送考，来者不拒，舆台杂进，泾渭同流，所取各卷，付之一炬，此等考政，实未之前闻。遂令应试童生以为进学不必完卷，平时不必用功，文风之坏，日甚一日，谁执其咎？兄则少有区别，就其破承起讲有数语近题者，即为取录，延安一属，多未足额，有一县首岁科均未完篇，势难迁就，实不敢以宽大之名误人子弟，亦非矫枉(下阙)。

## 十四

慎思主人如手：

去腊布函，计邀鉴及。新正五日接奉冬月十六日手书，详悉种种。敬维勋躬时泰，惠政日新，允符颂臆。兄自去秋按试南山兴、汉、商三属，至腊月十九日始得竣事。廿二行抵蓝田，适闻鼎湖之变，受恩至渥，感恸尤深。一月以来，百事俱废，惟有祷祝朝政日新，上下交儆，共济时艰耳。近因宏道、味经两书院经费不充，与中丞、方伯往复函商，少有头绪。味经山长实心课士，殊不易觏，废之可惜。去年由监院借款千余金敷衍过去，势难为继，大澂任内，必为筹妥。秦中局面远逊东南，此等美举竟无相助为理之人，不如都门一小善举，尤可叹也。桴亭先生从祀一议，未知已奉明文否？徐映翁所好所学，未必确守程朱，何独于此举持异议耶。大澂拟于廿六日出棚，先考庆阳，次及泾、平，如有恩科，尚须回陕录遗，仆仆道途，殊形况瘁。鹤叔得侍左右，至感至感，尚望从直教诲之为祷。手复，敬请勋安，不尽百一。如兄大澂顿首。正月廿三日。

## 十五

慎思主人如手：

前月十七日接奉四月廿七日惠缄，欣稔政声卓著，荣列剡章。幼帅知人之明，乃执事有可知之实，碑在众口。既洽舆歌，名在御屏，必邀特简，忻抃何如。昨阅邸抄，知频华兄得馆选，可喜可贺。闻出砚生前辈之门，又结一重文字缘。功名有定，即此可见。舍弟来书，尚无牢骚之态，想英气亦渐减矣。璞臣得即用，如可留直，不致落漠北地。旱荒又须办赈，璞翁一片慈悲，必可实惠及民，荃相因前年查赈，颇为器重也。前所论及仓圣始造文字，其功不在先农下。昨已疏请通饬各省，列入祀典，想礼部亦不能有异议。折稿录呈台览。仓颉墓在白水县，为关中掌故，兄不能辞其责。近于古文字颇有领悟，知旧释钟鼎款识多有不合处，倘荷仓公默佑，俾篆学略有长进，似可于冰斯而外，别开门径也。一笑。朝邑王复斋先生名建常，与李二曲同时而能恪守程朱薛胡之学，其纯粹笃实在二曲之上，而名亦为李所掩。当时惟顾亭林知之，实西北之杨园、桴亭也。近已奏请从祀文庙，并将遗书数种咨部备查，未识得谐廷议否。新任甘肃学使许筠庵前辈，已于前月来秦交代，一切事宜早为布置，刻已西行赴任矣。此间暑气酷烈，惟日以书画金石消遣永昼，别无所事。手复，敬请勋安不具。兄大澂顿首。闰月廿八日。

此间皮货会萃于泾阳，以六月间开市，价值较贵于都中，佳者绝少，殊不可解，下等货则价廉而不可用。去年在甘省、宁夏购得羊皮甬，其价虽昂，成色颇好，三原无此等货，俟回南时请择用之。今夏当于泾阳再购数件，恐不如宁夏之细软耳。至青种羊竟无佳者，所见之货，粗细不匀，不堪入目，如有上品者，当为留意。西宁羊皮极贱极低，作手亦不佳。青狐、猞猁均出西宁，亦未见有上品者。所谓地头无好货也。大澂又顿首。

## 十六

慎思主人如手：

七月十四日接奉六月廿六日手教，承惠《二百兰亭斋古铜印存》《两罍轩尺牍》二部，感谢感谢。命序数语，随后寄上，笔墨荒芜，恐不足增重耳。王兰士观察所著《炮队测量图说》洵属明白简易，在算学家视之极为粗浅，然弁勇武夫不明勾股之法，告以三角八线如何运用，仍属茫然莫识其故。西人有千里镜，镜中有极细横线，以人之高矮定道里之远近，以二千码为极，可测三里有余。枪队用之，甚为得法，一目瞭然，无烦测算，敝军各营皆用此镜。至海面测量敌船，尚未得简便法门，然亦不外三角八线也。至电气之用，近年愈推愈广，心思亦愈用愈灵。水雷一门，为军火中浅近之学，中国自造者，皆可备用。惟枪炮之精者不易学制，此中曲折微妙，难言之矣。尊论弛莺粟之禁而重征之，主此议者颇不乏人。裁勇一说，鄙人痛切陈之，不裁则难乎为继，安得巨款以大治水师哉。粤闽新募勇营，本不足恃，又当此无事之秋，何必竭帑藏以养此无用之兵，但将水师竭力整顿，则陆军皆可大加裁汰。去年各省新添三百数十营，每年需饷千余万，早裁一月，多省百万，何迟迟不发耶。鹤叔闻有旧主人招去矣。手复，敬请礼安。兄大澂顿首。七月廿八日。

近晤李山农观察，述及二十年前曾在顾子山丈处见一周玺极小者，阳文六字，至精无比，当时欲以百金易之而未得，何以此印未见未闻，执事不可不索一观。如借印时，乞代打二十纸寄惠，幸甚感甚。大澂又顿首。

陈寿卿丈所寄周玺印本百余种，尊藏印谱第三本六十九印皆周玺，并敝藏计之可得二百数十印。大澂略有考释，拟分官私二卷，用石印法印之，丝毫不走，但须于硃上填墨，方可照印。敬乞再赐古玺拓本二分。不必整纸，每印打一纸条，不甚费力。至感至感。

## 十七

慎思主人如手：

九月初四日接诵八月廿一日手复，十一日续得廿八日惠书，承寄古玺拓五十二种各二分，并“中郎监印”二纸，至感至感。合肥相国昨已请训，明日启节出都，十六日必可旋津。祝年事当为说项，能否得力，固未可知。北洋公事日繁，近年精力渐不如前，索书者接踵而来，大半束之高阁，代求墨宝，尤不易得也。大澂拟于望后请假一月，回籍省亲，海防无事之时，必蒙俞允。二十左右即由海舶南归，计郎亭交卸学篆，出月亦可到苏，有书约其同看天平红叶，亦一乐也。醇邸总理海军，得劼侯襄助，必可渐次扩充，正与卓见相符。幼公久无书至。手复，敬请台安。兄大澂顿首。九月十三日。

## 十八

慎思主人如手：

虞山归，尚未走候。病躯如就痊，可日服参耆，大有功效，堪以告慰。毛上珍刷印《古玉图考》，能否于日内订就？兄拟初六日送舍侄赴白门应试，欲带往销售耳。尊斋有《知不足斋丛书》，拟托海如兄代查。《古陶录》赐借一观，即日奉缴。《万姓统谱》明后日送还。敬请暑安。如兄制大澂顿首。七月初二日。[①]

## 十九

慎思主人如手：

大喜尚未走贺，风雪杜门，疏懒益甚，竟成废物矣。前片鹿茸，数日仍未干透，送上二两，乞试之。手泐，敬请勋安。如兄制大澂顿首。腊月廿二日。[②]

## 二十

慎思三弟大人如手：

新年彼此不值，少暇再图畅叙。昨闻苹华公祖已委代理琴川，有顾舍亲名条一纸，系皡民同年之族叔求为转荐书启，如蒙允订，委署时再往可也。手泐，敬请勋安。兄制大澂顿首。新正十一日。[③]

---

① 第一至第十八通，均为国家图书馆所藏，善本书号：04803。
② 嘉德四季第十三期拍卖会“中国书画（四）”2295号。
③ 同上。

## 二一

慎思主人如手：

日前奉访不值为怅。痔未全消，乘舆不免苦累，仍宜杜门养息也。尊藏董文敏巨册乃海内至宝，大澂从未见过，求借观十日，至感至感。手泐，敬请勋安。如兄大澂顿首。正月廿九日。[①]

## 二二

慎思主人如手：

别来两月，时事日非，九连、凤城之溃已出意外，旅顺之失，未开一炮，逃将航海而至烟台，更属奇闻。兄扼守榆关，以一身肩此重任，万无疏失。所部四十二营月内到齐，督操一两月，明春必有大战。手泐，敬问起居不宣。如兄大澂顿首。冬月初八日。

敝藏将军印四十一纽，如蒙检赐将军一印，可交子梅转寄，适合四十二之数。[②]

---

① 嘉德四季第十三期拍卖会“中国书画(四)”2295号。

② 上海泓盛拍卖有限公司2017秋季拍卖会中国书画专场“慧闻室、怀玉堂、陈子清旧藏吴大澂尺牍——翰墨尺素及玺印专场”161号。

# 致吴重熹(一通)

仲饴仁兄大人阁下：

拙著《古玉图考》石印本昨始寄到，送呈一部。又石刻散氏盘临本六幅，并求教正。同乡林康甫屡属推荐尊处通札一席，据云通札向有请两三席者，可否推爱延订？弟因郑盦师屡有书来，属为康甫兄位置一席，不能不为一言介绍也。手泐，敬请台安。弟大澂顿首。腊月廿二日。

又《古玉图考》一部，乞转赠少山先生。[1]

---

① 中贸圣佳国际拍卖有限公司 2010 年夏季艺术品拍卖会“中国古代书法专场”2016 号。

# 致吴大根(三十四通)

## 一

大兄大人尊前：

初十日在申接到手书，适芸皋、瘦珊均在座中，所云桥工捐款，即将原信交两君子阅之。大约俟动工时即可缴款，便中询希园可耳。弟于初十晚间上俾物乐轮船，十一早开，一昼夜至镇江。十二过白门、东西梁山、芜湖，夜过安庆。十三午刻至湖口，水浅停轮。是日午后偕叔涛丈、刘芝翁、盛杏生同游石钟山，楼台祠宇皆彭雪琴宫保经营，不减金、焦名胜。山下云根瘦削，万石玲珑，大有武林紫阳山光景，畅游半日而返。十四日竟日不开，抵暮有气拉渡轮船到湖口，是夜换船。十五黎明开，午初过九江略泊，夜至黄州。今早由黄州至汉口，午刻登岸，暂寓黄陂街庞礼记号中，拟明后日渡江。秋谷处能住与否，尚未可知。馥卿在上海并未见面，曾至塘捐局，闻鸿轩亦已回苏。如晤馥卿，询其汉口住址在何处，弟到武昌后不时可来汉口，想馥卿月内亦必回汉也。手此，敬请福安。弟期大澂顿首。祖母大人、母亲大人前叩请金安。三弟何日赴闽？十六日汉口寓中。

再，武昌省城内本家叔祖未知住何地名，望向虎生叔祖处一问，恐到彼无从问讯耳。紫澜叔祖住常德府城内，亦忘其地名，此间相去数百里，可通一信。未知晋卿弟处有无查处，记得从前来信有详细住址，乞属晋卿一查。弟楼上有青布书夹，内有数年前往来信件，或紫澜叔祖信亦在其中，可属弟妇取出一检也。①

## 二

大兄大人如晤：

前月在津泐布一缄，计已达览。日前由京递到三月十三日手书，藉悉种种。母亲大人偶患眼疾，气分不舒，现服补剂，尚未能饮食照常，想因桂林侄患病，心绪焦急之故。昨接念劬信，知桂林已请马培之诊视，云系骨疽，两月可散，谅名医必有把握。然至数月之久，身子必弱，须格外调补，服药尤不可不慎。以桂林之忠厚笃实，群从中最为可爱，将来必有福泽，此时宜培养结实，病后健饭，气体必更充足。吾兄幸勿过虑，至要至祷。五妹幼时曾患流注，日服阳和汤，贴阳和膏，自然销去。不知此时所服何药，便中示及，以慰悬系。运斋与中丞同赴金陵，夏前未必能归。弟因荃相奏派督办河间赈务，一时未得南旋，约须秋初竣事方可进京，再行乞假，送眷归里也。河间各属以交河、阜城、献县、景州、东光为最苦，阜城尤甚，与山西之凤台不相上下。流亡出外者，房屋大半拆毁，器具、木料与薪同价，殊觉可惨。弟自前月廿七由津启程，廿九至任邱，初二至河间郡城，初六至献县，初九至交河，十二来阜城，明日拟赴景州。趁此天气尚不甚热，各属周历一次，以后即拟常住阜城，系各处适中之地，呼应较灵。若在府城，相距稍远，恐多隔膜也。弟所带友人皆留泽州，此次未招一友，除车马外，费用较省。所有查户放钱诸事，皆李秋亭一手经理，弟不过随时筹画而已。手泐，敬请福安。弟大澂顿首。四月十四日阜城南

① 国家图书馆所藏，善本书号：04803。

关泐。

去年所收捐款，弟均已造报。香严八竿，未为隐名，如须移奖子弟亲戚，可为代办。系照津捐旧章，减四成递减二成之例，以实银四十八两作例银百两，易于核算，如晤香严，乞告之。惟花翎、蓝翎不能以捐款作抵，仍须现银也。璞臣一病四十余日，近稍痊可，元气大亏，闻尚未能销假。晓沧叔署理河防同知，稍可活动。此时做官，但求不赔而已。①

## 三

大兄大人如晤：

前接手书，适匆匆出京，未即裁答。顷由都寓递来初五日函复，藉悉一切。前因寓屋东邻有枯树，煞气甚重，又恐赴津后弟妇未免岑寂无以解闷，柳门之意属与同居，腾出东西两厢房六间亦可容膝，遂于初八日移至柳门处。弟即于十五日出京，十八到津，现将山西各账目逐一清理，造具报销册，赶于月内一齐送出，月朔即可回京。伯相今日旋节保阳，交到咨文，属于年内引见。弟百事心灰，功名置诸度外，惟思行止未定，不京不外之官，总非了局，不如引见后姑候朝命何如再定出处。年前必不出京，奔走一年，尚须休息数月，幸身子较胜于夏秋，眠食无恙，堪以告慰。芸皋之事，合肥不肯入奏，便中乞先复之。弟碌碌鲜暇，未及作答也。手泐，敬请福安。弟大澂顿首。十月廿六日灯下天津通义店泐。

香严处收照八纸，乞即转交，尚有海帆经手之二千，已由芍翁取去。据芍翁云，香严有信，允助彭菊初捐款二竿，想不误也。云孙前

---

① 国家图书馆所藏，善本书号：04803。

辈信一封，收照十纸，望交运斋转交。可凭此照核奖，亦可送人，听其自便。有此交代，经手人可不管矣。晓沧叔寄去百金，知已达到。今年医药之费，必有亏累，兄弟皆有磨折，亦不可解。或以为交运脱运，此言亦不足信。弟处无款可寄，心甚歉然。去年存项无所用之，望即尽数提用，不必再留，得过且过，不能为久远计也。弟大澂又顿首。[1]

## 四

大兄大人尊前：

十二日在保阳泐寄一函，由阜康转寄，想已达到。昨接二月初二日手书，知正月内曾寄一函，至今未到。运斋来信，述及香严有一竿之借，想在前信中矣。弟于廿二日至卫辉，暂将家眷留下，廿四日行抵大梁，次日禀到谒见中丞、河帅，于廿七日奉札赴任，连日随班祷雨，亟盼甘霖。中丞因沁河堤工尚多未了，促即履新，畅谭三夕，总以积习难回为虑，左右无相助之人，有孤掌难鸣之势。弟则初膺外职，亦未敢稍事纷更，遇有关系民生之事，只得徐图补救也。裕泽生中丞定于初三日启节入觐，是日涂中丞亦赴南路阅兵，弟俟叩送后即行渡河，择于初六日辰刻接印。家眷由卫辉至武陟，不过两日可到也。订定库储一席、汪石香，历任聘请。刑名一席，屠时斋，前任有请有不请，弟则恐有提控案件，不能不预备耳。其余求荐内委者不下十余人，拟派两三人足矣。许宏尚未到来，振之仍在天津，如璞臣乞病南归，亦必来此。手复，敬请福安。弟大澂顿首。二月三十日。[2]

---

① 国家图书馆所藏，善本书号：04803。

② 同上。

# 五

大兄大人如晤：

闰三月十三日许洪带到手书，忽忽又将一月，终日在案牍中，不知光阴之迅速也。四月初三日又接前月十六日来函，谨悉一是。此间公事均尚顺手，逐日应办之件，随到随了，从无积压迟误。举其大概，约有三端：一、沁河善后土工及派员购料，不时赴工稽察，实用实销，除去向来积习，现将告竣，节省经费二三千金，可备伏汛抢险之用。一、地方公事以钱粮、差徭为最重，武陟所减车马差费，每年民间少出八万余串，而公局所存每月可余千串，拟备积谷之用。数十年弊政，一旦革除。封邱一县亦已踵而行之。上忙钱粮本拟麦后开征，河北三府以济源、原武两县为最苦，已为禀请缓征。此外如汤阴、林县、汲县、新乡、获嘉、辉县、延津、修武、武陟九县，拟请酌缓三成，以纾民力，尚未奉中丞批示。此系方伯专政，未免越俎，然事关民(膜)[瘼]，不敢稍分畛域。宽得一分，民受一分之益，此钱粮、差徭两事所以不敢不尽心也。一、词讼案件，向来河北道署控案甚属寥寥，历任以来并无亲提讯鞫之案，弟则随到随批，不准书差索费，寻常词讼，两日即结，因此拦舆喊禀者、隔墙叫冤者不一而足。大荒之后，卖妇鬻田皆思回赎，州县以为理不胜理，概置不问。弟意此等事大有经济，公道在人，亦当平心听断，譬如行人方便，做得一件是一件。不甚要紧之事，片言可折，不复发县。盖县署之迟延拖累，断不能一堂讯结，且有递呈数月始终不批，既批候讯始终不问者，民情亦大可悯也。此三者皆分所当为之事。两月以来，办理略有头绪，所费笔墨不少，而各省往来书翰有须亲笔复者辄多迟缓，芍亭、柳门屡次来函尚未答。伟如中丞为太夫人称觞，拟送联幛，无从寄去，未知家中送过礼物否？便中示及。前寄来本房世系图表，细加参考，间有增改数处。本年安澜后例有保案，可保二品衔。覃恩诰封，似可由从二品加一级，请正二品封典，照例三轴，拟以本身妻室应得封典他封曾祖父母，将来刻谱，本房一卷可缓至冬间补刻。兹将原稿寄上，乞察收。祖父家传及曾祖母沈太恭人节孝传，拟请张香涛、张幼樵撰文，暇时当叙节略寄京。自撰叙文俟旧叙寄到，再行酌叙数语可也。许洪到此，先派沁工料厂照料发钱，昨已竣事回署，添派收发稿案事宜。弟于署中一切公事均系亲自经理，封发文书亦系手褾，取其快便。一交硃墨朋友，又多转折。每日至多不过二三十件，清晨送稿，傍晚送签，每办一文，两日必发，若辈不过传递文书而已。怀庆府属得雨最早最透，麦收较好。武陟有麦秀双歧之瑞，并有一茎三穗、四穗者，从未之闻。彰德、卫辉二属近日始得透雨，收成歉薄，早秋已不能全种，晚禾尚可有望，民间积困一时未得稍纾也。手复，敬请福安。弟大澂顿首。四月十二日。①

## 六

大兄大人尊前：

五月二十日接初四日手书，详悉种种。弟于廿一日冒雨赴辉县验收红石堰工程，廿五日回署，廿九又赴河内查验沁工，皆系中丞札委。初二、三在署两日，料理积牍，初四启程赴工，昨抵祥河厅，今日河帅亦来，明日巡阅各工，又须随帅节同回武陟，有盘库事宜，望前后仍须驻工。幸河势平顺，各工料物有备无患，较往年大为生色，略一整顿，便觉可观。其实所拨各款本应办工，未雨绸缪，亦分内之事，原非格外认真也。祥河行馆宽大高爽，避暑最宜，颇愿在此多住数日，紧要工段相距不过三四里，易于照料。从前驻工，自伏至秋，约须百

---

① 国家图书馆所藏，善本书号：04803。

日，近年不过三五日耳。弟所收词讼，皆系赎田、赎女等事，数语可了，随到随讯随结，顷刻可断十余案，甚不费力。不押一人，不准差役需索一钱，故来告者不少，武陟人较多。此等小事，一经发县，需费数千文，尚不知何日断结，贫民不愿批发府县，职是之故。然远在百里以外者，未便差提，不能不发本县，亦无如之何也。谱序一卷领到，兰亭公小传难以着笔，咏皋公传实事较多，暇即为之。贞孙叔何致一病不起，闻之扼腕。庄田项下及五房公账各贴一分甚好，所购八百亩甚为凑巧。中秋可寄五竿，年底有寄都之款，未识能余三四数否？余再详复。手泐，敬请福安。弟大澂顿首。六月初七日祥河工次泐。

再新太太有存银二百两，属为生息。弟于去冬挪用，每月一分息，付银二两。其意急欲回南，恐停捐以后印结日减，不敷用度，三、四月间即作归计。前有存款在兄处，应付息银，三月以后留作新太太自用，属为□告，勿再付给。弟处每月二金之息，俟其到家，由南中取□，将来一并汇交兄处，代为存放可也。永庆弟读书不成，久留在京亦非所宜，印结既不可靠，竟无他法，祖母亦不能管束，故决计□□耳。[①]

## 七

大兄大人尊前：

十一日接奉正月十九日手书，谨悉种种。弟奉命出使吉林，帮办边防事宜，并蒙赏给卿衔。自顾何人，遽邀特简，畀以参赞之任，感恩图报，自不宜稍耽安逸。昨于十一日接到中丞行知，即具禀呈请中丞代奏谢恩，应否入都请训，当俟批回遵旨办理。惟家眷不便携带，拟

① 国家图书馆所藏，善本书号：04803。

于出月初回南。许宏亦令先归，随后再来可也。俄约翻议，大费口舌，边衅则断不可开。吉林马队素称劲旅，只有精练数营，缓急可恃，便是自强之策。若局面过于开展，饷项未能应手，转不足以固结军心。中国之虚实，外人纤悉毕知，不在虚张声势，而在实力操防。弟此次赴防，亦拟轻车简从，一洗向来军营积习，投效员弁一概不收，如有材能出众之人，将来与铭鼎翁商明，酌调数员足资臂助，总以有肝胆能吃辛苦者为上，未便广收博采，虚(縻)[糜]经费也。今日有委员进省，已托日号汇寄三竿以了庄田一节。此间尚有二月分公费及养廉两季未领，计盘费亦尚从容，家用亦可照常接济。伟翁与郘亭同时奉讳，知无开府楚中，想藩臬尚有更动也。余容续布。敬请福安。弟大澂顿首。二月十三日。

新太太去年有二百金存在弟处，曾立手折两个，按月取利。现在回南，如须用钱，乞为代付，有便再将本银寄南，另为存息。如南中代存不易，暂由弟处付息，亦无不可。前托日昇汇去千金，阜康汇去四百金，未知已达到否？便中示及。[①]

## 八

大兄大人如晤：

五月初十、二十、廿四叠寄各函，计已先后达览。日久未接手书，殊以为念，想由他处转寄，未免稽延耳。此间布置边防，甫有头绪。前月奏请添练马步五营，增拨饷银二十万两，已于初十日奉到寄谕："着照所议办理。所请添拨饷银二十万两，并先拨银八万两之处，着户部速议具奏。钦此。"惟派员赴京领饷，往返总须三月。第一批请

① 国家图书馆所藏，善本书号：04803。

款之十万两，及天津所拨军火，须七月望间方可领回。应募各营，急切尚难起练。饷银或可挪借，军械则一无所有。夏令雨多，道途泥泞，转运尤为费力，有缓不济急之势。缉庭已于月朔到吉，将军派令总理稽查荒地，无日不见。现又委赴三姓一带，相度地势，设立水关，以阻轮船上驶之路，定于廿一日出省矣。弟须俟孝侯到来，方可前赴宁古塔、珲春各处周览形势，计七月中出省，九月可回。届时俄人议约，必有眉目，防务或可稍松也。三弟来信，拟于七月中南归。以后家书仍寄天津，由合肥加封转递最妥。手泐，敬请福安。弟大澂顿首。六月十八日。

前托日昇昌汇寄家用，每月一百二十金，可作四月底截止。五月以后即由念劬处寄去，如苏市有可就近划用之处，望与念劬商之，弟由此间陆续寄还阜康可也。许宏如未动身，即属不必前来。公事甚简，仆人一无出息，每月自给数金，现有六人，尽可供役，出门则有亲兵队，无须多带仆从矣。振之亦可不来，无事可办，一概差委人员均需奏调，方可支领薪水，与他省迥不同也。

春叔亦由阜康按月寄银十两，五月分起。望为饬送。交来信一封，一并附上。①

## 九

大兄大人如手：

前月初九日曾寄一缄，由天津道饬送阜康转寄，计可速达。廿四日由缉庭家信内递到七月初九日手书，藉悉一切。俄事尚无动静，吉林各路布置略有头绪。孝侯于八月十八日到省，廿八启程来姓，重阳

① 国家图书馆所藏，善本书号：04803。

后必可图晤。弟俟孝侯到此，将营中经手事交代清楚，望后即拟旋省。三姓地气甚寒，九月初已见冰雪，无异南中腊月气候，若至隆冬封江以后，恐不能耐此苦寒，吉省天气尚与都门不相上下也。春叔办事勤干，派至珲春郭副将处当一营官，未知能否胜任。弟与鼎帅商定营规，略仿直隶练军章程，营官薪水每月五十金，尚有长夫价十名，每月三十金，又公费每月百金，一年应换旗帜、号褂及文案、书识人等，亦可敷用。若无浪费，薪水一项，总可不用。此间别无酬应，一切大可撙节。春叔才具不甚开展，人尚老实，不致偾事。珲春起练新军，倍形艰苦，并无出色将才可用，备员承乏，亦适逢其会，或饮啄自有一定耳。吉省派定三统领，以孝侯为三姓五营统领，以副将郭长云为珲春四营统领，以副将刘超佩孝侯同来。为宁古塔三营统领，均尚得人。各营营官、哨官大半湘淮之选，参用旗员数人。一切布置，弟与鼎帅意见相同，不分畛域。将来吉林各路防军，必可练成劲旅，屹然为东北雄镇矣。此外地方事宜亦有数端，可作久远之图，趁此数月内略为经画，亦可不虚此行。手泐，敬请福安。弟大澂顿首。九月初四日三姓行营泐。

雨香所求碑记，容后寄上。[①]

## 十

大兄大人如晤：

正月十七日得腊月十八日所发手书，藉悉一切。俄官廓米萨尔来文，知和约已定，边防不甚紧要。日盼寄谕到来，如何布置，方可遵办。弟请假一月，廿八日即满，日内尚无明文，拟再续假二十日，俟二

① 国家图书馆所藏，善本书号：04803。

月中旬再请回籍就医，当可仰邀俞允也。入春以来杜门谢客，惟日读两《汉书》，藉以消遣而已。三叔家传拟就一稿，恐遗漏尚多，望交郎亭阅之，有不妥处即属删改，再行付梓。念劬处垫款拟再还四百金，二月初有领饷委员进京，当交京庄划寄。兹有复念劬一书，乞阅后寄申。自揣此数年中官运蹭蹬，未必即能宽裕，家用少亏，将来不难料理。春叔决计不来，亦甚见几。缉庭在此，上下相孚，外间颇有公正之名，遇事用心，亦不致随波逐流，他日可胜藩臬之任。究竟与香涛、幼樵相处日久，见地固自不凡，不可与俗吏同日语也。庄田所入，可资族中婚嫁丧葬，后来逐渐扩充，易于为力。观音山故地约费若干，便中示及。陈氏妾尚可教训，殊以为慰。若辈不可令有小家数，略知大体便好。手泐，敬问加餐。弟大澂顿首。正月十六日。①

## 十一

大兄大人尊前：

正月初七、十六两次寄书，计均达到。弟因防军分布宁、姓、珲三处，而宁古塔驻兵较多，恐其日久疲玩，不能不随时整顿，自应常住塔城，就近督饬训练，并可兼顾屯垦事宜，遂于正月廿六日由省启程，初五日抵塔，小妾、幼女挈之同行。官参局房屋亦尚宽绰，惟东厢会客，与上房逼近，不甚相宜，拟于三月中添盖五间，墙后隙地甚多，大可开拓也。省垣与塔城往来文报三日可达，亦不过迟。夏秋以前，不复他往，免得道途仆仆。三姓、珲春每年阅操一次，往返不过一月，以后省中无甚要事，弟亦不复进省。惟机器局甫经创办，今年厂房未必竣工，有宋渤生为之经理，亦可放心。振之在省，专司机器局支应事宜，

---

① 上海泓盛拍卖有限公司2019秋季拍卖会“古代书画专场”2713号。

此外委员留省者亦无几人矣。营口转运局委沈子卿游击总理其事，以后寄物亦甚便，若寄信则天津较快，营口非要道，文报甚迟。敬请福安。弟大澂顿首。二月初九日宁古塔官参局泐。

前寄老山参内有吉林参一包，去腊以四十金购得之，甚为便宜。如有托购者，即可售去，以原价四十金留于母亲处，或有余资，交弟妇收用可也。宁古塔参专销广东，恐吴中未必识此，留以自用，无须送人。今年秋冬之交，尚可续购。弟大澂又顿首。[①]

## 十二

大兄大人如晤：

二月十九日寄去一缄，附呈《隆庆庵记》，计已达到。三月十一日连接二月初四日、十五日手书，知有申江之行，盘桓旬日而归，想精神兴会，一切胜常，差慰远怀。吉参如果得力，月服一苗，所费无几。此等真老山货，性极平和，决无流弊，弟亦亲自试验，补气而不致助火，可请母亲大人时常服之，究胜于党参、高丽参也。此间土产，别无可取，惟人参、虎骨、鹿茸均尚道地。茸角价昂，每架银一百四五十两，尚非上品，无百两以内者。从未觅过，珲、塔两都统各惠一驾，配送合肥寿礼，尚存一驾，略有损伤，因马鞍打坏，另配一鞍，两角有接续痕。可留自用，当俟妥便寄至营口，可属沈子卿转寄南中。去冬得全虎两只，已属振之煎胶数斤，此吾吴药铺不易得之物也。弟到塔以后，省城各铺均有来此开设分店者，市面渐形热闹。现在试办屯田，招民垦种，各给牛具、籽种，闻风来者络绎不绝。塔界东南之三岔口，将来可成重镇。该处距

---

① 北京保利十周年秋季拍卖会“简素文渊——香书轩秘藏名人书札”上册第3054号。

双城子不过百五十里，由双城子至海参崴三百余里，较珲春尤为便捷也。宁姓珲道一缺，缉庭必可望补。鼎公之意，总须试署一二年，再请补缺，亦慎重之意。近闻有星使到吉查办案件，系盛京刑部启颖之少司寇，或系命盗各案，或云奉、吉分界之事，尚无准信，大约与边防无交涉耳。陈妪去后，用本地两妪，均极安静，寓中上下均好，内外一律整齐，无一多事之人，差堪告慰。谷士谨饬有余，荐函能否有济，亦未可知。手复，敬请福安。弟大澂顿首。三月望日。①

## 十三

大兄大人尊前：

四月二十日在三岔口泐布一缄，就近寄至海参崴转寄上海，当可速达。旋于廿七日回至塔城，节前清理积牍及各省贺信，未暇作书。初四日接奉四月四日手书，知前寄《隆庆庵记》已经收到。参枝可易重价，今秋出山时，当再觅购数两，但大枝未可必得耳。廖宅冰人宋伟度太守由京寄书，述及仲山亲家亦有来春迎娶之说。小女嫁衣自应陆续添置，所购首饰甚为凑巧。前托念劬转汇一款，当已达到。观音山所费石工，亦不可少。弟处夏秋用度较省，尚可撙节数百金，有便即当寄去。三房四弟喜助，亦应由弟处寄缴，家中未必宽裕也。运斋考差颇称得意，六、七两月大有可望，如得八月朔日佳音，尤为可喜。今冬为吾兄五十正寿，并为母亲庆九，此间各营各局闻有公送寿幛，先期寄南，他礼则一概不受也。伟如得缺必早。潜泉进京，其家事无人支持，亦极苦事。海帆尚未到来。恒兴生意不可靠，俄界往来

① 国家图书馆所藏，善本书号：04803。

不便。手复，敬请福安。弟大澂顿首。五月十三日。[①]

## 十四

大兄大人如晤：

四月二十日在三岔口泐布一缄，五月十三日复寄一函，未知何时达览。十七日接奉四月十六日手书，知有惠山之游，与左相作半日之谭，其朴诚恳挚，可想见古大臣之风度。弟自去夏至今，久未通书，左老于酬应笔墨不甚讲究，想不见怪也。海帆有鄂中之行，未免怅怅，弟处盼其早来，拟即委办营口转运事宜，以沈子卿调至珲春，充当营官。武弁中得力之才尤不易得，珲防营务尚难惬心，须力加整顿也。嘉定喜事，已函致仲山，属其早定。今年用度较繁，必当筹款陆续接济。昨交领饷委员带去吉参十一苗，不及二两，属运斋由京转寄，当有妥便可带。内有大者二苗，系营务处常备五福所送，可请母亲留用，其九苗系去秋所购存留之物，香严合用，即为销去，可为雅三叔处四弟喜助之用。手复，敬请福安。弟大澂顿首。五月廿八日。

竹挖耳、消息子此间无从购觅，乞于信中封寄一二个。[②]

## 十五

大兄大人尊前：

六月廿三日曾寄一书，计早鉴及。廿九日接到六月初四日手缄，知由振之处寄去鹿茸、虎骨胶均已达到。弟自四月下旬由三岔口回

① 国家图书馆所藏，善本书号：04803。
② 同上。

塔后，并未他往，振之此信当系夏初所发也。运斋出处与弟略同，先后十年，屈指可数，若循癸酉考差之例，八月朔日必有喜音。安圃、伯潜已为骅骝开道矣。孝达中丞保举人才五十余人，未免过杂，武将更不足恃，非详加考察，不知其优绌。治军之难，尤非吏治可比，即老于军事者，亦多茫然不知也。寓中上下均安，堪以告慰。手复，敬叩福安。弟大澂顿首。七月十四日。

连月不出门，一切用度较省，每月公费略有盈余，特属念劬汇去漕平银三百两，稍资挹注，乞收入。冬间喜用，容再另筹寄去也。接小坪曾叔祖信，无法推毂，拟在上海转运局位置一席，月支薪水洋八元，由念劬寄苏接济之。①

## 十六

九月十二日在三姓巴彦通营内接奉八月十一日手书，并竹挖耳、消息子一包，谨已领到。三岔口一信，本无要语，迟至两月始到，可见俄界之多阻滞，即商人来往亦不甚便也。吾兄肝气已平，若但正气不足，自可多服参枝，究竟比高丽参、党参为得力也。伯寅弟薪水已属念劬另给一分，月支八元，如有不敷，酌加若干亦可。春叔于吉省边事曾经出力，不能不从优周济之。弟再启。②

## 十七

大兄大人尊前：

十月廿一日在珲春道中接到九月初六日手书，十一月朔日在宁

① 国家图书馆所藏，善本书号：04803。
② 同上。

古塔城又接九月十七日寄缄，均悉一是。只以一月之中驱驰未息，日短途长，天寒墨冻，公事每多积压，笔札亦未能清理，是以久未作书，津信、京信络绎而来，多未裁答，只得旋省后陆续致复也。月之初十日，由宁古塔启程至三姓，所过荒山雪地，不过窝棚一二间，弟尚不致露宿，随员仆从及弁兵数十人均在雪中野处，无屋可住，因此兼程而行，五昼夜赶至三姓，幸天气晴和，无风无雪。在姓阅操四日，上下人等均未受冻，士卒同歌挟纩，此吉省难得之气候也。此间奉到吏部公文，不准奏留奏调人员，投效之路将不禁而自绝。锦如来此，恐一时难以位置，酌赠川资，徒劳跋涉，亦属无谓，且保举一层，即三五年内亦毫无把握，如晤伟如中丞，乞先告之。西圃丈处亦当据实函复也。弟于廿一日由三姓动身，计腊月初二、三即可到省，身子幸尚耐劳，从者亦各无恙，堪以告慰远怀。吉省添设道府，铜井可望补官。秋亭颇得民心，亦当奏请试署。运斋到京后，已接其两信，尚未寄复。念劬来信甚勤，惯迟作答，封河以后消息较迟矣。途次匆匆泐复，敬请福安，并叩年禧。弟大澂顿首。冬月廿四日佛斯亨站泐。[1]

## 十八

大兄大人尊前：

初七日曾布一缄，由津转寄，计可先此达览。兹特寄去宁古塔所购山参三种，内干秧十五苗，计重八钱五分，系乡民挖得晒干，未经炮制，力量最足，此南中参店所不识而不敢收者。又大小十四苗，计重六钱五分，皆山中人所得真老山货，枝小芦长，多系数十年物，可请母亲留用，其价不过二十余换，毋须送人也。又有十五苗一包，芦细而

① 国家图书馆所藏，善本书号：04803。

长，均极难得，其色泽甚重，乃系宁古塔做手，与吉林省城所制不同。凡乡间所挖老山参，无一不用糖制，糖有轻重，色有深淡，做手亦有高下，并非山参本色如此。如香严识得此货，酌与十枝八枝。又寄去大者二苗，亦可请香严择用之，凡皮厚而肉少者，皆真山货。据土人云，近土者芦粗，近石者芦细。或以为色泽不佳而疑之，务望自留，勿轻送人为要。闻宁古塔所出之参，向销广东一路，上海参铺不能辨识也。今秋出货时，尚可多购数两，平时不易觅得。手泐，敬问加餐。弟大澂顿首。新正十六日。[①]

## 十九

庚申殉难之人，自可奏请旌表。若专为一族恳恩，措辞难以得体。各省昭忠祠奏明设立者甚多，如他处曾经办过，援例声请，必邀俞允，否则于折内陈明附祀本族义庄，亦无不可，当与运斋商之。

送退楼挽联用白绫书之，或做青字亦可。[②]

## 二〇

大兄大人尊前：

重阳泐布一缄，计已早达左右。十八日在铁岭县途次接奉八月廿六日手书，敬悉一一。弟于十二日由吉启程，二十抵沈阳，廿五即来营口。因湄云轮船已调赴烟台，此间商轮并无赴津之便，须俟合肥相国派船来接，约计月初必可抵津。究竟驻防何处，尚无明文，似合肥之意愿留驻津也。母亲大人寿辰先于初四日称觞，弟即赴粤，恐须

① 国家图书馆所藏，善本书号：04803。
② 同上。

望后抵沪矣。手复，敬请福安。弟大澂顿首。九月廿八日营口泐。[①]

## 二一

大兄大人尊前：

营口寄书及振之带去参枝，谅可早到。初四日到津，接读九月十四日手书，藉悉一一。初三日一函，亦同日接到。母亲大人寿辰，拟在八旗会馆演剧称觞，亦舞彩娱亲之意。中丞以下均送屏幛，便中乞开示一单，当专函道谢也。弟是否驻津帮办海防，已于初六日具折请旨，初九日当有明文。如有粤东之行，二十左右可抵上海。手复，敬请福安。弟大澂顿首。十月初八日卯刻。[②]

## 二二

大兄大人如晤：

初六日曾寄一书，谅早鉴及。初九日接奉前月廿八日手书，欣悉母亲大人饮食渐增，病后调养，冀可复元。惟弟请假之折，未邀俞允。王事鞅掌，不遑将母，岂不怀归，畏此简书，寸心耿耿，无以自解，不知何日卸此仔肩，得遂还山之愿也。十八日接念劬来信，知荣林侄入泮之喜，不胜欣抃。回忆玉峰应试时，吾兄弟先后获售，亲族均称盛事，忽忽已三十余年。七十老亲得见孙枝擢秀，从此联镳而进，兄弟怡怡，以应双林故事，亦家庭之一乐也。运斋或须俟开贺后再行赴粤，日内津沽海口已将封冻，以后如有电音，可托念劬交沪局转电不误。手复，敬请福安。弟大澂顿首。十月廿一日。[③]

---

① 国家图书馆所藏，善本书号：04803。
② 同上
③ 同上。

## 二三

大兄大人如晤：

昨晚接三弟来书，骇悉五叔之变，未知何病，殊深怆悼。开吊定于何日？当属念劬代送奠敬百金。今年在津酬应较繁，有应接不暇之势。前奉寄谕，忽有赴粤帮办之命，海口早冻，如何迅达，幸接第二次谕旨，毋庸前往矣。廿七来津，今日即回。匆匆手泐，敬叩福安。弟大澂顿首。腊月朔日。[①]

## 二四

大兄大人尊前：

月朔在津曾寄一缄，谅邀鉴及。弟于初九日赴大沽阅操，昨午回新城。淮军练军所领枪炮，不少利器，特未经精练，功夫尚浅，临阵用之，恐不得力。自弟到此，各军闻风，互相争胜，无不认真操演。周薪如自朝至暮，终日在教场督操，此从来未有之事。如此用心演练，无不精之理，他军无此劲道也。明日有乐亭之行。手泐，叩贺年禧。弟大澂顿首。腊月十一日。[②]

## 二五

大兄大人如晤：

前月交念劬带去一缄，想鉴及矣。弟于十七日至乐，寓居小黑

---

① 国家图书馆所藏，善本书号：04803。

② 同上。

坨，在城南三十里。各营驻扎之地，相去不过三里。此间口门易守，洋人即以小艇渡兵上岸，我军以炮火击之，可操必胜之券。朝廷因滇桂军事不利，疑北洋未必可恃。政府慌张，毫无定见，合肥本不欲战，遂有魏绛和戎之意，殊属可笑可耻亦可叹也。今复无事，或可得闲看书，武备不必讲求，即有戚元敬，亦置之高阁耳。丹老在枢府，孝达、幼樵在译署，运斋当不久闲。手泐，敬请福安。弟大澂顿首。四月十一日。[①]

## 二六

大兄大人如晤：

六月初三日曾复一缄，计早鉴及。法事反复无常，中外电报一日数至，弟未能即回新城静候消息，至今尚无定议。台湾之鸡笼炮台于十五日失守，十六日法人登岸四百余人，为省三部将击败，生擒一名，伤毙百余人，夺其四炮，攻复炮台。我军仅伤六十余人，法焰稍挫，其巴使及外部口气略松，兵费减至四十兆佛郎克，六百四十万两。然朝廷坚不允费，一味与之宕延，赔则不甘，战又不决。彼船出入各口，绝无拦阻，我则海道阻隔，南北不能相援。法人骑虎难下，不攻船厂即图吴淞，日内必有一番举动。内无决疑定计之人，疆臣告急之电辄置不复，兵衅已开，尚请各国评论，作敷衍之计，国家大事从无如此办法，弟则一言不发，言之亦无益也。锡席卿、廖仲山两星使因查案未竣，仍住吴楚公所。晨夕晤谈，同此闷闷。弟拟明日回新城矣。手泐，敬请福安。弟大澂顿首。六月廿四日。

念劬处现存银二竿，属其汇至兄处暂为存放，将来凑作四数，预

---

① 国家图书馆所藏，善本书号：04803。

备购屋之需。目前苏沪银根甚紧，挪移想亦不易，或俟明春再办，何如？晓沧叔得厘局差，月可得百金，藉可陆续还债，然稍一松手则仍无余款。[①]

## 二七

大兄大人如晤：

十九日曾复寸缄，计已鉴及。二十日接来电，知母亲大人气平胃开，粥可少进，私心稍慰。惟此次一病四五十日，元气大亏，调理殊非易易。老年肝火必旺，须属左右伺应之人时刻留心，勿令生气。真老山参弟处尚存二十余苗，俟回津后再行检寄。冬至、立春两大节最关紧要，弟若能请一月假期，十月下旬必可到家矣。十九日奏请陛见祝嘏，已于廿四日由驿递回原折，奉旨："现在防务紧要，吴大澂着毋庸来京。钦此。"乞假省亲之折，拟于初十后拜发，未识能邀俞允否？运斋归省，似无须亟亟旋粤。法人注意台北，竭力经营，想粤东防务，一时未必吃紧也。手泐，敬请福安。弟大澂顿首。九月廿五日。[②]

## 二八

大兄大人如晤：

望日曾寄一缄，交杏荪带去，鹿茸、人参未知何时寄到。沪上收回招商局，念劬当可位置一席，已切托杏荪、眉叔矣。前由伯尹弟寄来家信，属汇五十金，弟处月支公费实不敷用，更无余力垫寄。且伯

① 天津文物2002春季文物展销会·古代、近现代书画0303号。

② 国家图书馆所藏，善本书号：04803。

尹既有沪局津贴，又有制造局薪水，每月十金，何以尚有不足之叹。只得将其家信寄去，告以银款并未交来也。稚梅六叔将为魁弟完姻，弟许以百金相助，届时由兄处向念劬划取，作为贺分。手泐，敬请福安。弟大澂顿首。六月廿一日。

复晓沧叔信，乞饬送去。[①]

## 二九

大兄大人尊前：

初六日曾寄一缄，由津转递，计二十后必可达览。弟到珲春，忽忽已及半月，俄官廓米萨尔来此探听消息，弟亦未便与之直言，应俟彼国勘界大臣会面，再与开议。察其词色较从前格外谦恭，我亦以礼貌相待，留之三日，渠亦欣然而去。大约会勘之期总在四月初旬，将来竣事后即由海参崴乘商轮而归，或至上海亦未可知。此次公事似可顺手，不致周折也。近日天气和暖，而草芽尚不及寸，究竟节令与南中不同，在吉林则珲春为最暖矣。所得山参不少，弟不敢服，回津时再寄去。运斋想已入都，合肥有奏调之意，未知已见明文否？手泐，敬请福安。弟大澂顿首。三月望日。[②]

## 三〇

郑盦师叙文已领到，有复书一件，乞转交。育婴堂碑，可请善书者书之。参枝已购数两，恐到津后索者必多，已留出十余苗，有便寄

---

① 上海崇源2002首次大型艺术品拍卖会“古籍善本·名家尺牍”402号。

② 香港苏富比拍卖有限公司2019年秋季拍卖会“中国书画”2934号。

去。运斋想未出京也。

## 三一

大兄大人如晤：

二月十九日在张广才岭接奉正月初九日手书，并寄到公车儒寡、育婴各捐款呈稿，均悉一一。昨接许鋐来禀，知三弟定于三月初到津，荥阳吉期闻改至四月中，此时计将到京矣。弟于二月十二日行抵吉省，小住三日，廿三日至宁古塔城，又留一日，兹于初二日抵珲。此间本有旧设行台，房屋宽展，俄国所派勘界大员，须俟北路兴凯湖开冻乘船而来。大约须四月初会勘，五月初可毕。惟回津时天气正热，只可由海参崴乘轮到沪，再行北上也。新盖花厅如有需款，望属念劬垫汇，将来划算。此次在省又得山参大者数枝，夏间寄上。手泐布复，敬请福安。弟大澂顿首。三月初六日珲春行台泐。①

## 三二

大兄大人如晤：

前月廿五日在岩杵河俄馆曾泐一缄，交俄员递至海参崴，转寄上海，计十余日当可达到。此次在岩杵河小住七日，会议两次，已将图门江补立土字界牌，黑顶子地方归还中国，各节均已议妥。巴使欲至珲春答拜，因于廿八日先归，收拾行台，略为布置一切。初三日巴使来珲，弟即邀与同住，尧山都护演剧置酒，亦以优礼相待，从来两国办理交涉事宜，无如此之融洽者。巴使与弟性情相契，真是海内知己，

① 香港苏富比拍卖有限公司 2019 年秋季拍卖会“中国书画”2934 号。

议论界务，虽有力争不决之时，仍不伤和气。现因弟意欲将图门江口作为公共海口，巴使颇觉为难，稍迟数日，或亦可允。日内将赴江口监立界牌，望后即可入奏，惟批折回来须静候二十五六日也。巴使已于初七日回岩杵河矣。手泐，敬请福安。弟大澂顿首。五月初九日珲春泐。①

## 三三

大兄大人如晤：

前泐一函，未及交原船带去，初六到省后，酬应纷繁，日不暇给，因香帅自初一日起即不收抚署公文，下车伊始，积牍已千数百件，兼值祭祀，日多属僚待见者，每日必见数十员，殊觉竭蹶不遑，须过二十后，公事方可清简。此数日内，每夜不过睡三四点钟，精神尚可支持也。柳门定于十九日出棚。香帅畅谭数次，不能不令人佩服，传闻之词亦皆过当。弟惟有循途守辙，步趋勿失而已。每告属员，人命至重，最宜详慎，不可不兢兢也。手泐，敬请福安。弟大澂顿首。二月十四日。②

## 三四

大兄大人如晤：

前月交陆叙卿带去一缄，恐途中为风雪所阻，到家未必能早。厚甫处接讷士来书，知前月新得孙女，花为果兆，侄妇产后平安，可喜可

① 香港苏富比拍卖有限公司 2019 年秋季拍卖会“中国书画”2934 号。

② 2013 泰和嘉成拍卖有限公司“古籍文献·碑版法书(一)”691 号。

贺。吾兄今冬想仍进服补剂，精神必臻强健，总以养静节劳为贵。岁暮新年，尤宜谢绝应酬，悠游自适，世间一切是非烦恼，皆可不闻不问也。弟到任四月，于地方有益之举，见到即办，办过即了，事虽多而不甚劳心，近已头头是道，上下相孚，无一为难之事，无一办不成之事，可谓政顺民和矣。略举数端，开单奉览，吾兄闻之，其亦欣然一笑乎。手泐，敬贺年禧。弟大澂顿首。腊月十二日。

靖江被火灾难民，除善后局照例抚恤外，按户加给钱二百八十余千。自捐。

江苏会馆嫠妇八十名，因经费不敷，只有二十名，每月一千二百文；续添之六十名，每月仅给六百文，现在加给六百文，以归一律。每月捐钱三十六千。自捐。

孝廉书院及岳麓、城南、求忠三书院，加给膏火一倍，每年筹银四千余两。

添设课吏馆。候补中无差委者月考一次，同、通州县额取四十名，每名十两；佐杂额取六十名，每名五两。每年筹款八千四百两。本年已课四个月，因同、通州县与考者不及四十人，是以佐杂七十名至九十名无一不取，以示鼓厉。

创建保节堂，留养嫠妇一百四十人。土木之工约费五千余两。年内竣工，正初即可开堂。筹款四千两，劝捐已有三千数百两。捐银二百两者，给匾四字。

创建百善堂。已购地基，约可盖屋四百余间，以一半住嫠妇，因嫠妇报名者已有一百八十余名，保节堂尚不能容，归入百善堂。以一半住孤儿。分设义学及施药、惜字、掩埋各善举。明年正月兴工，需款万余金，由厘局筹拨。

创建招贤馆，暂借荷池精舍，俟购定地址再行起建。须有经济学问真实本领者，延入招贤馆，恐不多得耳。

津贴京员经费，翰林每人五十两，内阁四十两，部曹三十两，本年筹寄银三千五百两，定为年例。

各营长夫光绪十三年全行裁撤，因此防营缺额甚多。现经奏准，复设一半长夫，将十三年节省解部之二万九千两，留于本省。

同仁普济堂经费不敷，每月由善后局拨银二十两。

乐善堂经费不敷，每月由善后局拨银二十两。

恤无告堂经费甚裕，办理不得其人，另为延请公正绅士四人，每季轮流经管，众情悦服。

浙江会馆矜恤堂经费不敷，代为函恳台湾邵小村中丞慨捐巨款，尚无回信。

镇江府赈济筹解银三千两。内自捐二百两。

自制棉衣裤四十套，散给贫民。本拟制一百套，适因年内用度竭蹶，力有不逮耳。

以上各款，凡恤士、恤吏、恤兵、恤孤寡诸大端，皆为筹定常年款项，又为历任所未办，湘中士民以为耳目一新矣。京员津贴创自鄂省，去年新例，湘省继之，他省尚未筹及。课吏馆则湘中创始传播，鄂省亦踵而行之，闻于冬月十二日开考矣。

厚夫到家，想不过十余日即须来湘，望属讷士代购食物及湖笔等件，交厚夫带来。大东阳火腿上等者八条、用篾捆好。风鱼二小坛、杨二林堂二紫八羊毫二十枝，三老太太处如有玫瑰印子糖，略乞少许。去年所寄咸冬菜甚佳，荷卿动身时乞惠一坛。狄海清中秋节仍送十六元，乞讷士垫付。①

① 国家图书馆所藏，善本书号：04803。

# 致吴大衡(十八通)

## 一

运斋主人如手:

初四日到津,知吾弟已于月朔南旋,不胜怅怅。姜明交到手书,并董师文卿各信,均已领悉。来津之旨,本系听候征调,并无帮办海防之说,现已具折请示,初九必有明文。如有粤东之行,二十前必抵沪也。敝部人不多,而军火甚足,且多利器,足当万人敌矣。手复,即问加餐。兄大澂顿首。十月初八日卯刻。①

乙生想仍(节)[即]赴粤,芝生母舅是否同行?敝处津贴月费,想由尊处代送,久未寄缴,歉甚歉甚。兄到津后即须入都,拟赶花衣期前到京,大约即住运斋寓中,知念附及。大澂又顿首。大妹到粤后,身子想必安好。②

## 二

运斋主人如手:

五月十九日曾泐数行,附达帅书中,谅早达览。二十日接诵端午

---

① 上海泓盛拍卖有限公司2017秋季拍卖会中国书画专场"慧闻室、怀玉堂、陈子清旧藏吴大澂尺牍——翰墨尺素及玺印专场"155号。

② 上海泓盛拍卖有限公司2017秋季拍卖会中国书画专场"慧闻室、怀玉堂、陈子清旧藏吴大澂尺牍——翰墨尺素及玺印专场"156号。

日手书，并上郑师一缄，已加封寄京矣。此间瓜果较多于宁古塔，惟荔支绝不可得，偶获数十颗，腐烂而味变，吾弟日啖荔支，究竟粤产与闽产风味如何？此兄所艳羡而不可得也。海防善后，各省毫无布置，旁观为之闷闷，未知粤饷如何支持，去年添募各营曾否量加裁汰？不节饷则饥溃可虞，敷衍至秋冬，仍不能不裁，何如及早图之耶。达帅以吾弟为左右信任之人，必肯虚怀听纳，但可缓陈，不宜激切。粤垣向多弊薮，不易剔除，一士谔谔，必招众忌，久则将挤之使去，宜稍退藏，示人以不测。手复，敬问加餐。兄大澂顿首。六月初七日。[①]

## 三

运斋主人如手：

前复两缄，计早到粤矣。两致达公书，均有规劝之词。自都来津者，辄述粤绅之语，无不鳃鳃过虑。达公遇我厚，形迹甚疏而性情之相契甚深，不能不尽其款款之愚，当不以鄙言为逆耳。吾弟与达公亦有知己之感，礼貌之疏节阔目或所不免，幸勿以此龃龉，至要至要。心岸抚黔，兄已致书，属其早日出都，郑师信附去。手泐，敬问加餐。兄大澂顿首。六月十七日。[②]

## 四

运斋主人如手：

八月廿五日曾寄一书，不知何时达到。合肥相国于望日旋津，兄

---

① 国家图书馆所藏，善本书号：04803。

② 同上。

即请假省亲。十八日奉谕赏假一月，次日登轮舶，计廿四日即可到家。离乡八年，望白云而思亲舍，久不得归侍晨昏，一夕乘潮南去，重话故山风月，藉慰老母倚闾之望，亦人生乐事也。海军得醇邸总持大纲，筹费不致掣肘，目前尚无指款，仅草一篇空套文字，大旨仍责合肥专政，而佐理之人未必得力。兄可作壁上观，似亦塞翁失马之意。惟吉林勘界，明春尚须一行，俄廷已派东海滨固毕尔那托尔，以明年三月为期。此事易于勾当，风尘仆仆，不敢告劳，拟于腊月中入都请训也。郑师书并闱墨一并附上。手泐，敬问加餐。兄大澂顿首。九月廿二日永清舟中泐。①

## 五

运斋主人如手：

二月下旬交贡差带去一缄，谅已鉴及。此间阴雨兼旬，东江之水骤长数丈，惠州府城及河源、博罗被灾最重，沿至东莞所属数十村庄，围基尽决。兄因州县禀报甚迟，且多不实不尽，于初六日亲赴石龙，东莞所属大镇。次日径抵惠州，沿途查勘被水之轻重，酌量抚恤。初八日旋省，又与达公商购洋米万石，以备平糶之用，已于十三日奏闻。今日达公赴西江一带查阅围基，思患预防，俾文武各官有防护之责者稍知警惧。兄有纪事诗廿四首，在舟中所作，僚友传抄，刻入广报，因案头无存稿，即将广报一纸寄阅，可知其近状矣。如鹤巢、皞民诸君子询及粤事，吾弟代录一纸传观之，注中所载皆实事也。考差日近，意兴如何，郑师派阅卷否？邢贵出京时，均乞详示一一。手泐，敬问

① 国家图书馆所藏，善本书号：04803。

起居安善不宣。兄大澂顿首。三月望日。[①]

## 六

昨交日昇昌续汇五百金，节后想可汇到。然去安圃二百，德宝一款，所余无几矣。前月汇款，尚未接到收条，慈幼堂捐只好秋间再寄，或亟须用，则向源丰润挪借之。达公奏法领事一片，并未抄咨，硕卿皆阻之，故亦不怪兄也。达公以黄霸不责聋丞故事，意在回护。鄙意司道大员形同木偶，岂可久恋至今。会稿未定，然往来道达，硕卿已疲于奔走，不能不稍通融，但令赶紧医治，则意在言外矣。否则硕卿必大遭怪，亦不了之局。[②]

## 七

运斋主人如手：

邢贵带去一函，谅早鉴及。月之初九日接三月十二日手书，十九日贡差带回三月廿七日手书并郑盦师所书匾额，尚不嫌大。兹有复谢一函，乞饬送去。考差想必得意，郑师必与阅卷之列。五、六两月星轺过于辛苦，盼望佳音，在八月朔也。清秘堂差在同馆中望若神仙，欲得京察一等者，求之不可得，吾弟则备而不用耳。郑工仅占三百余丈，恐以后更难措手。伏汛即在转瞬，如何能有合龙之望。粤省水灾，民间元气大伤，幸水退尚速，大半皆可补种也。手复，敬颂轺福。兄大澂顿首。四月廿四日。[③]

---

① 国家图书馆所藏，善本书号：04803。

② 中国嘉德 2013 年秋季拍卖会“中国古代书画”2065 号。

③ 同上。

## 八

运斋主人如手：

五月廿五日接四月十九日手书，藉悉一一。考差得意，必有佳音。近省典试，尚有可望。近来电报不甚灵捷，粤中得信较迟也。兄自五月中旬以后湿热下注，痔患与脾泄相纠缠，亦不服药，见客一两班必偃卧憩息，出门拜客则甚惬懒，力实有所不逮也。如交秋以后能稍健适，则监临入闱尚可振作精神，力除积弊。柳门须月底方可旋省。手复，即颂韶祺。兄大澂顿首。六月十一日。①

## 九

运斋主人如手：

前月交折差带去一缄，又交票庄汇去名世之数，未知节前能到否。考差以后未得手书，想吃梦之局应接不暇耶。云贵试差，吾乡有絅堂发轫，气象甚好。只盼主人得一近省考官，以博亲欢，若学政则终年辛苦，仆仆道途，五十以后人似非所宜，不足歆羡也。兄入夏以来，脚气时发时愈。天气躁热，则两眼昏眩，故灯下阅牍甚为费力，或留之次早补阅，黎明盥洗后神清气爽，精力较足，顷即了，公事从无积压之件，所积压者，手复之书翰耳。此间科场供应事宜，向归广粮厅承办，硕卿则游刃有余。今年必可核实开报，无益之费可省也。手泐，敬颂韶福。兄大澂顿首。五月十二日。②

---

① 中国嘉德2013年秋季拍卖会“中国古代书画”2065号。
② 同上。

## 十

初五日到省时，因途中感受暑热风寒，陡患痢疾，杜门数日，客多未见，何星桥观察亦未晤谈。刻下郑工总局及东西两坝要差均已派定，不再调员，如晤受轩同年，乞告之。且从前在工派差数百员，前任并未咨部，此时兄甚为难也。若照册咨明立案，实不愿代人受过。青莲有求必应，其实并未咨部，兄则事事核实，不愿人虚领此情。且部中咨明，河工保举，外省人员业经到省候补者，即有奏调、咨调案据，亦不准列保，盐务人员并不准调，杨丞毓瀛所求碍难派差，非吝此一札也。晤雅宾同年，乞告之。由粤同来数员，不能不咨部，此外一概不调不咨，免得将来纷纷求保。即在工出力者已数百员，亦有不能尽如人意之处。若振之、润泉及程全、保江、子明，均乞代为致意，亦有鉴于前车之覆辙耳。

徐应曾名条，已交曼伯。[①]

## 十一

运斋主人如手：

廿六日迭接初七、十一日手书，两缄所论河务贵统筹全局，信然。东境河身，兄未亲历，不知其底蕴。若豫境河底并未淤高，亦非专讲堤防不事疏浚之病，病仍在不讲堤防也。盖堤所恃者，埽与坝而已。埽能护堤，坝能挑溜，挑坝得力，则溜入中泓而不逼堤根。坝有护埽之功，而中泓有日刷日深之势，河不著堤，堤何从而溃哉。前人得力之大坝，不知几费经营而填砌结实，日久滩生，河溜渐远。不肖官吏

---

① 国家图书馆所藏，善本书号：04803。

以为坝在干滩，无所用利其石而拆去之。坝去则滩无依傍，遇溜即塌，数十年之老滩，一日可塌十余丈。兄近日所目睹，凡河滩宽阔之处，堤外无埽，仓猝不及施工，堤何所恃而不溃哉。亦有砖头坝工年久不修，为河水所冲塌者。河厅之不修坝而专厢埽者无他，料贱而砖石贵也。南岸近年石坝废弃殆尽，河溜南圈处处生险，此非河身淤塞之故，显而易见。兄谓河底并未淤高，有何证据乎？曰有之。北岸老滩高于新滩二三尺至七八尺不等，新滩高于嫩滩一二尺，水长时嫩滩上水，新滩尚不致沦没。兄去豫九年矣，如每年淤高五寸，则水面必高出四五尺，而从前所见之滩，必皆淹没水中。且北岸老滩皆嘉庆年间河水所积之淤，然则今日之河底深于嘉庆年间，确有可据。大凡大溜所趋，河必不垫，坝工得力之处，河不着堤，则中泓必深。今日之要务在善后，善后之要工在提前赶办，其势不能待合龙以后从容为之。兄创此议，老于河务者皆以为是。然年内匆匆三四月，只能择要补还数处，所谓补还者，皆从前原有之坝。明年春夏不得闲也。手复，敬问加餐。兄大澂顿首。八月廿八日。[1]

## 十二

运斋主人如手：

折弁回工，带到手书，藉悉一一。此间工作稍一松劲，又将疲过年关。兄特下一札，将各员薪水截至年底，各局津贴公费截至腊月望日为止，不准再给，以杜其冀幸之心。又因西坝夜工不如东坝之认真，彬卿毅然自任下半夜督工，六十六老翁精力如此，令人敬佩。从此日有起色，恰好赶至十四、五门占盘压坚实，十六祭河后，十七、八

① 国家图书馆所藏，善本书号：04803。

两昼夜正边两坝同时合龙，十九日闭气，金门内外均已结冰，俨如锁钥。昨日捷报已发，拟于廿四、五移住省城公馆矣。匆匆泐贺年禧。兄大澂顿首。嘉平廿一日卯刻。[①]

## 十三

运斋主人如手：

前交折弁带去一缄，又由日昇昌汇去四百八十金，内有含英阁鬲价八十，计已先后达览。兄于十六日出省查看南岸，先筑各挑坝及三厅善后要工，并由上南河之上游历民埝以至广武山下。询之土人，云三十年来此山塌去八九里，故河势愈趋愈南，近年南溜圈注不移，险工迭出，皆广武山逐渐里塌之故。因与豹翁商酌，即于善后工款内拨银十余万两，奏派陆梧山总办坝工，于广武山下添筑五六十丈大坝一道，外抛碎石数千方，必可挑溜外移，以后民埝藉此保护，南岸各厅险要工段必可稍松。此探源办法，而文章在题目之外。豹翁极以为是，尚无越畔之嫌也。冯叔惠解部饭，须于月杪月初起程，目前水部当无更动之局。郎亭未到京而官已升转，可喜可贺。内人于廿四日由苏动身，计二月望前可到。胜之不日入都应试矣。手泐，敬颂韬福。兄大澂顿首。正月廿三日。[②]

## 十四

运斋主人如手：

折差韩礼道带去一缄，计月内当可达览。水部水利银，除去另案

---

① 中国嘉德 2013 年秋季拍卖会“中国古代书画”2065 号。

② 同上。

各工分案办理不归大工外，计共应解银二万七千两。已派沈韵松、陶仲平，如由委员按站押解，须六月二十边到京城。诚恐(下阙)。①

## 十五

前派振之、楚卿同解部饭银四万两，外有四千解费实在需费无多，楚卿应得二千，望属振之留出，交吾弟代存源丰润。除还前款外，余可留作引见之资，所短无几也。②

## 十六

运斋三弟如手：

前月十六日大兄由湘启程，正值下车伊始，诸务蝟集，刻不得闲，未获附寄一书，想晤时必可详悉近状也。遥想摽梅迨吉，喜气盈门，朋酒笙歌，纷纭杂遝，不知如何忙碌。六、七两女无日不念七姊，兄告以赵姊夫明年必与七姊同来湘署，两女喜不可言，想家中肆筵设席，亦必念及远人也。兄一月以来公事粗有头绪，加膏火以惠士林，广善举以恤嫠妇，增月课以济贫员，奏请复设长夫为整顿防营之计，均已次第举行，士民均各翕然，文武绅士情谊殷殷，王一梧山长尤为可敬可佩。刘毅斋有腿疾，尚未来城，仅通一函而已。楚卿叔公事精细，笔墨亦畅达，三八收呈，次日必批出，从无如此之勤快，大得其指臂之助。兄不收拦舆白呈，讼棍无所施其技。因张任收呈太滥，颇长刁风，不能不力矫其弊也。前月出，有衡山丁忧署缺而正任调署他邑，

① 上海泓盛拍卖有限公司 2017 秋季拍卖会中国书画专场“慧闻室、怀玉堂、陈子清旧藏吴大澂尺牍——翰墨尺素及玺印专场”157 号。

② 中国嘉德 2013 年秋季拍卖会“中国古代书画”2065 号。

到官未久，仍须酌量委署。因与藩司商委椒坡署理，谆属其勤理词讼，约束家丁，听其议论，阅历颇深，精神尚能贯注，或不致偾事也。兹因折差之便，泐布数行，奉贺大喜，并问加餐。兄大澂顿首。重阳日。①

## 十七

运斋三弟如晤：

前日交蔚盛长汇去银六百两，约计四月初必可汇到。兹又支得养廉银两，续寄苏漕平银四百两，到时乞即察收。兄定于十八日出省矣。手泐，即问加餐。兄大澂顿首。三月望日。②

## 十八

叔平师已归道山，前开炭敬改作奠分。伯申同年亦作古，久病竟不能支。拟于前款内匀出一分送钱子密，吾弟酌之。

李竹朋之子携有黄小松所画《嵩麓访碑图》二十余开在京索售，约需二百余金，询之德宝，属为代留。③

---

① 中国嘉德2013年秋季拍卖会“中国古代书画”2065号。
② 同上。
③ 同上。

# 致吴大球（一通）

琬卿大弟如晤：

前托安保带上一书，谅早达览。昨见吾弟寄五叔一书，深以为异。去岁与吾弟所言，曾记得一两句否？吾弟在家，只有父母二人，不可冲犯。长辈则以二伯父为最尊，不可冲犯。大凡尊长管束子弟，无非要子弟学好，苟自己一无过差，何致尊长动气？兄若有过，为二叔父所责，自当顺受，亦不敢稍有不平之心。若二叔之待吾弟何等要好，二叔之所以期望吾弟者何等远大，此时只有认真用功，事事学好，方足以慰二叔之心。即使二叔酒后训诲督责过严，亦无非要吾弟学好，何必中心耿耿，违背尊长之言，干犯尊长之怒？以伯父而管阿侄，分所当然，不为过也。新正倏忽又将过矣，无日不望吾弟来苏，久而不至，深为系念。月初曾荐一馆，因前途不能久待，现已另请他人，以后有无馆地，亦难预必。吾弟不肯来苏，兄亦不能相强。如果以兄言为然，到苏之后，即可住在双林故里。和卿就馆在外，米庵现在甚空，聚徒数人，亦可坐定用功。兄庐上房中间安置一榻之地，亦属易事。吾弟不嫌苦饭，增客添筯，一日两餐，无容客气。因六叔坐馆退居里，彼处房屋不甚宽展耳。如有馆地，极为推荐，吾弟之事即兄之事，无不留意也。至常乐镇作务，一切自当整顿。二叔父阅历世故三十余年，调度各友，自有权衡，俟三叔回沙，与二叔面商办理，自有一番振作。二叔之意如此，三叔之意亦如此。若吾弟只管读书，不必更管他事，作务生意自当置之不问，最为妥当。如三叔要吾弟经管作事，再去经管，未为晚也。兄与诸弟视同手足，无一不关切，无一不期望，所以不惮烦言，为吾弟再三谆嘱。吾弟素信兄言，当不以为迂远。朋友规过，尚须以直道行之，况兄与吾弟至相亲爱，至相投契，敢不一尽其忠告乎。手此布达，即颂文祺，不尽欲言。兄大澂顿首。正月廿七日。[①]

① 国家图书馆所藏，善本书号：02614。

# 致吴立信(五通)[①]

## 一

守愚、雅三两叔父大人尊前：

日前张荔村兄回沙，匆匆未及作书，辰下敬维起居万福，定如下颂。兹启者，前月往各处祖茔祭扫，见塘湾坟堂屋内停柩甚多，因思族中未葬者，近房、远房不下一二百棺，并有寄厝乡间一时未得迁回者，恐数年之后踪迹几不可考。若待光景宽裕再为举办，将来更难措手。侄与五叔、晓沧叔再四商酌，拟于五房祭田公账内，每年借出一百千文作为办葬之费，由侄等兄弟出名，立一借票，每年一分起息，五年之后，连息一并归偿，再置公产，即将此票存诸公账。侄等兄弟数人，无论何人宽裕，皆可随时归款。约计现在祭田三百余亩，除去开销完粮，年可得二百千文，春秋祭扫之费不过用五六十千，其余所剩之钱，各房分用亦属无几，若置田产，亦不过一分生息，不如将此款作为借项，以办各房无力营葬之棺。每具约需五千文，则一百千文可葬二十棺，若均作五年，可葬一百余棺，而他日归款之后，此项仍归公账，并未用散。以公款办公事，而作为私债，为五房叔侄弟兄造一件大功德。如有神明福佑，愿与各房共受之。侄之鄙见如此，曾禀三

① 吴大澂写给吴立信的这五通书信，均为国家图书馆所藏，善本书号：02614。

叔、五叔、晓沧叔、符卿叔、稚梅叔，均以为然，特行禀请二、三叔父大人商酌示知。如亦以为可行，今冬拟将九房各棺先行办起，由亲及远，逐渐推广。至师莱叔一辈，尚无葬地，侄于谢堰岭新得一地，风水亦尚可用，有此一款，则冬间便可举办矣。今年祭田仍托晓沧叔一手经理，二百千之数，晓沧叔亦肯包办。至祭扫公用及帮贴九房之费，尚有百千文，亦可够用。未知吾叔以为然否？专此禀达，叩请福安。侄大澂叩禀。四月廿九日灯下。

琬卿弟在家读书甚属认真，唯侄俗事甚多，无暇改文，曾与顾子真姑夫说及，琬卿弟从伊看文最为妥洽，文期亦不致间断，侄等得暇，并可随时讨论也。望三叔作书示复为妥。侄于月朔赴焦山，六月初回家也。

今为各房办葬正用，借到石斋公名下五房公账余钱一百千文，以周年一分起息，五年之后连利一并归偿，另置公产。立此存照。同治五年〇月〇日立借契。

## 二

守愚二叔父大人尊前：

八月中在申得晤雅三叔父，询悉起居万福，慰如所颂。侄因应敏斋观察招，至申江耽搁十余日，即行归里。三弟就川沙张舟甫之聘，刑钱兼办，每年脩脯三百元，已于前月初八日往川。和卿二弟因其无事在家，亦与三弟同去。彼处公事甚简，得暇大可用功，与和卿弟甚为有益也。侄于前月中创议留养江北灾民，与冯、潘各绅设局城隍庙，竭力劝募，颇非易事。计大口二十四文，小口十二文，留养一人，每月需钱一千文。棉衣经费在内。现在分设十厂，领办三千余口，而各绅士所认不及千口，其余二千余口均请各业董事按业劝募，尚未说定。实因时世艰难，各行生意均无起色，虽系善举，大半力不从心。侄因身在局中，不得不勉力倡捐，认养二十口，每月亦须二十千文。此款只得转募亲友，集腋成裘，吾叔如可助以一臂，惠借一二十元，则功德实无量也。五妹与川沙沈氏联姻，今冬即须团聚，吉期总在十二月内。妹夫号韵初，己未科举人，现官中书，今年由川沙迁居苏城，租黄厚卿姑夫之屋，家计亦过得去。此时干办喜事，一切概从简便，然门面铺张，日大一日，开销亦不容易。届时吾叔如可回苏最妙，侄等于喜事多不熟悉，深盼吾叔来此商酌一切也。砂皮巷王氏光景竟至一无所有，饥寒交迫，现在三叔每日贴送一百五十文，雅三叔名下每日送去百文。三太太贫病相连，其苦万状，棉衣棉被等件，三叔略为照料，不致冻死而已。雅三叔系骨肉至亲，谅必格外体恤也。琬卿弟尚在崇否？何时回沙，深为系念。兹乘春林叔赴沙之便，手此禀达，敬请福安。侄大澂叩禀。十月十五日灯下。

## 三

二叔大人尊前：

春初献岁，想新祉骈臻，定如臆颂，今岁作事，谅仍照旧。五弟与润之弟因春如丈处不能附读，现在从定殷子禾先生在庙堂巷内，惟八弟只好仍从稚梅叔，近处别无可从之师也。侄入春以来碌碌如常，所办留养事宜，赶于二月内办理资送，此事可以了结，大约三月中即图北上，早日到京，庶可坐定用功半年，否则在家奔走，徒形忙碌，与自己工夫无益耳。三弟仍赴川沙，秋间再拟入都。今秋乡试广额二十八名，务属琬卿弟加紧用功，幸勿蹉跎时日，是所至要。蒋荫轩近欲退租，俟有合宜租户，当为留意也。兹乘二弟到沙之便，肃泐布达，敬请福安，并请三叔父大人安。侄大澂顿首。正月廿一日。

琬卿弟均此问好。

## 四

守愚二叔大人尊前：

琬卿弟来苏，询悉起居多祜，动定臻绥，允符孺颂。侄因在家历碌鲜暇，不能用功，不如在京之可以专一，兹拟于本月十二日启程北上，约四月间可以到京。大兄在沪晤见三叔，未识能否来苏一转。初十日二婶进宅，一切均已收拾。琬卿大弟既已来此，自当猛力用功数月，庶秋闱稍有把握。今岁吾家下场者八人，不可谓不盛，惟望诸君子奋力争先，须存必得之心。侄在京华远听佳音，不知天台桂子为谁香也。各处祖茔均已祭扫，谢堰岭晋昭公坟傍水沟已于前月内一律开深，约有二里许，用江北难民五百数十工，须费五十八千文，族中凑集仅得三十余元。此沟通畅，与吾家风水相关，泉源汩汩而来，同族当共受之也。兹乘静安四叔赴沙之便，肃泐布达，即请台安。侄大澂顿首。三月初五日。

## 五

守愚二叔大人尊前：

十五日琬卿弟到三原，接奉惠函，谨聆一是。藉稔福躬康泰，欣慰莫名。侄自孟冬接篆后，匆匆部署数日，即于月杪出棚按试凤翔，旋又接考乾、邠二州，往来四十余日，刻无暇晷。阅卷而外，一切公事不敢稍形疏忽，往往于覆试之日逐一与诸生劝勉，教以孝弟忠信，存好心，行好事，做好人。此等说话虽属空谭，而乡间朴实之人易于感化，安知无一二信从者。侄意有善必奖，有弊必惩，当严者不得不严，亦不肯一味从宽。自问此缺淡薄，三年费用未必有余，惟地方公事随处尽心，积善胜于积钱，此实无形之利，所以孳孳为之而不倦者，所愧亲族朋友未能从丰资助，寸心至为抱歉。明年节衣缩食，自当略为筹寄，托大兄分致也。时卿弟如何用功，县府试约在何时，均极系念。肃沏布复，叩贺年禧，敬请福安。侄大澂顿首。腊月廿一日。

三叔作事暂停，想已回苏。均此请安不另。

# 致吴云(八通)

## 一

平翁老伯大人台右：

前托同乡吴子实带奉一函，谅邀青鉴。前月广庵三兄出都，当泐寸缄布达，适送至城外而广兄业已起程，不及托带为歉。前由家信中得悉台从渡江，为缘翁帮理关务，仍驻焦山。以老伯大人干济之才，暂居宾席，虽未足一展其筹，而无心出岫，本未许久作闲人，想公私之暇，寄兴林泉，旷揽烟霞之胜，仍复与金石图书日夕瞻对，视红尘扰扰中人，安得享此清福乎。江南军务虽有起色，而吾苏各乡未免被贼蹂躏，又是红羊一劫，杞人之忧正未有艾。且闻江北浦六一带甚为吃紧，将来苏常败匪穷而思窜，江北里下河各处是其觊覦之地，沿江要隘节节可虞，所望天心厌乱，痛加扫荡，不致使完善之区被其流毒，则百姓之幸也。侄京华寄迹一载有余，每过南旋亲友，辄动归思，只以明年乡试，往返又多跋涉。虽功名迟速有定，未敢存必得之想，自分此身既为读书人，便当读有用之书，以为他日见用之地。蒿目时艰，益复中夜起舞，至于时文帖括风气之委靡已极，一时断难骤变，侄于此道素未揣摹，亦不敢故违时尚，唯有坚志读书，力图实践，或与身心稍有裨益，以无负长者期望之怀，尚望随时赐教，以开茅塞，是所盼切。广兄到津，正值轮船拥挤之时，想已不甚宽展，天气又热，身子无恙否？念念。兹乘南屏回沪之便，手泐布臆，敬请道安，伏惟珍重，不尽宣悉。侄大澂顿首拜。五月十九日。

广庵三兄均此道候。

瀛眷谅仍在沪，苓芗九弟随侍否？念甚念甚。[①]

## 二

退楼老伯大人台右：

初六日有京庄速便，布复寸缄，并钟六翁信一函，计已早登记室。敬维禔躬多祜，潭第增绥，允符颂祷。京中旱象已成，尚未得有透雨。北地佃农均靠麦熟为生计，粜米得钱为终年储备。本地民仓仅资高粱及种种杂粮，现在雨泽不及之处，寸草不生，并杂粮亦不能种，榆皮、草根等之金穰玉粒矣。近有盐贩一股勾结饥民，在京南百余里之固安一带抢掠滋扰，有马数百匹，横行各村庄，不早扑灭则愈聚愈夥，势将燎原。此等事近在肘腋，而地方官讳灾讳盗，专事粉饰，皆因直省州县以徭役为藏身之地，一经豁免则费用均无所出，此时之赈济既形棘手，将来之赔垫在所不免，所以朝廷屡促勘灾给赈，而大吏反视为可缓之计，恩旨一降而地方官事事为难矣。捻氛扰及东三府，现窜即墨县境，其间山路崎岖，又多要隘，如官兵布置周密，不难扼其吭而歼之海澨。但恐兵力单薄，无以截其去路，则纵虎出山，又将蔓延他处矣。昨接烟台来信，知捻踪去彼处不过数十里，东海鱼盐之地，久为逆捻所觊觎，未识能否防御也。六英直声震都下，令人敬畏，而补缺一层，不免作子虚之赋，渠亦淡然，绝不介意，视一官如敝屣，真不可及。芍翁得仆少缺，伯寅师卧病半月，望后始能行动，现已销假矣。

---

① 《吉林省图书馆藏名人手札》第二辑。

侄到京四十余日，因天气酷暑，杜门不出，终日惟《纲目》一编稍资涉猎，又以秋闱期迫，与塾中诸弟子切磋举业，长日如年，咿唔不辍，亦人生不可多得之境。苓芗弟如何用功，与稼甫、竹堂诸君子相与观摩，必多获益。场期伊迩，星轺已陆续出都，张香涛太史经学湛深，又留心经济，三场对策，必有属意之处，务属诸君子于经文策学不宜草率。小豁先生为东南竹箭，必可得一知己矣。致小翁一信，乞为转交。如已回浙，务往觅便寄达，或交稼甫于赴试时带至武林妥交为感。肃泐，敬请福安。侄大澂顿首。六月二十日。

《佛香楼记》误带入都，兹特检出寄呈，并乞重加点定为荷。[①]

## 三

退楼老伯大人台右：

轮船乏便，一月未通南信矣。昨由折差带到广盦弟书，并读手谕，敬稔福体绥和，慰如遥颂。武林之游，借湖山为派遣，闻与存伯偕行，必有纪游图咏，恐兵燹以后六桥风景亦复萧索不堪矣。日前晤许朴斋，知星叔昆仲卜居木渎，灵岩山水亦占东南之胜，想杖履时相过从，可恣清游。家政琐屑，有广盦照料，似可不必躬亲，俗尘扰扰，最易耗神，白驹过隙，万事如此，古人非强作达观也。都中连得大雪，慰满三农，明年必可丰稔。枭匪肃清，近畿均可安谧，唯关中捻烽甚炽，蔓延晋省，昨闻洪洞县城围急未解，恐其东窜，直省不能不防范也。小豁同年由樊城绕道北来，至今未到，城内税局向多需索留难，经六英元痛陈各弊，此后公车入都，随到随验，大受其益。肃泐布复，敬请

---

① 《吉林省图书馆藏名人手札》第二辑。

台安，临颖不胜依驰之至。侄大澂顿首。腊月十六日。[①]

## 四

退楼老伯大人台右：

去腊曾肃寸缄，计已达览，兹奉谕函，谨稔献岁以来起居万福，慰如抃颂。小豁兄至今尚未到京，恐西道军书络绎，中途梗阻，若由楚折回上海，转致迟延，致为盼念。东路捻踪方靖，直境亦奏肃清，不意另股自晋窜豫，冲突数千里，旬日之间蔓延直省，逼近畿辅，势极猖獗，幸刘松山、郭宝昌各军兼程赶到，各路援军亦集，现在逆踪南窜祁州、安平，恐其觊觎津门，或再渡河而南，殊不可测。临淮以奏报稽迟三褫获咎，所统各军谅亦即日可到，四面兜剿，其锋当可稍戢也。水利与农政相关，不独东南为亟务，即直隶永定河连次漫口，至十一月十二日节气已交大雪，当水源消涸之时，忽又漫口，被淹永霸各属三十余村庄，为从来所未有，河工宜急切疏浚。芍翁正商缮折奏闻，适以军务紧要，另有他疏，此稿遂中止矣。晋公得开府，新方伯尚未到京，赴任之时尚稽时日。汾阳赴浙后，此席或尚需人庖代，小舫观察权篆江藩，想亦未必来苏耳。侄在京数月，愧无寸益，转瞬春闱，公车渐集，殊切惶悚，未识能不负期望否？去腊家中深蒙垂拂，感泐五中，典事一切，想长者仍为调度，过此一年，当不致掣肘矣。肃泐布复，敬请颐安，诸惟珍重，临颖不尽依驰之至。侄大澂顿首。新正十九日。

舍弟附笔请安。[②]

---

① 《吉林省图书馆藏名人手札》第二辑。

② 同上。

## 五

退楼二伯大人台右：

三月十九日奉到十四日手书，碌碌尚未肃复，初四日又接廿二日谕函，知前布寸缄，已达台览，敬稔起居万福，为颂无量。一粟复稿，彼中人久未送来，侄因略拟数行，与之斟酌。顷由缉庭处交到各件，一并寄与三弟酌夺，似此中尚须细为推敲，方无疏漏。若南丰主稿，想必另有断语，非外间所得拟议。南丰文字，十二分结实，尚且交议，近来特笔之难如此。然彼中人云，所以能办双请，亦因来文云云，可参活笔。若照部例，只有仍前议驳，别无可以议准之法。倘安定尚在，并双请亦办不到。刻下谅无有意挑剔之人，似有几分把握也。正泐复间，元丰玖送到二十日手书，并许、徐、费、顾各函，当即分致纹银三百两，暂为收存。朴斋人极平正，无部书诡谲之习，皞民经手事多，故洞悉其底蕴，可信无他。陈子章所言，或是虚词恫喝，已与皞民言之，属其留意，或有他书作木钟之局，未可知也。今日晤芸舫，已托其再往桐、蘅两师处一提，若蘅老肯向博师一言，尤为结实，此亦星五先生之意。如有消息，再行续报。承示卫景武公碑却无善本，如许借临，秋间蒋庄有人北来，可托带下，心感无既。再泐布复，敬请颐安。侄大澂又顿首。初十日。[①]

## 六

退楼老伯大人台右：

前月初秋谷到京，借读手谕，谨悉一是，适以试事匆迫，致稽肃

① 国家图书馆所藏，善本书号：04803。

复。敬维禔躬集福，颐养冲和，允符颂祷。中丞雅意求才，而长者乃以贱名谬应，不足以副清问，过蒙奖励，益形惶愧。书局先刊牧令书，亦实事求是之意，此外似宜于经史中择其切要者刊刻数种，尤为堂皇冠冕，称此盛举。广盦棣综理其事，当必有所陈说也。仲夏称觞，柳门、韵初与同榜诸君谊应制锦恭祝，望前即可托寄。其文请许鹤巢同年及小豁兄分撰，各擅胜场。侄不能文，不足以阐扬懿德，特以平日垂爱之深，谊同骨肉，不可无一言以侑觞，谨序篆屏八小幅，月内觅便寄呈，如榜后下第南归，闰月初必可到苏，面聆训诲也。近畿军务，久无动静，捻踪忽又从东光、南皮一带窜至静海，直逼津门。京东重地，本应加意严防，况值漕船毕集之时，设有惊惶，毫无措手，不知左、李各军何以不发一师保护津门。军事变幻不定，仓猝之间，殊为可虑。讷翁到津一月有余，闻此惊信，公事益形棘手，想诸将顾全大局，必不能听其冲突也。肃泐布复，敬请福安，伏惟珍重，临颖不胜依驰之至。侄大澂顿首。四月初三日。[①]

## 七

退楼二伯大人尊右：

侄于廿四日随相节启行，午后渡江至汉口，子恭处送到手书，适匆匆解缆，未及布复。廿八日晚间姚雨田兄来此，袖出赐函，雨田廿五到汉口，托子恭雇一小舟扬帆而至，其兄名雨文，亦于数日前到此，尚无所事。谨聆一是。侄此次壮游，藉览秦关、华岳诸胜，秋冬之交拟即入都，循分供职，不敢作他想，承示出处大端，具征垂爱，不胜铭感。雨田谒相，未获见面，此间文员投效者概未收录。芍亭有堂弟季陶到鄂月余，侄与

① 《吉林省图书馆藏名人手札》第二辑。

芝门、艺芳均为说项，竟无就绪，雨田兄事能否得一枝栖，尚无把握。侄属其到襄后，再为代谋，途中可为先容，或不致失所，如芝门转运局中可以位置，则最妙。大约相节抵襄，必有数日勾留，侄当与芝门熟商之，如实在有人满之患，亦必妥为设法。不远数千里而来，其志甚壮，决不令其怅怅而归也。此次由鄂到襄，泝汉而上，水势纡曲，有帆随湘转之妙，上流水急，舟重行迟，须初十左右始可达襄，以后则舍舟而陆，由樊城径入潼关矣。秦中回逆大半回甘，即溃勇土匪蔓延榆、绥、延一带，尚易剿办。唯大军须五月中始抵西安，触暑从征，将士劳苦，能稍缓出师，精加训练，庶兵气益完固耳。手肃布复，敬请福安。侄期大澂顿首。四月朔日天门舟次泐。[1]

## 八

索拓本寄呈二纸，即左相所赠郑盦师者，去冬曾一见之，色泽与焦山无专鼎相类，红绿甚少，下截漫漶处似尚有可剔，惟首行[illegible]字，第五行[illegible]字，第六行四字[illegible]字，第九行[illegible]字，第十六行丁字，第十九行[illegible]字缺笔，多系铜范不足处，并非土绣所掩。此器久在筱坞阁学行馆中，九、十月间舁送都门。此间拓工苦无佳手，三原距省九十里，又不得手自摹拓，故纸墨均不精也。李伯盂所藏字小者，从未见及，如尊处有拓本，乞代觅一纸惠寄为感。大澂于十三日出棚按临汉中，行至凤翔，阻雨五日。适乡人有持破敦求售者，器已裂为三，无人顾问，取而视之，洗去其土，得六字，知为虢仲城虢时所作，其为周初器无疑，殊可宝贵。考宝鸡县东有虢镇，即成周西虢故地，意当时虢仲、虢叔均封于此，厥后子姓分治东虢，杜预以为仲封东虢，叔封西虢，未知何

① 《吉林省图书馆藏名人手札》第二辑。

据。虢季子白盘亦系宝鸡出土，近有友人代购虢作父辛尊，云自乡间觅来，器亦残破，或与此敦同时掘得。文王当日咨于二虢，则仲、叔之博雅好文，可想可知，实为姬氏尚文之祖。是敦“城虢”二字，作器纪事，文简义明，尤与他器仅著人名者不同。质诸长者，以为何如？秦中古器多出岐山、凤翔、宝鸡各县，数年前土人修筑堡寨，掘得甚多，近已搜索一空，即砖瓦亦不多觏。方元仲观察鼎录持赠瓦当拓本二册、砖文二册，各百余种，颇有罕见之品。簠斋丈藏瓦亦甚夥，他日钩摹付梓，汇为一集，亦属巨观。近将敝藏彝器三十余种绘图付刻，所见亦数十种，别为一卷，仅见拓本者均未收入。刻手只一人，每月成五六器，非两年不能蒇事。所见一册愈推愈广，即力不能购者摹入录中，亦足备后来考证。惜乎试事碌碌，绝少暇晷，所见吉金不得尽取而图之耳。连日冒雨而行，山路峻险，泥滑不得驻足，驮马有坠崖死者，仆从幸皆无恙。昨抵凤翔县，距褒城石门尚四百里。今日又为雨阻，旅馆无事，手泐布复，敬请著安。侄大澂顿首。八月廿九日凤县行馆。①

① 北京诚轩拍卖有限公司2010春季艺术品拍卖会“中国书画(一)”0449号。从称谓和内容看，应该是写给吴云的。

# 致锡良(五通)

## 一

致周村徐葆善信,封入王柳亭信内。如清化购粮运到,仍由拦车接济冶底,盖由周村折回,运费重出,须多花数十千文也。手泐,敬请清弼仁兄大人台安。弟大澂顿首。初六日。①

## 二

清弼大兄大人阁下:

日前晤教,匆匆未及畅谭为歉。弟因凤邑西南各乡民情困苦,每口给粮三斤,恐不能度此残冬,拟于拦车镇添设馍厂,附近村庄均可就食。兹属赵印潭广文偕友人段保庆、陈子振兄先行看定房屋,布置一切。弟于十一二日再赴拦车,如有需用零钱,乞由尊处暂借一二十千,恐清化钱包尚未运到也。手泐,即颂升祺不具。愚弟吴大澂。腊月八日。②

## 三

清弼仁兄大人阁下:

前日匆匆,未及畅潭。清化来粮尚能接济数日否?赵庄粮艘杳

---

① 嘉德四季第二十五期拍卖会“古籍善本”6504 号。

② 北京华夏国拍 2012 夏季拍卖会“中国近现当代名人墨迹专场”0008 号。

无消息，殊为悬念。弟于明日启程进省，月杪月初必可回凤。兹有书吏叶植初家人王贵留在此间，特令移住拦车厂内，藉供驱策。弟回凤时，城内不必逗留，即可由拦车赴清化矣。手泐，即请升安不具。弟大澂顿首。二月初九日。

如河底厂内需人，即属该书吏等前赴河底亦可。[1]

## 四

韶回柳岸，书寄梅邮，荷藻饰之有加，抚蓬衷而结篆。比维清弼大兄大人化行鳞屋，誉振鹓班，吉叶凫飞，将建隼旗而表率；祥凝燕胜，载邀凤綍之恩荣，引睇升华，弥殷豫颂。弟移防北海，兼辖东边，椒序欣逢，筹海乏韬钤之学；杼晖遥跂，临风增洄溯之思。泐复，祗贺春禧，并颂台祺，附缴芳版不具。愚弟吴大澂顿首。[2]

## 五

远别鸿仪，徒赋秋风于汾水；近批鲤讯，恍亲冬日于边城。就维清弼大兄大人祉洽宓琴，政敷郑锦，播循声于三晋；鳞隰云开，迁华秩于六雄，鸾纶露湛，黄堂叠进，白屋欢胪。弟于月初移驻津门，抽带东防七营，分屯沿海，藉卫畿疆。开办清丈一节，非任怨任劳，不足昭核实而贻久远。长才整理，早应和甘，此后一切情形，尚祈随时惠示为盼。专复，敬候台祺，顺缴芳版不具。愚弟吴大澂顿首。[3]

---

① 北京华夏国拍2012夏季拍卖会"中国近现当代名人墨迹专场"0008号。

② 《近代史所藏清代名人稿本抄本(第三辑)》第116册，大象出版社，2017年，第211—212页。

③ 同上书，第275—276页。

# 致夏同善(四通)

## 一

子松前辈老夫子大人台右：

仆仆风尘，久疏笺敬。初九日在献县接黎召民廉访来书，系初三日所发，述及尊意殷殷，欲救河间各属灾黎，饥溺之怀，痌瘝之抱，直欲起数十万垂毙饥民生死而肉骨，仁心仁闻，莫名钦仰。晚自前月廿七日由津启程，廿九日至任邱，访察情形，尚不甚重，初二日抵郡，初六日至献。自郡而南，献县、交河民情困苦，老弱流离，均已目击。闻阜城、景州、东光亦系被灾最重之区，敝同乡李秋亭兄带有捐款钱五万余千，现在阜城查户开放，大口给制钱四百文，小口减半，并拟兼顾景州、东光，其款尚属不敷，已为函恳中堂借拨三万金，交秋亭一手经理。献县则有盛杏荪观察自捐制钱五千串，给发南乡极苦村庄五十余村，每户给制钱一千，人少者给五百文，人多者酌加五百文，有疾病者加给一二千文不等。虽不细查户口而办理迅速，十日而毕，民已早沾实惠。访诸乡间，颇以为公允，人多感颂。亦以款少不能普及，已由杏荪禀请中堂借银一万两，再行推广给发。此皆在公款赈济之外，为贫民购买籽种之资，所以补州县之不足。是以献县、阜城、景州、东光，盛、李二君分任其事，必有实济矣。交河一县，除放粮外，别无津贴之款。前月由周薪如军门盛传。捐购高粱六千石，派员赴交查户散给，大口二斗，小口一斗，共放二百余村，系与县令商酌合办。凡营中已放之村，官赈不再重给，其未给之地，亦按大口二斗之例给发，故贫户所得之粮较多于他县。查交河全境六百六十四村，从前所报七分灾者六十三村，六分者六十七村，五分者七十九村，以上二百零九村，营县合放均系大口二斗，小口一斗。盛军所查之贫户，有在二百九村之外者，实在已赈二百数十村。尚有四分者九十余村，姚令豸。正在清查补给拨发，大口一斗，小口五升。更有上年未报灾者三百六十余村，亦有穷民无告。姚令之意，不以前任报灾分数为定格，择其极苦地方，一并查给赈粮，以昭公溥。姚令系书生本色，初任地方，刻苦自励，慈惠爱民。惟县署公务繁多，下乡相验之案，几于无日无之，绅士数人帮同料理，亦有顾此失彼之虑。盖一县之赈事，领粮需人，放粮需人，查户需人，劝谕开井又需人，验收井工，非人多不能迅速，若待一事既了再办一事，必多迟误。各州县竭蹶不遑之故，实少相助为理之人。周薪如军门文案处有戴孝侯大令，宗骞，寿州人。与晚十年至交，才大心细，留意经世之学，前月在此放粮，现已事竣回营。昨日函恳中堂札委戴令仍来交河，会同姚令商办赈务及开井事宜，以资臂助，未知能即赶来否。尊处所集捐款三四千金，拟属赵云楣水部携带来河，相机办理。以晚之意，交河一县宜再加给钱文，可否转致云楣兄径至交河，将银款陆续换钱，或照李秋亭每口四百文之例，或仿盛杏荪论户不论口，每户酌给若干，老者、病者、人口过多者酌量加给。既非官事，即可不拘一格，随地变通，总归实际。将来经费不敷，晚可别为设法，或请中堂先行借拨，以资接济，实于交民大有裨益。至黎召翁所议设厂一节，晚去冬于泽州府属凤台、阳城两县行之有效，至今二十六厂均未停撤。所幸者晋民实在驯良，多受约束，故得从容布置，查户给筹不为挤困。以河属民情而论，恐非所宜。万一设厂之后，远近闻风麕集，愈收愈多，经费不继，稽查难周，既无栖息之所，转有流离之患，司事人等措手不及，冒滥者冒滥，向隅者向隅，诱之来而听之死，误于前必悔于后，此设厂之不可不慎也。按村给钱，钱尽则止，续筹则续放，放尽则归，能为推广则为推广之，虽不遍及，民已实受其惠，此亦简捷之一法，质诸老前辈，以为然否？晚今日午后拟赴乡间劝谕开井，明日即赴阜城，再由景州、东光各处周历一次，二十后回至交河，如云楣兄决意来此，藉可晤商一切，无任盼望之至。如能多约三四人同来，尤为得力也。开井章程，晚拟略为变通，以经费作为津贴，愿开砖井者津贴津钱六千文，愿开土井者津贴三千文。近来拆屋甚多，旧砖至贱，每块制钱一文，亦有不及一文者。连日在献县亲自劝开砖井二十余口，民情甚为踊跃，似无窒碍难行之处。所虑绅董懒于奔走，惮此琐屑，不肯力劝，未知各州县能否一律办理。晚有咨呈中堂一稿，附呈台览求教之，如蒙赐复，仍由彭芍翁加封饬递河间各属，必无失误。黎召翁属为函达尊处，用特详晰布陈。手肃，敬请台安，伏祈鉴察不具。通家晚生吴大澂顿首。四月十一日交河东关沏。

黎召翁处，已另函复之矣。①

## 二

子松老夫子大人台右：

廿五日在景州接奉二十日赐书，承示都中所集之款，拟请赵云楣水部偕郭小琴孝廉先赴津门带交丁乐翁处，应赴何处散给，属为商酌办理。所有河间十一州县，除肃宁被灾最轻，尚未往查外，其余均已周历一次，每过村庄，细加察访，自以阜城为最苦，景州次之，交河、献

① 上海东方国际商品拍卖有限公司 2011 年秋季大型艺术品拍卖会“中国书画五”0354 号。

县、东光又次之，吴桥、宁津、故城秋禾播种者已有十分之八九，河间一县北路较轻于南路，任邱稍好，麦收尚未全荒。办理情形亦以阜城为最妥，可无遗憾，每大口给京钱八百文，李秋亭所查甚宽。赈粮二斗，高粱乙斗，漕米乙斗，米色甚佳。小口减半。又给以运粮脚费，按里发钱，大澂属李秋亭借拨千余金。不准村董地保摊派分文。昨在连镇明察暗访，阜城贫户实得二斗，并无克扣，盖以阜邑现存之户不过六万口，所领赈粮较多于他处，目前尚可敷衍，无须补给也。吴桥报灾过轻，所领高粱仅放河西二十二村，现已续领高粱二千石、漕米三千石，又有添拨漕米二千石，大可一律普赈，误于吴春生办理迟延，至今颗粒未放，亦未亲自查户，咎实难辞，既经访查明确，目击灾黎嗷嗷待哺，不能不据实函告。伯相请允查办。其河西之二十二村发过每口一斗七升，尚系三月初旬所放，刻下已形拮据，大澂约同秋亭亲自往查，于廿六、廿七两日查毕，按口给钱，大口六百，小口三百，以补吴令之不逮。就吴桥全境而论，极苦村庄亦属不少，博泉前辈所述均系实情，惟较之交河、东光，尚觉稍轻耳。前于廿七日飞致丁乐翁，请其转属赵、郭二君在津换钱运至泊头，并恳乐翁妥为照料，一面函求伯相拨银万两以给交民，于籽种之中仍寓抚恤之意，有地未耕固宜酌给，即无地之贫民，实系困惫不堪者，亦拟变通办理，不敢执地亩之有无稍事拘泥，想钧意亦以为然也。大澂因东光、交河两县尚须亲自布置，不忍舍之而去，昨日午后由东至交，专候赵、郭二君来此商办一切，幸周薪如军门之世兄带率营员，已于廿六日抵交帮同查户，尚无人少之虑。李秋亭所带各善士已全力贯注于景州，必极周妥。手肃布复，敬请钧安。通家晚生吴大澂谨启。四月三十日交河东关泐。①

① 西泠印社拍卖有限公司2018年春季拍卖会“中国书画古代作品专场”0487号。

## 三

子松夫子大人钧座：

敬启者，前月廿二日肃复寸缄，计已得邀慈鉴。顷由丁乐翁处递到六月廿一日手谕，敬聆一是。所寄京平足纹五百两，乐翁已交盛杏荪观察带来，即日可到。博泉前辈因虑借款无着，定议须觅铺保，前由雨辰前辈寄来五百金，尚未放竣。大澂请其略可从宽，既有田契抵押，迟早必来取赎。即有疾病死亡，仅存孤寡无力归偿之户，将来亦可变通办理，况有息款可抵，不致大亏。博泉前辈之意，尽此五百金而止，不复推广。续寄一款，由大澂暂借收买棉衣，俟有捐项，即行寄缴。近日逢集收衣，见有极苦之人，给价稍优，有索值二百文而给以三百者。大小棉衣通算，每件只合制钱二百文以内。询其何以贱鬻，非家有病人，即绝粮数日，幸司事中颇有实心好善之人，随时方便，所费无多，并留百金交博泉前辈就近收买。每逢一集，所用不及十金，而暗中受益不少，想吾师必以为然也。吴桥于廿七日放竣，次日为大雨所阻，廿九日抵宁津，小琴兄已先来布置一切。天津所换钱款，昨已解到，伯相借拨六千金，即托乐翁在津换钱。惟宁津距连镇七十里，雨后运钱，较为费力，四乡雇车，按照民价给发，尚能陆续济用，不致间断。据查户司事云，民情困苦，与吴桥略等，富户虽多，贫民亦不少也。景州开井千余口，东光、献县、阜城亦皆开办，初十左右大澂拟返交河，专心筹办井工。手肃布复，敬请钧安。通家晚生吴大澂谨启。七月初三日宁津赈局泐。

云楣同年何日到京？想可述悉一切。昨由交河递来一信，敬祈转交。①

---

① 上海东方国际商品拍卖有限公司 2011 年秋季大型艺术品拍卖会“中国书画五”0354 号。

## 四

子松夫子大人函丈：

敬启者，初六日在宁津肃复寸缄，计邀慈鉴。初十日奉到初四日手谕，昨日又从丁乐翁处递到七夕所赐一书，并领到捐款银二百五十两，仰见吾师垂念饥黎，至诚恻怛，敬佩莫名。宁津西南二路均已查毕，仅短千余金，业已布置妥贴，属小琴兄代为经理。其东北二乡有津关税务司劝捐八千金，交盛杏荪观察带来，分路查放。杏翁因总司账目须得妥人襄理，小琴兄处事精详，不辞劳苦，仍留照料一切，以资熟手，计月杪亦可竣事。大澂因交河放钱已逾两月，民情又甚拮据，南中寄到各种丹丸，并广东解来救饥饼七十箱，亟须妥为分散，遂于十五日回至交河，督同绅士分赴各乡，设局施药，并将救饥饼散给无食贫民，遇有颠连无告之人，酌给钱数百文，虽无续赈之名，暗中稍资接济，不无小补。李秋亭在景州、阜城，与大澂所见适同，幸有余款作此不尽之波。俟新谷登场，生机畅茂，届时再行停手，方可无憾。近日患痢甚多，闽捐神曲，粤捐午时茶，皆极相宜。大澂亦抱河鱼之疾，四五日未愈，不能亲自赴乡。此等事以细心体贴为贵，每思手自散放，尤觉亲切有味也。瘟症大半患寒，宜用温药，愈者八九，而解暑辟瘟各丸，凉药居多，服之恐受其害，尤不宜孟浪施之。交河领钱开井四百六十余口，验收尚难齐集，秋收以后，必更踊跃。砖井加至八千文，颇有宽深坚固之工。惟将旧抵新，时有尝试者，查验时易于辨别。大澂于中秋后回京，此举即交盛观察始终其事。本地绅士始多疑阻，辄以为开一砖井，非钱数十千不可，贫民无此力量，近来办有成效，众议始无异词。承办之人，犹虑工不坚实，易于湮废，然询之老农，此等砖井二三十年亦不见坏。间有惰农不肯深挖，草率了事者，亦不能因噎废食。惟劝捐推广，目前尚未暇及，绅士中多有成见，未知井利之溥，日久自能取信也。肃复，敬叩钧安。通家晚生吴大澂谨启。七月二十一日交河泐。

敬再启者，河间各属近日间有螟虫，俗呼为黏虫，已饬各州县尽力搜捕，缴虫一升，换粮一升。交河尚有余剩高粱数百石，吴桥、景州、阜城均已照办。秋禾之茂盛，为数年所未有，即有虫伤，可望八九成。以秋收成色而论，各州县未必报灾，藩属已有催征札牍，势难久搁。惟体察情形，阜城、景州、献县、交河、东光五州县民力甚为拮据，似宜一律缓征。吴桥、宁津、故城、河间、任邱、肃宁六县，冀州、武邑、衡水、枣强等处，有上年被灾较重村庄，亦应缓至来年麦熟后开征，民困藉可稍纾。在伯相统筹全局，不能不兼顾库款。向来请缓之例，总以本年秋收成色为定，牧令既不能无端报歉，疆臣又不敢格外恳恩，再四思维，惟有吁求吾夫子为民请命，力陈河间各属积困情形，疏请特旨，大沛恩施，先将阜城、景州、献县、交河、东光五州县本年下忙钱粮一律停征，其余各州县仍饬直督分别轻重，奏请展缓。此等旷典，非地方官所敢声请，恩出自上，尤足以培国脉而召天和。幸际两宫仁厚爱民，古今所罕，通下情而宣上德，断不以越俎为嫌。始自近畿，推及晋豫，受福者奚啻数十万家。至停征各州县应如何体恤之处，当由大澂与伯相函商办理。仰荷垂询，敢布愚悃，伏乞鉴察。再晋粮转运，本极费力，自大雨时行，途多积水，大车重载，覆辙堪虞，即城乡往来数十里，车户视若畏途，官差民雇均极为难。闻泊头转运局尚有万余石未运之粮，想获鹿、道口、清化各局必多壅滞。现当新谷将登之际，晋豫粮价大减，一石转运之费即可购粮二石，若拘泥公事，不思变通之计，实于赈款大不合算，可否请吾夫子附片奏请寄谕直督晋抚会商筹办，或就地变价，即将粮价运费解交晋省，为续赈之需，或由晋中就近采购，或竟折钱放赈，既省亏耗之费，又免迟延之咎，一转移间，实于赈务大有裨益。在承办转运各员，竭尽心力，并非办理不善，无如天时地利，不能以人力相争。晋省各属转瞬丰收，并不缺此一二万石之粮。穷则变，变则通，因时制宜，似不必过于拘执，此又疆吏所不敢言，而可无如何者。大澂为节费速赈起见，是否可行，伏祈裁酌。再叩钧祺。大澂谨又启。

收银字据二纸附呈。[①]

① 上海东方国际商品拍卖有限公司2011年秋季大型艺术品拍卖会“中国书画五”0354号。

# 致徐康(一通)

子晋六兄大人执事：

去年顾敬之北来，奉到手教，如聆謦欬，一慰数年契阔之思。嗣因奉使朝鲜，驰驱风雪，亲朋书翰，往复多疏，诵风雨鸡鸣之句，言念君子，时切輖饥。翰卿兄来津，续奉惠缄，极承注念，惯迟作答，爰书来，且惭且感。弟所著《说文古籀补》近以东洋纸重印二十部，已函致家兄送呈一部，当较前印略精。今夏专心肆力于大篆，日书楹联十幅，稍有进境，兹交翰卿兄带呈一联求教之。井阑形大騩秦权，得题字确考，尤为古吉金增重。近又得一铜钧权，重库平十三斤半，与前获秦石权五十四斤者适得四分之一，其为三十斤之钧权无疑。翰卿兄箧中带有拓本，请鉴定之。弟近书篆文《论语》，才及第三卷，中秋后当可书竟也。手复，敬请著安。弟大澂顿首。七月十九日。[①]

---

① 香港苏富比拍卖有限公司2019年秋季拍卖会“中国书画”2935号。

# 致徐熙(二十一通)

## 一

翰卿五兄世大人阁下：

前函尚未封发，适郝学智于廿三日申刻到汴，展诵八月初五日手书并大璧、玉圜、倪册、任轴，至感至感。玉圜至精，有目共赏。拱璧白玉者少，亦非常品，在苏扬六十金，其价廉甚。墨畊倪君画理甚深，小某先生之高足，似乎青出于蓝，可与陆廉夫并驾齐驱，阜长不能专美于前矣。渭长《四红图》亦难得之品，为敝箧中所无。今秋得潍县玺印九百四十余纽，然欲续打印谱，甚不易也。手复，敬请台安。弟大澂顿首。九月廿五日。

属书楹联及廉生书联，统交胜之带上。①

## 二

今日网师园之约，鄙人面与订定，不欲失信于友人也。吾兄得暇，亦可同往。或再索其藏画一观，以资眼福。汉量乞交来役带下为感。斗庐主人览。弟制大澂顿首。新正九日。

---

① 2011苏州东方十五周年秋季艺术品拍卖会“中国书画(一)”0111号。

九龙卷已领到。[1]

## 三

翰卿五兄世大人阁下：

前复一函，并寄还小钟，又托念劬代汇一款，谅已察收。顷崧孙弟带到手书，承寄商匜、周玺、宋瓷各种，并惠印泥古镜，至感至感。惟父乙壶器本不古，文则张凤眼所刻，当时李伯渔得自秦中，其作字"父"字总不得法，此为造化所限，否则虎贲中郎不可辨矣。近有山左客带来一鼎，奇货可居，视其文亦系张刻。新获古玺八十余，至精者五十余方，印谱已动手，合胜之、伯圜、穆甫三君为之，必可精美，当为执事留一部也。兹托念劬汇去漕平银一百七十六两，乞即察收。手复，敬颂侍福。弟大澂顿首。二月廿六日。

成王尊方鼎可先问价，冯氏一卣不必得矣。[2]

## 四

翰卿五兄世大人阁下：

前接手书，碌碌未即裁答，承示拓本，感之。汉印十六方，如百番可得，乞为留之。鼎敦果佳，惜乎无此扛鼎之力，只可割爱，不能兼收并蓄。书此以博一笑。粤中骨董家所呈古器皆伪作，间有真者，价极廉，近获商鼎、商敦二器，不过三十余金，竟不能不收。拓奉雅鉴。手复，敬颂侍福。弟大澂顿首。七月十一日。[3]

---

① 国家图书馆所藏，善本书号：14901。

② 香港苏富比拍卖有限公司 2019 年秋季拍卖会"中国书画"2935 号。

③ 同上。

## 五

翰卿五兄世大人阁下：

潞河舟中曾寄留别诗数首，想鉴及矣。弟奉命抚湘，艰巨之责，恐不胜任。所幸鹏运图南，仍可与诸君子在沪畅叙，可谓天从人愿矣。昨接家书，欣稔执事有弄璋之喜，不胜欢抃。肖韵导之于前，讷士、卓臣亦可继之于后，此亦今年一大快事也。手泐奉贺麟喜，敬请台安。大澂顿首。七月八日。①

## 六

斗庐五兄世大人阁下：

前月中接诵手书，适家兄先一日解维，是以九龙山人卷不及带回，又不敢交信局转寄。兹有差弁管带浅水轮船之便，属其到苏赍送敝庐，由讷士转交，乞察收，其款知已交与讷士代存矣。弟到湘四十余日，忙碌异常，每日偷闲手临孟端长卷，半月始竣，颇觉费力。以后作画，竟无暇晷，所谓一行作吏，此事遂废也。临本亦乞代付欣赏斋装池，并有扇面十七页，样纸一页，务属其细心精裱为感。前在沪上携回扇面，如已装成，即交江玉怀带湘。此次手临孟端一卷，望吾兄代购旧锦包首，价由讷士垫给可也。湘中书画无一真者，仅购得古玉珑小者，制作甚精，白玉地，土斑尚未盘出，所费不过八金耳。暇时以古玉器玺印属子英手拓，亦不寂寞。廉夫游岳麓，终日绘图，月初可竟。手复，敬颂琴祉。弟大澂顿首。九月廿三日。

---

① 西泠印社 2015 年春季拍卖会“中国书画古代作品专场”0246 号。

闻汤饼会宾客满堂，惜不得与茶村共醉耳。[1]

## 七

斗庐五兄大人阁下：

十四日森卿到湘，接展手书，并带到石田卷，石谷轴册，两峰、新罗二轴，皆惬心贵当之品，计值三百二元，合银二百两之谱。兹先托票号寄上百金，乞察入，余俟正月再寄，因年底用款较繁，一时划不出耳。翁卷弟所不取，当为代售。已托士虎寄翁筱珊。手泐布复，敬颂岁禧。弟大澂顿首。冬月十八日。[2]

## 八

斗庐吾兄世大人阁下：

元宵后一日卓臣、讷士来湘，奉书欣慰，但怅足音之不至，座无车公不乐耳。承惠宋押一纽，难得之品。夏羽谷竹册，南雅先生亲见其挥翰，叹为数百年来所希有，又为桂舲尚书旧物，洵可宝贵，感谢感谢。寄示石田卷轴，弟所心摹手追者，留之案头，可为师法，其价交讷士带缴。张罏、白铜罏合计十金，一并带奉。石谷、新罗非不心爱，力有不逮，只可割爱矣。鹤一兄寄来五玺，谨已领到，枚顁、淳于奴两玉印，乞转交之。检云所需信函，随后即寄。手复布谢，惟起居珍重，千万千万。弟大澂顿首。正月廿六日。

去冬所短百金，并交讷士带上，乞察收。[3]

---

① 国家图书馆所藏，善本书号：14901。
② 同上。
③ 同上。

## 九

翰卿五兄世大人阁下：

新正三日，湘帆轮船到湘，接诵十月二十日手书，并扇面册、戴文节册，均已领到。种费清神，至感至感。若波皖事将毕，昨已函恳仲帅代邀至湘，酌带三四人，帮办湘省舆图事宜，未知二月中能抵湘否？三月阅操至衡山，大可同游。敬颂春祺不具。弟大澂顿首。正月廿五日。[①]

## 十

斗庐主人如晤：

前渤复函，已交讷士带呈。兹检得新收古玺有“敬上”二字，汉泥印有“长宜”二字，皆古人之闲章，可于信上用之，聊以伴函，乞哂存。再请台安。弟大澂顿首。二月初七日。

泥印往往有伪刻，似此文字真汉印也。

鹤一兄所爱敝藏三玉印，可谓赏识有真。寄示古玺五纽，无一不精，弟亦喜之。割爱相易，可成一段佳话。无如旧藏三十玉印装成一匣，“赵贤”在敝斋日久，有依依不忍去之意，他日或有续得玉印，以新补旧，再当割赠也。弟又启。[②]

## 十一

翰卿五兄世大人阁下：

接诵手毕，即谂从者抵沪，小作勾留。承为代购宋明瓷器七件、

---

① 国家图书馆所藏，善本书号：14901。

② 同上。

犀角大杯、虢季子白盘拓本一纸，并皆佳妙。当属念劬汇寄足银六十八两，乞即察收。小钟器真字伪，亦系张凤眼所刻，特托菊裳兄带缴。手泐，敬颂侍福。弟大澂顿首。尊大人前请安。二月既望。①

## 十二

斗庐五兄世大人阁下：

初九日回署，接诵二月廿五日手书，知云壶已有归志，不能远游，殊深怅惘。岳麓卷、扇册、九龙山人临本均已收到，费神之至。周氏古玺印不闻有索售之意，未便与之启齿。路文贞字卷，恐香帅未必肯出价。每遇书画在百金以外者，不敢还价，但留之案头，展玩而已。恐一寄去，未易索还，亦不付值，转令经手人为难，故交硕庭带去，乞察收。弟亦无力购书画矣。手复，敬颂台祺。弟大澂顿首。三月十七日。

明日出省，偕廉夫游衡山，必有图咏也。②

## 十三

斗庐主人阁下：

郝弁回湘，奉到四月杪手书，藉悉一一。代购白玉方尊一器、宣炉三座、雕漆盘盒四件，均已领到，计值二百零六两。又前扇面册先缴一百两，均托念劬带沪转寄，乞察收。大片金一炉，茶老云系竹垞翁遗制，因留以自玩矣。又承惠寄锦袋两只、虾子鲞两匣、玫瑰露两瓶，西法汽蒸，其味最厚。谨领，谢谢。云壶、心兰、鹤一三君子所赠书幅，

---

① 香港苏富比拍卖有限公司 2019 年秋季拍卖会“中国书画”2935 号。

② 国家图书馆所藏，善本书号：14901。

并皆佳妙,感何可言。鹤兄又以老迟《芝仙祝寿图》见贻,乞先道谢,暇时当作书报之。手复,敬问起居不庄。弟大澂顿首。五月十三日。

玉押疑旧印后刻,宋押仿古篆者少,似不相称也。奉缴。

从前所得竹刻臂搁,今以九件配入贡品,匣面各刻小传数行,惟陈小莲不知其名,此地无书可检,又吴松字友梅亦不知何许人,《嘉定县志》书无其人,乞代询鹤一及次侯,如有可考,略示数行,交信局寄湘,至以为感。

为检云说项一信,四月杪寄浙。窓斋又拜。[1]

## 十四

翰卿五兄大人阁下:

十四日接诵手书,承示官印三方。"虎步都尉司马印"不伪,似六朝晚出,非汉魏物。"曹师季众"颇类近日胥伦仿铸之印,其色泽用硫磺熏之,足可乱真,多见自能辨别。"晋率善胡邑长"亦疑旧仿,特将原物寄上,乞察收。拙书楹联,容再寄上。高丽纸幅不大,只可裁作小对,绿色苔笺尤少长幅。手复,即颂台祺。愚弟吴大澂顿首。六月十七日。

日内有折弁入都,铜印即交带上。[2]

## 十五

翰卿五兄大人阁下:

前复一缄,计邀青览。铜印三方,惟"虎步都尉司马"文尚可取,

① 国家图书馆所藏,善本书号:14901。
② 香港苏富比拍卖有限公司 2019 年秋季拍卖会"中国书画"2935 号。

兹交折差带上，乞察入。对纸容再寄呈。未知台从何时出都，念念。手泐，敬请暑安。弟大澂顿首。六月廿日。

钮匪石先生书皇象本《急就章》屏轴，乞借一阅。翰卿世五兄执事。弟大澂再拜。①

## 十六

斗庐五兄世大人阁下：

昨厚甫回湘，带到重阳日手书，欣悉玉体违和，已占勿药，至以为慰。经此一番病痛，务须随时加意调摄。弟有两言奉赠：少用心，少说话，寒暖饮食亦须处处留心。弟以病躯承乏湘邦，得以从容卧治，元气渐复，皆调养之功也。承代购戴扇沈画，并皆佳妙，其值四十四元，寄交讷士侄转缴。手复，敬请颐安，千万葆重。弟大澂顿首。十月初三日。②

## 十七

斗庐五兄世大人阁下：

前月交湘帆轮船管驾江玉怀带去九龙山人卷及临本扇面一包，未知鉴及否？如有寄弟之件，即可交江弁带湘甚便。手泐，即颂台祺。弟大澂顿首。十月初十日。

欣赏斋前裱扇面，属其照来样切齐即可带来。续裱者后寄可也。③

---

① 香港苏富比拍卖有限公司 2019 年秋季拍卖会“中国书画”2935 号。

② 国家图书馆所藏，善本书号：14901。

③ 同上。

## 十八

斗庐五兄阁下：

前复寸缄，并寄百金，想已达到。弟所用鹿茸余角甚多，家中尚有存者，乞告讷士一检，奉赠配药，尚得力也。云壶清恙霍然否？念念。敬问起居不宣。弟大澂顿首。癸巳腊八日。[①]

## 十九

斗庐主人如手：

此间劳宅旧藏洋烟，弟得其十三太保一瓶，尚有五瓶，力不能购，弃之可惜，请阁下一为品题，可留则留之。手泐，即颂台祺。弟大澂顿首。四月初十日。[②]

## 二十

斗庐主人如手：

前托念劬带去一缄，并银三百零六两，想已达览。廿五日接诵初十日手书，承示鼻烟各种各色甚多，弟所得有苹果味、酸香味，间有带膻味者，弟不能辨其等差，但觉原瓶坚结异常，香味甚厚者，必非伪品。又有一种过于潮润，而瓶口不甚结实者，恐有做手，然其味类苹果香，弟甚爱之，留以自用，以最佳者四瓶寄与吴硕卿矣。彭世兄回扬后，何以托带之烟尚未寄到，一时忘其扬城住址，乞就近由信局寄

① 国家图书馆所藏，善本书号：14901。

② 同上。

与一信，属其即交信局寄苏，亦极妥当也。菊初处必知其住址。硕卿送我小金花二瓶，念渠以为上品，据云每瓶须五十元。弟嫌其太淡，味虽正而不足解渴，惯闻佳烟，稍次者不能闻矣。玉器已配足，无须再购。葵花式沙壶，交蔚盛长寄下为感。轮船信局寄物亦便。手复，即请台安。弟大澂顿首。五月廿八日。

近得蓝料八角式瓶不透亮者，其烟带红色，味较小金花尤胜。①

## 二一

斗庐主人如晤：

前接手书，承示鼻烟近来作伪者甚多，其大瓶本觉可疑，弟爱其味厚有苹果味，仅购两瓶，因旧藏之烟皆干燥，以此略对少许，味不恶而亦不干，究竟洋人不知有何妙法，决非洋醋也。三角一瓶真陈烟，凡坚结不可动者，必非重装，且其味究与新烟不同。曾寄一瓶与硕卿，三角者。想广东必有识者。弟于金石书画古玉鉴别不爽，独于鼻烟向不深考，故不敢自信也。今年得佳烟甚多，色黑而潮者仅购两瓶，其余皆深黄而坚结，不过其味略淡。价亦不贵，小者三瓶，每瓶十二元可售，毕竟胜于元妙观前所卖之新烟也。顷接五月杪手书，承示吴松陈小莲传略，感感。手复，敬请台安。弟大澂顿首。六月廿八日。

前欠之款，八月初再寄，因乡试送卷，现需巨款耳。②

---

① 国家图书馆所藏，善本书号：14901。

② 同上。

# 致徐有珂(一通)

小豁仁兄同年大人阁下：

十九日奉到手书，未即作答。前日篆香兄顾唁，又承颁惠祭幛，铭感无既，敬谢敬谢。吾兄近馆南浔，便于侍养，年内能否入都？如明春二月由轮船赴津，未免局促耳。弟今春赴鄂，溯汉至襄樊登陆，由伊洛、肴函一路入秦，在潼关小住二十余日，得游太华，挽铁索而上，登西北二峰，虽未尽兴，却已跻其巅矣。到西安不及十日而帅节东移，又渡河入晋，历太行，出井陉口，《汉书》所云"车不得方轨，马不得并列"，俗称"四大天门"，山路奇险，过此则入直境。前月十二抵保定，廿六到津，重阳前一日旋里。家中事料理粗毕，即拟于十月初旬仍赴津门。万里归来，鞭尘未息，又将挥手出门，言念良朋，益增怅惘。惟望公车早日北上，来岁春明快图良觌。所愧仆仆奔走，学术就荒，殊鲜进益，无可为知己告者。荃相期许甚厚，时以公事相属，藉得留心案牍，稍资阅历，于时务较为亲切。津案办理棘手，湘乡大失人望，刻下罗酋仍在都中，以总署为护符。两相在津，何从着力，殊切杞忧，此事非一两月所能定议也。舍弟于去冬入闽，在潘伟如方伯署中，宾主甚洽，刻下事冗未归。知念附及。手此布复，敬请著安，不尽百一。年愚弟期吴大澂顿首。九月廿三日。[①]

① 私人所藏。

# 致晏安澜(一通)

海臣贤弟大人阁下：

顷接初六日手书，详悉一一。云樵、文卿稳慎有余，用人用其所长，知其所短，吾弟涵养未深，宜稍敛抑。联络诸将，宜用和中益气汤，人参虽补，恐助虚火，不能去病。今日祝帅来电，念我北路兵单，请调炮队四营赴牛庄，已允之，车少不能速行耳。手复，即颂捷安。兄大澂顿首。二月初七日申刻。

印若均此。批禀录寄一览，勿宣示也。[①]

---

① 国家图书馆所藏，善本书号：04803。

# 致杨实斋(六通)[1]

## 一

送去瓦瓶，费神觅人代为一刻。瓦质甚坚，自刻恐费力，想碑林必有刻字人也。刻就并乞饬匠制一胡桃木匣，并配座子，因须送主考洪同年也。吾兄如须属写对联，一两日内交下，尚可代求。此颂，实斋大兄大人刻佳。弟大澂顿首。十五日。

刻字能于十日内刻好，并乞灌蜡。

## 二

实斋大兄足下：

去腊接诵来书，适在都中陛见，岁暮回津，匆匆未及作答。承示透光镜，现无磨工，颇不易得。此不甚要紧之事，遇有佳者，无论大小，乞为留下。未经磨亮之海马蒲萄镜，敝处所收甚多，不必寄也。正月中由津启程来吉，查勘边界，五月内即可旋津。今春得铜印五百余纽，亦一大观也。手复，即颂台祺。窸斋手泐。三月十八日。吉林珲春城泐。

① 吴大澂写给杨实斋的这六通书信，均为国家图书馆所藏，善本书号：18862。

篆书《论语》已写毕，寄沪石印，四月可竣工也。

## 三

实斋大兄足下：

三月廿一日泐复一缄，递至粮道署，由毛子静转交，计四月中必可达到。兹托吉林票号源升庆汇去银五十两，由都中日昇昌转汇西安。此间汇京费已付讫，由京汇陕之费，即属日昇昌于原平内扣算，大约吉省市平较陕西公议平略大，汇费所用无几也。手此，即问近祉。三月廿五日。窓斋手泐。

以后寄信，由日昇昌交源升庆最妥。

## 四

实斋大兄足下：

前月泐复一缄，计已达览。所恳代留汉印，作价毛诗一部。又吾兄所购各种，如日昇昌号内信足可以托带，分作数起，每次带印三四十方，想无不可，望与梁笏臣商之。兹托日号汇去银四百两，即乞查收。手泐，顺候近祉。窓斋顿首。八月十三日。

## 五

实斋大兄足下：

前由日昇昌寄到五月十一日手书，承寄秦权拓本，谢谢。三月内所寄千岁、万岁瓦二种，始建国四年瓦二种，居室残瓦片，下邽丞印泥封，汉铜印十二方，子母印一方，已于九月初旬寄到吉林省城，费神之至。属题权拓即交张祥带去，乞察收。附上棉连纸五张，如有所见，望代留拓本寄示为感。手泐，即颂台祺。窓斋顿首。冬月廿五日。

## 六

实斋大兄阁下：

前月由渭南县转寄六月廿八日手书，不过十余日即到。知有六月十六日一函，并有韩继云书交与日昇昌，至今杳无信息。即使票号由山西转寄，何至两月有余尚未寄到。而所在天气畅晴，道途不致阻滞，何不雇一驴驮？玉件并不甚重，只要有伴同帮，或有货车附便东来，较为放心。古玉药铲不论玉质好坏，仍乞代收。九、十月后或由此间专差往取亦可。即颂秋祺。窓斋手泐。八月十七日。

## 致依克唐阿(一通)

尧山仁兄大人麾下：

十九日在三姓城内接诵惠缄，承示炮台基址甚坚，桩木入土四五尺不等，现于九月初一日停工。所需江米购觅甚难，改买黏谷亦须预为采购，趁此冰冻之时，道途平坦，转运较为省力。三合土用灰甚多，恐珲春灰窑每月所出无几，能否设法添烧，逐月储积，庶明春动工时，可资应用。否则石灰不能接济，土多灰少，恐碱筑未能坚结耳。廿五日在副达墨途次续奉来书，谨悉一一。巴尔巴西与廓米萨尔此次来吉，借公事以资游历，抵珲时不先进谒台端，竟于营中随意逗留，其不愿谭论公事，亦可概见。将来分界事宜，拟俟弟到珲阅操时，与廓米萨尔订期会勘，必将罕奇海口竭力争回，庶于边事有益也。弟于初三日由塔程，十一日行抵姓城，次早赴营校阅各营操演，五日而毕，十九日由姓旋塔，廿七日回城，沿途风雪，峻岭洼塘，颇形跋涉，尚拟略加休息，大约须冬月初旬赴珲。知念附及。手泐布复，敬请勋安不具。愚弟吴大澂顿首。九月廿九日。

昨日接奉十五日惠函，岩杵河东海源商人拟购洋机布四五百匹，即可如数付给，令其写立期票，约定明年三月交价，亦无不可。弟又拜。①

① 西泠印社拍卖有限公司 2017 年秋季拍卖会“中外名人手迹专场暨长言联书法专题”2167 号。

# 致尹元鼎(三通)

## 一

伯圜大兄阁下：

今晨接诵二月十八日津寓寄到手书，藉悉一一。弟于清明日行抵珲春，大约俄官须月杪来会，尚有二十余日之闲，正可考释古金文字也。王西泉先生送印到津，极深心感。程仪自应照送，惟不得一见为憾耳。鼎敦拓本有不能题字之处，已揭下重粘。有潘伯寅师所藏之虢叔钟末行字在钟边，中间四行首一字皆缺，记得原拓有一“虢”字在上边，余三字不甚清楚。首行“虢”，二行“秉”，三行、四行“御”，阁下粘贴时缺少上边四字，未知从前裁去纸条，尚可检觅否。顷已函恳伯寅师再拓一分寄下，不知何日寄到也。戈剑无字处及汉洗花纹只得裁去，方可合格。汉洗无可题，一纸可粘两器，戈剑旁有空处，尽可考释，考亦无多，亦可两面各粘一器也。手复，即颂砚祺。弟大澂顿首。三月初六日。[①]

## 二

伯圜、佐安两兄大人阁下：

久未得书，殊以为念。今年春夏搜罗古玉，陆续得百数十件，因

① 中国嘉德 1995 春季拍卖会“古籍善本”408 号。

著《古玉图考》一书，寄至上海石印，已成汉唐以后考古家未有之书，并可以古玉考订周尺，寄去八部外，信五函，乞代为分送。手泐，即颂秋祺。弟大澂顿首。八月初九日。[①]

## 三

（上阙）有两行文字，其释文当书在拓本之下，则拓纸略宜移上，拓墨上下空纸宜裁去，可留释文地步，此为每行七八字、八九字者而言也。若爵文、觯文之两三字者，下方尽可写，释不必过高，凡黏一拓本，必思何处写释文，何处写考据，稍为留心，便无不合式之处矣。高翰生之印，曾否送到，便中乞示一音。手泐，敬颂文祺。大澂顿首。二月初四日卯刻沈阳行馆泐。[②]

① 中国嘉德 1995 春季拍卖会“古籍善本”408 号。
② 中国嘉德 2005 春季拍卖会“古籍善本”1425 号。

# 致友梅(一通)

友梅大兄大人阁下：

上封寺田产为廖修名等把持，寄禅和尚畏之如虎。弟以手谕劝戒廖生，亦解冤释结之意，望即给予一看，如尚不知悔悟，应由阁下禀请斥革惩办。符、陈、戴、萧各绅士，应请其出为上封护法，不必引避。其田土纠葛处，仍令永寿熊巡检为之清理可也。手泐，即颂升祺。弟大澂顿首。二月廿三日。

王益吾山长交来寄禅所具说帖，附寄一览。①

① 中国嘉德 2015 秋季拍卖会“吉金乐石——清代书法掇英”1714 号。

# 致裕禄(一通)

寿帅仁兄将军阁下：

前在田庄台曾复寸缄，谅登签阁。辽阳告警，依、长两帅先后赴援，根本重地，保障有资，当可力遏凶锋，良深抃慰。海城自依帅东行，北路空虚，毫无屏蔽。贼由耿庄绕出我军后路，直扑牛庄，魏藩司光焘、李道光久两军竭力抵御，无如众寡不敌，营哨官伤亡十数人，纷纷败退。牛庄于初八日失收，士气为之大挫。宋军回顾田庄台。初十日营口亦陷。倭以海盖各城之贼并力度辽，猛扑田庄台，祝帅力战两日，十一日已获大胜。贼更添兵报复，快炮又加数十尊，弹如雨下，各军势不能支。祝帅遂于十三日退至双台子，旋奉谕旨责成祝帅与弟专顾锦州之防，因率各军于十四日退扎石山站。自愧书生不知兵事，调度乖方，罪无可逭，现与祝帅合力经营，堵其西窜至路。背面广宁闾阳驿及义州一带，亦俱派兵扼守，惟与辽、沈相隔较远，遥企棠疆，莫名驰系。手泐，敬请捷安不具。愚弟吴大澂顿首。二月十七日。①

---

① 四川博物院藏。

# 致恽祖翼(一通)

知无主人如手：

十二日接奉初七日惠书，详示种种，且感且佩。资遣一节，现当大雨之后，似可及时归耕。各属赈粮多已开放，回籍之后，当可不致失所。其房屋已经拆卖者，无所栖止，难保其不再流徙他乡，此亦无可如何之事。至沿途逐站给发口粮，不但州县无力垫办，即由上游筹款拨给领银千两，不知何日换到现钱，或在他处换钱，运回署内又需时日。且各州县公事较繁，今日下乡，明日相验，饥民过境，未必能随到随发。万一守候多日，逐站稽留，即将该牧令撤任严参，而老弱贫民之累死者不少矣。故沿途给钱，仍须专委妥员携带现钱，先往该处布置妥帖，如办差之有前站预备齐集，方不掣肘，若专责之州县，万万靠不住也。去年江南资遣章程，亦由押送委员自行给发口粮，尚祈卓度办理，预为筹及。若冒混之弊，既有籍贯可稽，分县分起，排日遣散，一面填给护票，收回粥牌，已去者不能复回，已领者不能再给，本京贫户似亦无可冒充，未知尊意以为然否？昨日大雨倾盆，自辰至酉不止，约计数千里内必皆霑足，望主人与麟伯前辈商之，即令各厂分别造册，定期资送。弟已属各州县留出赈粮，为闻赈归来补给之用，深冀各属似应一律照办也。复郎亭一缄，乞即饬送为感。手复，敬请勋安。统祈鉴察。弟大澂顿首。四月十六日阜城南关泐。[①]

---

① 北京保利国际拍卖有限公司5周年春季拍卖会“中国古籍文献及名家翰墨”0913号。

## 致曾国荃(一通)

沅甫宫保世叔大人节前：

十八日在临清舟次肃复寸缄，计邀鉴及。十九日接奉初五日赐书，敬聆一一。侄才疏识浅，利济无方，猥蒙奖饰过情，且感且愧。屡读大咨，知辽沁泽潞以及平蒲、隰解等属望粮甚切，已派丁丞启宇前赴东阳设局接收，张牧彬前赴清化设局转运。再四思维，各属灾区应赈饥民嗷嗷，分拨泽州、平阳二府各二千石，如泽州一属可由东阳关匀拨，或将此四千石全数运至平阳。盖南路所运官赈之粮只有此数，年内已不及续运。闻清化镇入晋之道，可径达平阳之翼城县，不必绕道泽州，如应拨给泽郡之粮由清化运去，不过百四十里，尤为便捷。惟山路陡峻，均须广募驮骡以期迅达。此东阳、清化两路分运之情形也。侄与南中善士购备高粱，先后起运七千石，仍拟运至清化镇，就近在平阳一带最苦地方酌量散给，以助官赈之不足。而蒲州、隰解各属路途较远，恐不及兼顾，无计可施，即由道口至清化镇雇车，能否敷用，何时运竣，尚无把握，徒深焦灼而已。至水陆脚费，由天津运至道口，每石京钱一千文。由道口至清化可用大车，与保定至获鹿大略相同。由清化至平阳，与获鹿至什贴不相上下。以保定运至什贴之费，即可由道口运至平阳。而临清至东阳关其费较省，由清化拨运泽州其费更省，此三路分运脚费大略情形也。详细章程及车骡脚价，容再随时报闻。侄二十日由临清开驶，今晚泊馆陶，闻道口一路尚有一尺七八寸水，月内当可达到。并以附闻。肃复，敬请勋安，乞恕不庄，临颖无任依驰之至。世愚侄吴大澂顿首。十月廿一日馆陶舟次。[①]

① 西泠印社拍卖有限公司2018年秋季拍卖会“中国书画古代作品专场”0562号。

# 致曾之撰(四通)[①]

## 一

君表仁弟同年大人阁下：

闰二月初旬接奉手书，备承垂言，词意殷肫，莫名哀感，正拟肃函叩谢，适闻礼闱回避，不日出都，迟迟未复，歉甚歉甚。次侯来省，盘桓数日，约俟台旌旋里，当即登堂泥首，节前又有俗事牵缠，并闻从者已定初八来城送考，良觌不远，谨扫塌以候惠临。兄自大梁闻讣，星奔回籍，哀恸迫切之余，心如槁木，无可为知己告者。子实同年一病竟至不起，三十年前同舟渡海，诸君又弱一个，可胜惋叹。手复，敬请台安。年如兄吴大澂顿首。年伯母大人前叩安。五月初四日。

居庐谢客，惟日与古人相对，偶见名人画册，见猎心喜，辄复临摹，乐此不疲。昨得汤贞愍公画石小幅，手临一本，以绿竹数竿副之，似尚不俗，寄呈鉴赏。纨扇一柄，聊备拂暑。乞教之。兄大澂再拜。

## 二

君表先生侍史：

日前奉到手复，承惠鲥鱼、蚕豆、象笋，以福山之佳种、江口之鲜

---

① 吴大澂写给曾之撰的这四通书信，均见于广东崇正拍卖有限公司 2017 年春季拍卖会“古欢·中国古代书画”0626 号。

鳞，配以圃畴新摘之蔬，列罗满案，供我大嚼，并与廉夫画友同此饱德。而象笋尤为得未曾有，细品风味，与关中华州所产春笋略相似，感谢感谢。名园广构精舍，所需横额楹联必多，五月下旬买舟奉访，笔墨之缘，可留鸿爪，大约廉夫可约同来也。昨有友人自烟台来，携有白华百合，奉寄四十枚藉佐兰修，不足副木桃之报也。手复鸣谢，敬颂侍福。兄制大澂顿首。四月十二日。

可庄已赴任，信即寄去。

## 三

君表先生侍史：

虚霩园中养疴二十日，饮食、医药视同骨肉，病体日就痊可，感何如之。别后一帆风利，翌晨抵里，堪以告慰。连日仍服原方不间断。箧中检得朝鲜国王所赠东参尚有存者，自留白参试服之，以红参二斤奉赠，似较参铺所购枝头略大，乞即哂存。手泐，敬颂侍福。如兄制吴大澂顿首。白门之行已定，初六晚登舟，七夕泊无锡，并闻。七月初二。

消夏杂咏后附七律一首、七绝二首，图前题字仿濠叟笔意，未知当意否。窓斋又拜。义庄记已写半幅，初三可成。

## 四

君表先生知己：

白门一别，倏已十日，未知金焦之游，何日渡江而南，访拓宋元石刻，有何新得乎？兄为痔疾所累，终日困卧，殊觉闷人，意非内外兼治不可。现赴孟河马培之家，请其用药敷治，能得肿消脓止，稍有效验，即解维而归，重阳计可到家。闻王筠庄痔漏生管，经马公医治而愈，此老于外科必有把握也。孟朴三场十四艺，必当录出清稿以备硃卷全刻。闻叶菊裳今冬告假南旋，兄拟延订来舍，专修《关中金石记》，能有一年之功，此书可望有成也。岁月蹉跎，衰病如此，不知奢愿何日能偿耳。手泐，敬颂侍福，百不尽一。如兄制大澂顿首。次公、师载兄二函乞转交。辛卯八月廿七日锡山道中。

# 致张树声(一通)

振轩大公祖大人阁下：

五月廿三日布复一缄，未知何日得登戟阁。昨由营口递到五月廿四日惠缄，承示马眉叔观察禀函所论中俄交界图门江口一带情形，至为详晰。庆源、会宁二府均与吉林隔江接境，未便令俄人越界通商。图门江口二十里系空旷之地，与朝鲜隔江相望，附近并无都会屯集商贾，与俄人亦多有不便。仍请尊处函复总署，即据马眉叔所禀转示俄使，应照各国水路通商章程办理为善。敝处亦当派员于图门江东岸严查越界，免滋弊混，以杜其觊觎之萌。在朝鲜则多一藩篱，亦赖有珲春一隅为阻隔俄人之路，于该国大有裨益也。查当时分界，将吉林所有海口尽为俄人所占，并图门江口二十余里亦非中国所有，现在设防，仅就内地沿边分段布置，吉省东南两面并无海口可通，商贾往来，必经俄界以达各口，是俄人之处心积虑已非一日。而珲春、宁古塔边界地方大半旷土，绝无人烟，又系山重水复之区，界址出入本不易辨，即隐被俄人侵占，中国地方官亦复茫然不知，日久难以理论。鄙意亟欲招民开垦，以实边隅，并拟于沿边多设卡房，拨兵驻守，亦为预防侵越起见，第南北千数百里山荒路僻，非经营两三年不能周密也。手复，敬请勋安，不尽百一。治愚弟吴大澂顿首。六月十三日。[①]

---

① 中国嘉德1994秋季拍卖会“古籍善本”292号。

# 致张曜(一通)

朗斋仁兄大人节前：

去腊出都，驱驰风雪，满拟纡道奉访，一浣征尘，藉得快聆教益，而屈指邮程已迫，岁暮思亲情切，怀友诗疏，承遣材官按程护送，且感且歉。除夕还乡，高堂色喜，惟以老年殚于远涉，莫遂乌私。新年碌碌，行色匆匆，赶于二月初旬到粤，适柳门阁学尚未出棚按试，旧雨联欢，如在长安道上诗酒流连之日，惟香帅苦心孤诣，两鬓霜添，非复昔年意兴。粤中吏治经香帅竭力经营，均有起色，独筹饷一节万分为难，以弟之迂疏寡术，任此艰巨，汲深绠短，竭蹶时形，知己何以教之。尊处筹办河工，为今日中原第一要务，关于数十年利害、数百万生灵命脉。屡于邸报中得读大疏，勤勤恳恳，统筹全局，成竹在胸，荩画远谋，非弟等所可企及，尚祈时惠德音，以慰饥渴，幸甚。手泐，敬请勋安，不尽百一。如弟吴大澂顿首。四月望日。[①]

① 《浙江图书馆馆藏名人手札选》，浙江人民出版社，2000年，第67—69页。

# 致张之洞(十三通)

## 一

今日奉诣,恐不能早,申酉之间当可料理清楚。剪灯作画,亦一韵事。尊酒清谭,幸勿治具,特借高斋为话别地。敝庖有一篚,携以佐酒,勿拘主客之例。许免首坐,尤心感也。手复,敬上孝达老前辈大人执事。侍大澂顿首。二月六日。[①]

## 二

孝达老前辈亲家大人阁下:

新年寄呈六艺论一幅,二月中曾布一缄,当已先后达览。每阅邸抄,拜读大疏,敬仰公忠为国,美政日新。潮桥盐务改章,具见苦心整理,委用周令福昌,必有成效,可睹得人则理,敬佩敬佩。

郑工善后,即以上年工款所余六十余万从容布置,不致竭蹶,并未续请拨款,此侍之小心谨饬,不敢铺张,亦可概见。而测绘河图,枢府犹以为多事,盖因阌乡至利津不尽为河臣所辖,合而为一,已觉越俎矣。此事所费者薪水,而薪水不开公款,部中不能遥制,沿河测量,跋涉劳苦,事竣仍

① 西泠印社2022年春季拍卖会“中国书画古代作品暨明清信札手迹专场”1423号。

拟择尤酌保。侍但论事之应办与否，毁誉固所不计，即去就亦本无常也。

二月中旬偶得古玉一事，审定为周之镇圭，正合天子圭中必。当读柲，穿也。形制与斧相类，皆有穿，故工尹路剥圭以为戚柲，乃改圭为戚也。杼上终葵首之制，世俗多以药铲称之，暇时翻阅《周礼》"典瑞""玉人"及《礼记》"玉藻""明堂位"，《毛传》之杂佩葱珩觽韘琫珌，证以所见所藏，皆有确据，恍然知釭头即黄琮，《说文》明言似车釭。压须即珩璜，鼻塞即瑱，压脐即弁璩，昭文带即"鞙鞙佩璲"之璲。陆续访购得镇圭、尺二寸。大圭、即搢珽，长不及三尺，可佩于绅带之间者。琬圭、圜首无锋芒者。谷圭十二器、宏璧、度尺二寸者。夷玉、医无闾之珣玗琪。大琮、十有二寸，是谓内镇，宗后守之。组琮、外有捷卢如锯齿。玉敦、玉盏璧、散璧、角，玉觯向所罕见，觯即角也。三代之瑞玉宝器荟萃于一室。所最奇者，牙璋及璿玑耳。古玉无文字可考，金石家多不留意，从事小学诂训者又苦于寡见，不能实事求是，如戴东原之《考工小记》臆造一图以为黄琮，殊不足据，而钱献之则知今之釭头为古琮也。兹竭两月之力编成《古玉图考》一卷，自愧笔墨庸陋，无与于著作之林，本不欲出而问世，适有同好怂恿，寄沪付之石印，夏秋之交当可印成，我公必以先睹为快也。附呈屏幅四纸，仅择圭璋璧琮大器数种，藉供赏鉴，乞教之。测绘各员尚未到，见留铜瓦厢至历下一段，分派粤员往测，历下至海口，沪局员生任其役，铜瓦厢以上则闽厂津□员合力为之，因津员无测量之人也。手泐，敬请勋安。侍大澂顿首。五月初四日。[1]

## 三

孝达老前辈亲家大人阁下：

前泐一函，覆陈提镇津贴之议，当邀鉴及。接奉大咨，知铁厂规

---

① 国家图书馆所藏，善本书号：17733。

模大备，为中国自强根本。识时务者，无不敬佩荩猷，欣慰欣抃。明年庆典，各省报效点缀景物之需。迭接总署来电及北洋奏稿，似援成案每省报效三万之数，势难核减，旧章，事竣后每省发还银一万两。即照乾隆间发还一万之例，须实备二万两。湘省提镇断难摊派，司道所捐无几，鄙人力不能独任，因与同寅公商，仍在外销项下先行筹垫，分年扣清，一面援案奏闻，想鄂中亦同此为难，未知尊意如何筹集也。又接家信，述及南洋及江浙预备祝嘏礼物约二九十八之数，南北两省似须约会丰俭适中。敝藏有古玉、古铜、古瓷各器，酌配十余件，却不费事，惟绸缎须先期定织，尊处约用几匹，色何样，乞示知为感。手泐，敬请勋安。侍大澂顿首。冬月廿四日。

接谭敬甫中丞来咨，知有赴蜀查办事件之命，抚篆由我公兼摄，未知敬翁已启程否？想日内勋躬，益形劳勚，念甚念甚。再贺荣釐。侍大澂再拜。

十八日阅抚标三营及练军方操，今日可毕。[①]

## 四

孝达老前辈亲家大人阁下：

日前叠布两缄，一为维持茶市，一为调营剿匪，谅均鉴及。昨接宝庆庄守初六日所发一禀，武冈会匪裹胁至三四千人，抄抢各团局旧存枪械，囤积粮米，有攻扑州城之谣，情形甚为猖獗，郡城防勇无多，已与绅士、魏午庄方伯商练团勇六百人，以资防守等语。邵阳孙令所禀略同。大澂窃谓新练之勇，器械未齐，只可驻守郡城，断不宜轻率前进，因与余镇商调益阳驻扎颜武林所带防勇三哨，多带后门快枪，

① 东京中央拍卖（香港）有限公司 2015 春季拍卖“中国古代书画”0243 号。

由余镇督率前往，相机剿办，计十五以前，饶丞刘高照必可先后抵宝。此次匪党谅必抗拒，不能不予痛惩。然一经开仗，乌合之众伤亡必多，诚恐邵阳、溆浦各处会匪闻风回应。再得振字营三哨互为犄角，当不难一鼓歼擒。昨又飞扎刘镇福兴，酌派毅安营数哨，由溆浦一路会剿，正月初旬刘镇来省，先属派营赴溆浦会合会匪。并以附闻。除由公牍咨达外，手泐布告，敬请勋安。侍大澂顿首。二月十三日辰刻。

外电盛道、聂道二稿乞饬发。

再吴凯所购湖州桑秧到汉，已派长庆轮船接运回湘，如粤桑续到，或湘轮或未抵汉，乞尊处饬派小轮船转运来湘，望关照恽道为感。因日内外洋购炮已到，亟须运回。又运岳州振字营军火用轮甚繁也。

粤桑因先试办，所购无多大的轮船可装，无须另雇船只。

信封：外石刻一封，五百里挂递。十一月卅日到湖广制台兼署湖北抚台张大人勋启。十一月卅日到。[①]

## 五

孝达老前辈亲家大人阁下：

十一日手复一缄，未知何日达览。昨晚接汉口转递户部来电，询问续裁长夫银两，截至十八年止提存若干。十九年起，已遵旨留湘矣。兹有复电密码一纸，敬乞阅后饬电户部为感。岳州厘局子口税单，商人不复以土货冒充洋货，大约湘商皆知厘不能免，其弊自绝。敬请勋安。侍大澂顿首。冬月十四日。

总署来函云：如能就范，亦堵塞漏卮一大关键。容再抄咨备案。

再，苏卿入学，可喜可贺，吴例应由岳家制送蓝衫。兹拟变通酌

① 东京中央拍卖（香港）有限公司 2015 春季拍卖“中国古代书画”0243 号。

备微礼数色，交陈道赴鄂之便带去，即乞哂存。承示选择吉期，以十月二十七日最好，届时当属舍弟、舍侄来湘伴送赴鄂。闻星海太史在尊处阅卷，再邀菘畇同年同作伴人何如？恭备颂册，它省如无此举，可作罢论。一切册式，未易得当也。手复，再请台安。侍大澂又顿首。

诹吉各单附缴。[①]

## 六

承示电报海军、北洋二稿，至为周妥。想北洋先有电覆也。顷述师来书，以片稿内"颇涉喧嚷"四字，与师奏"并未滋闹"之语稍触，可否去之。大澂复以此二字我公斟酌再四而出之，乞恩必喧嚷，人多亦多喧嚷，似与滋闹不同也。禁械斗告示，刻印尚早，先饬房缮写一张，交番禺杨令带乡晓示。求饬用印发还。敬上孝达老前辈大人。侍大澂顿首。初十日。[②]

## 七

孝达老前辈亲家大人阁下：

前交陈道、周道带去两缄，计均鉴及。八月内应贺慈圣上徽号折，是否写"皇太后天喜、皇上天喜"，抑用四六贺折？尊处如尚未定，可否电询南北洋，免致参差不一，候示再行拜发。革员张铭京控一案，闻已奏交台端查办。但道原被诬控，近又添砌情迹，想在明鉴之中，一览而知其捏造也。手泐，敬请勋安。侍大澂顿首。六月廿一日。

---

① 西泠印社拍卖有限公司2020年春季拍卖会"中国书画古代作品专场"1216号。
② 同上。

昨日但道面禀会讯情形，属其具一说帖以备省览。

前日湘帆轮船回省，略述枪炮厂失慎情形，未悉其详。闻之极为系念，想与镕铁厂毫无关涉，修理机器一切工程所费尚不巨否？事已垂成，忽生波折，款本不裕，又费荩筹，何好事之多磨折耶？尚乞宽怀，勿过焦虑，是所叩祷。侍又启。[①]

## 八

电总署一稿呈览，乞改正代为电发。余俟明日答拜后，再行奉阅。敬上孝达老前辈亲家大人。侍大澂顿首。初二日。

"北京总署鉴。密。顷与德领事言明，俟澧案办结再往游历，澧州教堂大澂与约三年后再议。虽未应允，事机可缓。大澂肃。江。"八月初三日酉刻发。敬乞代发。四十七字。[②]

## 九

孝达老前辈亲家大人阁下：

兹有津电一纸，敬求饬为电达，至感至感。旌麾出省阅武，计月初当可旋省。手泐，敬请勋安。侍大澂顿首。八月廿八日。[③]

## 十

王道函图细阅一过，知其用心之良苦，于界务大有裨益，亦公之

---

① 西泠印社拍卖有限公司2020年春季拍卖会"中国书画古代作品专场"1216号。

② 同上。

③ 同上。

荩画默助之也。邓两电并悉，拟致狄电，不中肯仍不得力。少顷聆教，务多备肴馔为祷。孝达老前辈大人。侍大潋顿首。十三日。①

## 十一

述师信并奏稿均已读悉。惟佐领、防骁等员仅予记过，又恐旨意加重，或交部议处，不止于摘顶而已。从旁参议，亦未便过于着力。片稿拟就，乞赐一读。手复，敬贺孝达老前辈大人午釐。侍大潋顿首。②

## 十二

述师来信奉阅，鲁瞻都护不肯列衔，未知何意。既不会衔，必有单衔奏参。述师之折，若以为交卸在即而不会奏，无是理也。应否请谕理事同知前往询明，再行定稿。敬上孝达老前辈大人。侍大潋顿首。十一日。

顷蒙左顾，尚未诣谢为歉。③

## 十三

今晨述师来晤，谭及前折，拟于明日拜发。慎初二日子尊处折件何日可发，乞示及。敬上孝达老前辈大人节前。侍大潋顿首。十四日。④

---

① 西泠印社拍卖有限公司2020年春季拍卖会“中国书画古代作品专场”1216号。
② 同上。
③ 同上。
④ 同上。

## 致赵宗建（二通）

### 一

次公仁兄大人如手：

连月未通音问，渴念殊深。敬维起居纳福，杖履迎春。梅颠阁上，别有一番风景，收入诗囊，都成佳句，健羡奚如。弟日与药炉茶灶为缘，闷坐一室，毫无兴会。明春晴暖，拟卜居石湖之畔，茅屋三间，聊作渔隐也。年糕、馒头乞哂存，聊作椒盘之助。手此，奉贺岁禧。弟大澂顿首。①

### 二

次侯道兄杖履：

顷奉手书，承惠盆菊三十种，顿令荒径生色，以终年灌溉之勤，供鄙人赏玩之逸。鱼汉洗一器，聊伸祝意，乞一哂颔之。归复初系明人，是否家在虞山，未知县志中有其人否？手肃，敬叩崧龄，并请台安。如弟大澂顿首。六月廿八日。②

---

① 上海泓盛拍卖有限公司2017秋季拍卖会中国书画专场"慧闻室、怀玉堂、陈子清旧藏吴大澂尺牍——翰墨尺素及玺印专场"224号。

② 上海道明拍卖有限公司第二十四届联谊拍卖会"中国书画二"570号。

# 致朱寿镛(一通)

曼伯仁兄大人阁下：

昨见少庭致葆田信，知荥工金门一段甚为吃重。当日邹丞拆去石坝，为致病之根，人人知之。葛民办理大工，节省经费不少，何以此段石坝并未补还，所费不过二三万金，如此要工不办，何所谓善后事宜，弟所以不甚佩服也。此次总须在金门口上首相度地势，添筑石坝。如石垛一时接济不及，窃思一救急之法，联船挡溜，溜势或可稍松，舍此别无良法。若再因循，坐视不理，贻误匪浅也。敝处旧僚有袁训导大化、陈牧麟玺，向来办事认真，拟由总局札委，即日分赴济源、巩县采办山石，当可迅速，已告知冯守矣。另纸奉阅。手泐，敬请台安。弟大澂顿首。九月初七日卯刻。

正封函间，接展手书，详悉一一。荥汛堤身已溃裂三丈有奇，情形甚属危险，弟即刻西渡，面商一切也。再颂勋祺。弟大澂再拜。①

① 国家图书馆所藏，善本书号：04803。

# 致总署(一通)

## 复总署公函

王爷、中堂、大人钧鉴：

谨肃者，昨奉四月二十四日钧函，承示湖南澧州属界溪桥教案，因法使李梅照称该处教堂教士因买地亩，将原契呈送地方官，扣留不发约有二年之久，本年二月初四暨四月十六等日先后照催交契等因。查此案迭经香涛制军咨催查覆，据调署澧州直隶州、靖州直隶州知州潘清禀称，遵查此案，前署州裕守庆任内办理教案，奉前抚宪札准督宪咨据江汉关道详准法国哈领事官照送曾兴柱、曾玉凯新立租约一纸，余文清、韩经文出业老契二纸，曾象高、曾传立卖契一纸，曾小丰等归并老约一纸转发下州，经前署州裕守庆讯明，该教士所执曾兴柱之租约、老契，曾传立之卖约，均系由王选廷、覃长发等逼勒串通而来，众证确凿，并未据出业之人先期报明地方官请示，按之约章，实属违背，万难准其盖印，应将各地基追回，该教士先后所给曾兴柱父子及曾传立钱文，应如数追缴，给领起造房屋所用工料，亦酌量补给，以上合共钱五百千文，由前署州裕守庆按照市价易银三百二十两，具文径解督辕弹收，转交该领事官发给该教士具领，奉到批回存卷，所有奉发新旧契约共五纸，由该守裕庆分别发还涂销，禀明在案。奉饬前因，理合查明禀复，俯赐查核转咨，再该教士仍请饬令勿再来澧，以免另滋事端等因。当于本年正月十三日据禀咨覆香涛制军,转饬汉黄德道照覆法领事官查照在案。大澂查署澧州知州潘清所禀系属事情,此案究应如何议结,应由汉黄德道与法领事官妥议办理。近日澧州民情仍多浮动,时有会匪滋事之案,体察情形,该州尚难添设教堂,应请照复法公使转饬法领事官,与汉黄德道妥商议结,即将退缴契价等银三百二十两转给该教士,以清前案,仍请钧裁,酌度办理。专肃布复,敬叩崇安,伏乞垂鉴。吴大澂谨肃。湘字第二号。五月十八日。①

① 《清代诗文集汇编》第720册,第206—207页。

# 致日本将领(一通)

大清国钦差帮办军务大臣湖南巡抚吴大澂谨寓书于大日本国驻扎海城县陆路统兵大臣阁下：

自古圣帝明王不得已而用兵，未有以穷兵黩武为得计而能富国利民者也。贵国将士久劳于外，处此冰江雪岭、地气苦寒之土，昼夜严防，片刻不能休息，鞅掌驱驰，何所底止，在阁下固不敢告劳，在军士亦极辛苦矣。本大臣陈师鞠旅，为国尽忠，祸福死生，置之度外，固当激励将士奋勇争先，临阵退缩者杀无赦，自可操必胜之券，复我疆土以报朝廷，此本大臣之责也。第念两国民人莫非天地所生之赤子，荼毒生灵，必干天怒，每一血战，枪炮如雨之中，两军互有伤亡，动辄击毙数百人。幸我湘军善避枪炮，统计阵亡者不过十余人，然一时徼幸，岂敢自信。本大臣念上帝好生之德，体国家爱民之仁，意欲保全两国民命，早息兵端，同享升平之福。伏望贵大臣度德量力，布置后路，全师而退，还我城池，速即移师金州、旅顺一带沿海地方，即退上轮船，较为近便。此地不可久居，明哲保身，惟执事实图利之。本大臣以不嗜杀人之心，尽一视同仁之谊，并非不敢战，不欲战也。开诚布公，书不尽言，伏希亮察。大澂再拜。二月初五日。[①]

① 国家图书馆所藏，善本书号：04803。

# 致某人(一通)

河决郑州以后，工赈所需均资巨款。遥想荩筹默运，夙夜焦劳，为民请命。不知堵筑巨口有无把握，料物能否应手，极以为念。侍前在河朔时，有最为得力之委员周桐豫，熟悉工程，实心办事，不避劳怨，后来咨调赴吉，相随五六年，始终如一，现由河南试用县丞保补缺后以知县用。兹当尊处需才之际，特属该员趋叩台端，如蒙量材器使，必不致有辜委任也。右铭廉访日内即可启程矣，并以附闻。手泐，再请勋安。侍大澂又顿首。十月初八日。[①]

① 北京文津阁国际拍卖有限责任公司 2016 年春季拍卖会“文津—中国书画与文房雅玩”018 号。

## 致某人(一通)

昨又大雨,廿七断不能行。汝谟处尚未雇车,仍须尊处饬营兵沿路候示。改定何日,再行关照辑庭诸君。徐、毕、陆三君前日见过,本约廿七到舍,此时又须改缓。若再雨,则灾民不得了矣。手此,敬请□□主人勋安。弟大澂顿首。廿六日。

琴轩尚无回信送来。[1]

---

① 国家图书馆所藏,善本书号:04803。

# 致某人(一通)

前接手书,适匆匆交卸,清理积牍,未即裁答为歉。令伯午桥兄久未通函,调署井陉,岁丰人和,当可不致赔累。弟奉命帮办吉林事宜,任重材轻,实深兢惕。兹于三月朔日交代进省,有来京预备召见之旨,即于初九日由汴起程,计四月初可以到京。应否练军设防,如何局面,刻下均尚未定。此次北上,轻车简从,并无随带幕友委员。以阁下之干练不惮劳苦,弟所素知,如有需才之处,必当专函奉约也。手复布闻,顺颂文祺不具。愚弟吴大澂顿首。三月十八日大名道中泐。[①]

① 国家图书馆所藏,善本书号:17733。

# 致某人(一通)

再启者,昨接两江制军来咨,知徐祝三兄之令兄已于八月内销差回华,由尊处转饬,请咨来吉,务请力为劝驾,属祝三兄明春北来,以慰鄙人爱慕之忱,是所企祷。弟自九月初出省,昨始返旆,仆仆四千余里,驰驱风雪,不敢告劳,贱体无恙,勘慰远怀。弟大澂又顿首。腊月初三日。[①]

① 西泠印社 2015 年春季拍卖会“中国书画古代作品专场”0246 号。

# 致某人(一通)

伯苏前辈讣函已谆属仇广文分致,并将鄙意转述矣。大澂拟送奠分十二金,乞为代致。年信中漏去顾康民一分,并祈补送八金为感。

石刻七种附呈。

秦琅邪刻石。汉石门颂。香墨精拓本。汉鄐君刻石。汉杨淮表记。魏石门铭。香墨精拓本。唐韩幹画马一。戴松画牛二。宋刻均在洋县。[①]

① 中国嘉德 2020 秋季拍卖会“中国古代书画”1176 号。

## 致某人(一通)

久未布函,奉问起居,疏懒之咎,惟知己谅之。台事艰巨,得我公从容布置,为省帅指臂之助,东南大局之幸,亦台民之福也。弟自新正初六日接家母疾塞之电,五内焦灼万分,已于十三日具折请假一月,当可仰邀俞允。惟老年气体早衰,不食不语已半月,瞻望白云,方寸已乱,不知能邀神佑否?手泐,再请勋安。如弟大澂又顿首。正月二十日。[①]

① 西泠印社2015年秋季拍卖会“中国书画古代作品专场”0541号。

**图书在版编目(CIP)数据**

吴大澂书札 /（清）吴大澂撰；陆德富，张晓川整理. —上海：上海古籍出版社，2023.5
ISBN 978-7-5732-0687-9

Ⅰ. ①吴…　Ⅱ. ①吴…　②陆…　③张…　Ⅲ. ①吴大澂(1835-1902)—书信集　Ⅳ. ①K825.72

中国国家版本馆 CIP 数据核字(2023)第 061034 号

**吴大澂书札**

吴大澂　著

陆德富 张晓川　整理

上海古籍出版社出版发行

（上海市闵行区号景路 159 弄 1-5 号 A 座 5F　邮政编码 201101）

(1) 网址：www.guji.com.cn

(2) E-mail：guji1@guji.com.cn

(3) 易文网网址：www.ewen.co

江阴市机关印刷服务有限公司印刷

开本 890×1240　1/32　印张 11.375　插页 5　字数 275,000

2023 年 5 月第 1 版　2023 年 5 月第 1 次印刷

ISBN 978-7-5732-0687-9

K·3366　定价：68.00 元